U0107630

新东方考试研究中心／编著

CET-4

四级真题词汇
题型分类速记

Vocabulary

西安交通大学出版社
XI'AN JIAOTONG UNIVERSITY PRESS

图书在版编目(CIP)数据

四级真题词汇题型分类速记／新东方考试研究中心
编著. —西安：西安交通大学出版社，2012.12
ISBN 978-7-5605-4898-2

Ⅰ.①四…　Ⅱ.①新…　Ⅲ.①大学英语水平考试—词
汇—自学参考资料　Ⅳ.①H313

中国版本图书馆 CIP 数据核字（2012）第 306454 号

书　　名	四级真题词汇题型分类速记	
编　　著	新东方考试研究中心	
责任编辑	黄科丰	
封面设计	赵　甜	
出版发行	西安交通大学出版社	
地　　址	西安市兴庆南路 10 号（邮编：710049）	
电　　话	(010)62605588　62605019（发行部）	
	(029)82668315（总编室）	
读者信箱	bj62605588@163.com	
印　　刷	北京慧美印刷有限公司	
字　　数	302 千	
开　　本	880mm×1230mm　1/32	
印　　张	12.25	
版　　次	2013 年 2 月第 1 版　2013 年 2 月第 1 次印刷	
书　　号	ISBN 978-7-5605-4898-2/H・1449	
定　　价	26.00 元	

新东方图书策划委员会

前言　　　　　　　　　　　　Preface

　　很多考生在复习四六级考试时总感到单词久攻不克，或者虽然一时记住了单词，但做题时依旧障碍重重，这些都是词汇基础不牢造成的结果。所谓"万丈高楼平地起"，词汇是学习任何一门语言的基础，任何语言能力、成绩都不能凭空而生，都需要有扎实、牢固的词汇量作为依托。在复习四六级词汇的过程中，不少考生抱有这样的想法：

　　1. 四六级单词那么多，认识就行，没必要深入研究。

　　2. 词义已经背得滚瓜烂熟，应对考试一定没有问题。

　　3. 每个单词都很重要，需要深入学习所有单词的词义、用法。

　　4. 学习单词就是对着单词一遍遍地背，都记住了看文章自然没有问题。

　　这些都是单词记忆的误区。大纲要求的四级单词有4200余个，其中包括了中学阶段应掌握的1800余个单词。全面研究其用法一则不是四级考试的重点，二则会给考生带来很大的负担；但如果只关心词义，不学习用法，又会陷入另一个极端，对考试也是无益的。复习时还要特别注意一点：单词的学习需要紧密结合语境。

　　因此，主次分明、有的放矢地结合考试语境，才是高效复习四六级单词的方法。本书正是通过对历年真题的分析，挑选出常考、必考及考纲涉及的四级词汇，帮助考生在语境中复习、巩固单词知识。本书特色如下：

■ 按题型划分单词，另辟蹊径

　　本书另辟蹊径，从近年大学英语四级考试真题中挑出常考、必考及考纲涉及的四级词汇，按题型分类，筛选出与听力、阅读、完形、翻译及写作各个题型更为紧密相关的词汇，让读者在复习词汇时能够直接与四级试题具体题型相对接，帮助考生在备考过程中更加有针对性地背诵、巩固和梳理四级词汇。

■ 要点讲解，紧贴考题

　　本书结合历年真题，对重点单词进行了详尽的讲解，除了列出精准的中文释义以外，还给词条配以短语、例句、单词拓展、考点点评等项目，不仅可以为考生拓展相关知识，还能将单词在真题中的用法、考试陷阱、解题技巧等一一呈现给学生，力求从多方位诠释重点单词的释义、用法、搭配及应用。因此，本书不再只是一本词汇书，而是从词汇的角度解读四级考试的"机经"。

■ 按题型精编例句，例句突显题型特色

本书针对不同题型的单词配以不同特点的例句，例如完形词汇部分的例句多注重单词的搭配用法，而写作词汇部分的例句则贴近四级写作主题和难度，考生可选择性地背诵，丰富写作句型，这再一次保证学生学以致用，将单词与其出现的情境结合起来，能够在实际中灵活运用。

■ 标示曾考词义，帮助学生熟悉考试重点

编者基于对真题的研究，结合权威词典，为每个词条配了精准的中文释义，并特别将真题中考查过的释义用下划线的形式标示出来，让考生把握考试重点，熟悉该单词在真题中的应用，以便更好地掌握并运用四级词汇。

■ 简单词汇，查漏补缺；单词索引，方便查阅

本书除了对重点单词进行了详尽的讲解之外，还附有简单词汇，让考生在学习和掌握重点词汇的同时，通过对简单词汇的记忆和巩固做到查漏补缺。此外，本书词汇按题型乱序编排，配有索引，考生既可以按照书中的编排进行复习，也可以将本书作为查阅单词的词汇手册，方便实用。

这本《四级真题词汇题型分类速记》突破了词汇书只关注单词本身的复习视角，将单词与四级考试紧密结合，将四级词汇按真题题型分类，对重点词加以详尽讲解，并配以科学、实用的项目设置。愿本书成为你复习路上的忠实伙伴，为你铺就更为平顺的备考之路。

本书能够顺利地完成，最终与广大考生见面，离不开汇智博纳各位编辑的努力，在此特别感谢金利、蒋志华、杨云云、高楠楠、谭若辰、李素素等所做的贡献。

编　者

目 录　　　　　　　Contents

■ 完形词汇

■ 翻译词汇

■ 写作词汇

■ 简单词汇 ⋯⋯⋯⋯⋯⋯⋯⋯⋯⋯⋯⋯⋯⋯⋯⋯⋯⋯ 357

Listening 听力词汇

■ **alarm** [ə'lɑːm] *n.* 惊恐，忧虑；警钟，报警器，警报；闹钟 *vt.* 使惊恐，使担心

听说短语 press the alarm 按警报器

听说例句 The robber ran away as quickly as possible when he heard the *alarm*. 听到警报声后，强盗尽可能快地逃跑了。

单词拓展 alarmed（ *adj.* 惊恐的，担心的）；alarming（ *adj.* 令人担忧的）；alarmist（ *n.* 杞人忧天者）

■ **automatically** [ˌɔːtə'mætɪkli] *adv.* 自动地，机械地

听说例句 I think all parents *automatically* love their kids. 我认为所有的父母都自然而然地爱着自己的孩子。

考点点评 automatically一词为"自动地"，在四级真题中就考过manually, artificially, automatically和synthetically这几个词的区别。值得考生注意的是manually和automatically这对反义词，manually意为"手动地"。

■ **beat** [biːt] *vt.*（接连地）打，敲；打败，胜过；难倒，使无法解答 *vi.*（心脏等）跳动 *n.*（心脏等的）跳动（声）；有节奏的敲击（声）；（音乐的）节拍

听说短语 beat down（太阳等）强烈地照射下来；打倒，平息；beat it 跑掉，走开，溜走；beat up 痛打，狠揍；heart beat 心搏，心跳声

听说例句 John thinks that Tom can *beat* all the runners in the city. 约翰认为汤姆可以战胜这个城市中的所有赛跑选手。

单词拓展 beater（ *n.* 搅拌器）；beaten（ *adj.* 被打击的；被击败的）

■ **pulse** [pʌls] *n.* 脉搏；脉冲 *vi.* 搏动，跳动

听说例句 The doctor said that Jim's *pulse* was not regular. 医生说吉姆的脉搏不规律。

考点点评 在四级考试中曾考过pulse一词作为"脉搏"的意思，这个词常出现在和医疗、看病等内容相关的文章中，经常一起考查的其他表达有blood pressure（血压）、heart beat（心率）、pulse rate（脉搏率）等。

■ **wrist** [rɪst] *n.* 腕，腕关节

听说例句 Mike hurt his *wrist* when he played basketball yesterday. 昨天打篮球的时候，迈克的腕关节受伤了。

■ **baggage** ['bæɡɪdʒ] *n.* 行李

听说例句 Do you mind if I put my *baggage* here? 您不介意我把行李放在这里吧？

■ **jam** [dʒæm] *n.* 果酱，拥挤，堵塞；卡住 *vt.* 将…塞进，挤满；使卡住；干扰（广播等）*vi.* 挤入；卡住

听说短语 traffic jam 塞车，交通拥堵

听说例句 John's sister loves apple *jam* very much. 约翰的妹妹非常喜欢吃苹果酱。

■ **traffic** ['træfɪk] *n.* 交通（量）；（非法）交易 *vi.* （非法）交易

听说短语 traffic jam 塞车，交通拥堵

听说例句 John was late this morning, for there was a *traffic* jam. 由于交通拥堵，约翰今天早上迟到了。

■ **ancient** ['eɪnʃənt] *adj.* 古代的，古老的；年老的

听说例句 The travelers were impressed by the design of an *ancient* church. 这些游客对一处古教堂的设计印象颇深。

■ **digital** ['dɪdʒɪtl] *adj.* 数字的；数字显示的

■ **dimension** [dɪ'menʃn] *n.* 方面；特点；尺寸，长（或宽、厚、深）度；[*pl.*] 面积，规模，程度

单词拓展 dimensional（*adj.* 空间的）

■ **fade** [feɪd] *vi.* 褪去，褪色；逐渐消失，变黯淡；凋谢，枯萎 *vt.* 使褪色

听说例句 The tulips *faded* for want of water. 郁金香因缺水而凋谢了。

■ **greedy** ['ɡriːdi] *adj.* 贪食的，嘴馋的；贪婪的，贪心的；渴望的

听说例句 Don't be so *greedy*—leave some fruit for other people. 别这么贪吃——留些水果给别人。

- **hearing** ['hɪərɪŋ] *n.* 听力，听觉；意见（或证言）听取会，申辩（或发言）的机会

  听说例句 The judge gave both sides a *hearing*. 法官听取了双方意见。

- **microphone** ['maɪkrəfəʊn] *n.* 扩音器，麦克风，话筒

- **microscope** ['maɪkrəskəʊp] *n.* 显微镜

  听说例句 We can see the cells of onion's root clearly through the *microscope*. 通过显微镜，我们能清晰地看到洋葱根部的细胞。

  单词拓展 microscopic（*adj.* 用显微镜可见的；极小的）

- **originate** [ə'rɪdʒəneɪt] *vi.* 起源于；产生 *vt.* 创造，创始

  听说短语 originate from/with 起源于，产生于

  听说例句 The use of electricity has *originated* a lot of other reforms. 电的使用引起了许多其他的革新。

  单词拓展 origination（*n.* 发源）；originator（*n.* 发起者，发明人）

- **polish** ['pɒlɪʃ] *vt.* 磨光，擦亮；使优美，润色 *n.* 擦光剂，上光蜡

  听说短语 polish off（飞快地）完成；polish up 润色

  听说例句 The teacher *polished* his spectacles with a handkerchief before asking questions. 在提问之前，这位老师用手帕擦了一下眼镜。

  单词拓展 polished（*adj.* 磨光的，光亮的）

- **reception** [rɪ'sepʃn] *n.* 招待会，欢迎会；接受，接纳；接待，迎接；（无线电、电视等的）接收效果

  听说例句 My father bought me a radio with excellent *reception* as the birthday present. 我爸爸送了我一台接收性能极好的收音机作为生日礼物。

  单词拓展 receptionist（*n.* 接待员）

- **renew** [rɪ'njuː] *v.* 重新开始，继续；（使）更新，恢复；延长（…的）有效期

  听说例句 The willows *renew* their leaves every spring. 柳树每年春天都长出新的叶子。

单词拓展 renewable（*adj.* 可再生的）; renewed（*adj.* 更新的）; renewal（*n.* 更新；复兴）

■ **spur** [spɜː(r)] *n.* 刺激（物）; 激励 *vt.* 激励，促进

听说例句 The football coach *spurred* his players to fight harder against the rival team. 足球教练激励他的球员要更加努力地与对手竞争。

■ **synthetic** [sɪn'θetɪk] *adj.* 合成的; 人造的; 虚假的

听说例句 This kind of curtain is made of *synthetic* fibers. 这种窗帘是用人造纤维做的。

■ **telecommunications** [ˌtelɪkəˌmjuːnɪ'keɪʃnz] *n.* 通信，电信（学）

听说例句 The headquarters of Posts and *Telecommunications* Engineering Company is located at Beijing. 邮电工程公司的总部设在北京。

■ **theory** ['θɪəri] *n.* 理论，原理; 学说; 意见，看法

听说短语 evolutionary theory 进化论

听说例句 The scientist spent many years studying on his *theory* of universe. 这位科学家花了很多年来研究他的宇宙理论。

单词拓展 theoretical [*adj.* 理论（上）的]

■ **torch** [tɔːtʃ] *n.* 手电筒; 火炬，火把

听说例句 We will hand on the *torch* of peace to the next generation. 我们会把和平的火炬传给下一代。

■ **weave** [wiːv] *v.* 织，编

听说例句 A little spider is *weaving* a web under the eaves. 一只小蜘蛛正在屋檐下织网。

■ **width** [wɪdθ] *n.* 宽度，阔度，广度; 宽阔，广阔

■ **apply** [ə'plaɪ] *vi.* 申请，请求; 适用 *vt.* 使用，运用，实施; 涂，敷

听说短语 apply to 向…提起申请; apply to sb. 适合某人; apply sth. to 把某物敷上

听说例句 Tim *applied* three companies and was accepted by only one of them. 蒂姆向三家公司提出了申请，只有一家公司接受了他。

单词拓展 reapply（v. 重新申请）; applicant（n. 申请人）; application（n. 申请）; applicator（n. 涂敷器）

- **classical** ['klæsɪkl] adj. 古典的，经典的

听说短语 classical music 古典音乐

听说例句 Which kind of music do you like best, *classical* or popular? 你最喜欢哪种音乐，古典的还是流行的？

- **experiment** [ɪk'sperɪmənt] n. 实验，试验 vi. 进行试验，做实验

听说例句 The teacher showed the students how to carry out the *experiment*. 老师向学生演示怎样做这个实验。

- **figure** ['fɪɡə(r)] n. 数字，数量；人物，名人；[pl.] 算术，计算；体型，丰姿；轮廓；画像，塑像；（插）图，图形 vi.（引人注目地）出现；扮演角色 vt. 计算；认为；猜想

听说短语 figure out 明白，理解；解决

听说例句 These *figures* play an important role in this report. 这些数字在这份报告中起着至关重要的作用。

考点点评 注意听录音时不要和finger相混淆，finger的音标是['fɪŋɡə]。

- **amount** [ə'maʊnt] n. 数量，总额 v. 总计

听说短语 a high amount 大量；amount of …的总数；an amount of 大量的；amount to 总计，共达；相当于

听说例句 Lily provided a large *amount* of information for us. 莉莉为我们提供了大量的信息。

考点点评 四级考试中，amount of是amount这个词的一个重要搭配，后面常接time, money等词，表示"大量的时间"、"大量的金钱"等。

- **believe** [bɪ'liːv] vt. 相信；认为 vi. 相信

听说短语 believe in 相信，认为；believe it or not 信不信由你

听说例句 Mr. Green *believes* that we will succeed in the end. 格林先生相信我们最终会取得胜利。

- **damage** ['dæmɪdʒ] n. 毁坏，损害；[pl.] 损害赔偿（金）vt. 毁坏，损害

听说短语 damage to 对…的损害

听说例句 The flood caused great *damage* to the whole city. 洪水给整座城市带来了巨大的破坏。

单词拓展 damaging（*adj.* 有害的）

■ **fall** [fɔːl] *vi.* 落下，降落；跌倒；<u>下降，减弱</u>；降临；垮台；陷落，沦陷；下垂 *n.* 落下，降落；下降；塌陷；落差，瀑布；秋季；垮台，衰落

听说短语 fall back 后退，退却；fall behind 落在…的后面；fall on/upon 袭击，攻击；由…承担；fall out 吵架；脱落；fall through 落空，成为泡影；fall to 开始，着手；fall back on 依赖，依靠

听说例句 You should be careful or you'll *fall* from the horse. 你应该小心一点，否则你会从马上掉下来的。

■ **surgery** ['sɜːdʒəri] *n.* 外科；外科手术；手术室

听说例句 The nurses and the doctor are preparing for the open-heart *surgery*. 护士们和医生正在为心内直视手术做准备。

■ **threat** [θret] *n.* 威胁；构成威胁的人或物；凶兆，征兆

听说短语 under threat 受到威胁

听说例句 The forest over thousand years was under *threat* from the economic development. 那片历经千年的森林受到了经济发展的威胁。

■ **vessel** ['vesl] *n.* 船，舰；容器，器皿；<u>导管，血管</u>

听说短语 blood vessel 血管

听说例句 There are a lot of fishing *vessels* in the sea. 大海上有很多渔船。

■ **incredible** [ɪn'kredəbl] *adj.* 不能相信的，不可信的；<u>难以置信的，不可思议的，惊人的</u>

听说例句 It's *incredible* that Tom became the manager. 汤姆成了经理，这让人难以置信。

单词拓展 incredibly（*adv.* 惊人地）

考点点评 incredible 一词常出现在听力和口语中，It's incredible.（这让人难以置信。）这一短句就是英美口语和四级考试中的一个高频短句。

■ **terrorist** ['terərɪst] *n.* 恐怖主义者

听说例句 It's possible that the office building is the target for *terrorist* attacks. 这幢办公大楼可能就是恐怖分子袭击的目标。

- **alive** [ə'laɪv] *adj.* 活着的，在世的；（继续）存在的；有活力的，活跃的；敏感的

  听说例句 Although Meg is more than eighty, she is still very much *alive*. 梅格虽有八十多岁了，但仍然充满活力。

- **ambulance** ['æmbjələns] *n.* 救护车

  听说例句 The *ambulance* service was provided by this hospital with a long history. 这家历史悠久的医院提供急救服务。

- **breast** [brest] *n.* 胸脯，乳房，胸膛

- **bump** [bʌmp] *vi.* 碰，撞；颠簸着前进 *n.* 碰撞，猛撞；（碰撞造成的）肿块；隆起物

- **complaint** [kəm'pleɪnt] *n.* 抱怨，诉苦；投诉，控告；疾病

  听说例句 You have failed your exam, there is no real reason for *complaint*. 虽然你没通过考试，但没什么理由可抱怨的。

- **dental** ['dentl] *adj.* 牙齿的；牙科的

- **dentist** ['dentɪst] *n.* 牙科医生

  听说例句 Kathy dread a visit to the *dentist* on Monday. 凯西害怕星期一去看牙医。

  单词拓展 dentistry（*n.* 牙科医学）

- **desperate** ['despərət] *adj.* 不顾一切的，孤注一掷的；极度渴望的；绝望的；危急的

  听说例句 *Desperate* diseases must have desperate remedies. 在非常情况下必须采取非常手段。

  单词拓展 desperation（*n.* 不顾一切，拼命）

- **dose** [dəʊs] *n.* （一次）剂量，一剂，一份

  听说例句 The young woman *dosed* herself up with some vitamin pills. 这个年轻的女人服用了一些维生素药片。

8

■ **hopeless** ['həʊpləs] *adj.* <u>绝望的，没有希望的</u>；无可救药的，糟透的

(听说例句) The doctor said the little girl's condition was *hopeless*. 医生说这个小女孩的病没有希望了。

■ **hurt** [hɜːt] *vt.* <u>使受伤，弄痛</u>；伤…的感情；<u>带来损失，造成痛苦</u> *vi.* 痛，引起疼痛 *n.* 伤害，痛苦

(听说例句) I didn't mean to *hurt* you. 我不是有意要伤害你的。

■ **induce** [ɪn'djuːs] *vt.* 引诱，劝；<u>引起，导致</u>

(听说例句) Mom's illness was *induced* by overwork. 妈妈的病是由过度劳累引起的。

(单词拓展) inducement（*n.* 引诱；劝诱）；inducible（*adj.* 可诱导的，可诱发的）

■ **infect** [ɪn'fekt] *vt.* 传染，感染；影响

(听说例句) The doctor said AIDS could not *infect* another person through kissing. 医生说，艾滋病不会通过接吻传染给另一个人。

■ **injection** [ɪn'dʒekʃn] *n.* 注射，注入；注射物

■ **loss** [lɒs] *n.* <u>丧失，遗失</u>；损失，亏损；失败

(听说例句) Beethoven's death means a great *loss* to the music world. 贝多芬的死是音乐界的重大损失。

(考点点评) at a loss意思是"困惑"，曾在四级真题中出现过，考生要牢记。

■ **pill** [pɪl] *n.* 药丸

(听说例句) The doctor asks the patient to take a sleeping *pill* before he goes to bed. 医生要求这个病人睡觉前服用一片安眠药。

■ **prescribe** [prɪ'skraɪb] *vt.* <u>规定，指定</u>；开（药），吩咐采用（某种疗法）

■ **rib** [rɪb] *n.* 肋骨

■ **scratch** [skrætʃ] *v.* <u>抓，搔</u>；刮擦，划破 *n.* 抓，搔；<u>抓痕，划痕</u>

听说短语 from scratch 从零开始，从头做起；up to scratch 合格，处于良好状态

听说例句 That little girl's legs were *scratched* by thorns around the path. 那个小女孩的腿被路边的荆棘划破了。

单词拓展 scratchy（*adj.* 使人发痒的）

- **survive** [sə'vaɪv] *v.* 活下来，幸存；从…逃出，幸免于；从（困境等）中挺过来；比…活得长

听说例句 Some kinds of bacteria are able to *survive* under unfavorable conditions. 某些细菌能够在不利的环境下生存。

单词拓展 survival（*n.* 生存；幸存）；survivor（*n.* 幸存者，生还者）

考点点评 四级真题中曾将该词与以下几个词放在一起考，注意区分。exist 意为"存在"；occur 意为"发生"；maintain 意为"维持"。

- **waist** [weɪst] *n.* 腰，腰部

- **agency** ['eɪdʒənsi] *n.* 经办，代理，代理处；（政府等的）专门行政部门

听说短语 travel agency 旅行社

听说例句 John said that he'd go to a travel *agency* tomorrow afternoon. 约翰说他明天下午要去一个旅行社。

单词拓展 agent（*n.* 代理人；代理商）

- **ambition** [æm'bɪʃn] *n.* 抱负，雄心，野心；企望得到的东西

听说例句 Jack finally achieved his *ambition* of becoming a singer. 杰克最终实现了他的抱负，成为了一名歌手。

- **appoint** [ə'pɔɪnt] *v.* 任命，委派，委任；约定，指定（时间、地点）

听说例句 The officer *appointed* with the new head teacher of this school. 这位政府官员和这所学校的新校长约定见面。

单词拓展 appointment（*n.* 约会）；disappointing（*adj.* 令人失望的）

- **earn** [ɜːn] *v.* 赚得，挣得；赢得，博得

听说短语 earn a living 谋生

听说例句 The new manager's leadership *earned* him a good reputation. 这名新经理的领导能力为他赢得了好声誉。

■ **eyesight** ['aɪsaɪt] *n.* 视力

听说例句 Mary has poor *eyesight* so she needs to wear glasses. 玛丽的视力不好，所以她需要戴眼镜。

考点点评 eyesight一词为不可数名词，谓语为单数，四级真题中曾出现过如下例句：My eyesight wasn't good enough.（我的视力不够好。）以及His eyesight is too poor.（他的视力很不好。）

■ **interview** ['ɪntəvjuː] *n.* 接见，会见；面谈，面试 *vt.* 面试；会见；采访

听说例句 Anne will have an *interview* next Monday. 安妮下周一有个面试。

■ **owner** ['əʊnə(r)] *n.* 物主，所有人

听说例句 The police was trying to find the *owner* of the new car. 警方正试图寻找那辆新车的主人。

■ **research** [rɪ'sɜːtʃ] *n./vi.* 研究，调查

听说例句 The teacher is doing some *research* on his teaching methods. 这位老师正在就他的教学方法做一些研究。

单词拓展 researcher（*n.* 研究员）；researchful（*adj.* 研究的，探讨的）

■ **resign** [rɪ'zaɪn] *vi.* 辞职 *vt.* 辞去，放弃；使顺从

听说短语 resign to 使顺从；resign from 辞职

听说例句 Jim decided to *resign* his job because of the low salary. 由于工资太低，吉姆决定辞职。

■ **retire** [rɪ'taɪə(r)] *vi.* 退休，退役；退下，撤退；就寝

听说例句 I've heard that George *retired* last week. 我听说乔治上周退休了。

单词拓展 retired（*adj.* 退休的）；retirement（*n.* 退休）

考点点评 注意该词的名词形式是retiree（退休人员），复数是retirees，在四级真题中就考到过：group of retirees，意为"一群退休人员"。

■ **quit** [kwɪt] *vt.* 停止，放弃；离开，辞（职）

听说例句 Just insist and don't *quit*, you'll succeed. 坚持下去，不要放弃，你会成功的。

单词拓展 quitter [*n.* （对工作）半途而废的人；（尤指对职责）不善始善终的人]

考点点评 在四级考试中，quit一词后常接school, job等词，表示"辍学"、"辞职"等。

■ **appointment** [əˈpɔɪntmənt] *n.* 约会，约定；任命，委派；委任的职位

听说短语 make an appointment with sb. 与…约会；have an appointment with sb. 和…有约；arrange an appointment 安排约会

听说例句 Mary is not free tomorrow for she has an *appointment* with Jack. 玛丽明天没有空，因为她和杰克有个约会。

考点点评 appointment一词常出现在与约会、参观、预定、朋友聚会等内容相关的听力场景中，四级真题中就有电话提醒年度体检的对话，其中有"...to remind you of your 4:15 appointment for your annual checkup tomorrow"，意为"提醒你在明天4:15预约了年度体检"。

■ **cancel** [ˈkænsl] *vt.* 取消，废除；抵消，对消；删去，划掉

听说例句 Mr. Smith asked Mary to *cancel* the appointment with Jim. 史密斯先生让玛丽取消和吉姆的约会。

■ **conference** [ˈkɒnfərəns] *n.* （正式）会议；讨论，商谈

听说例句 The secretary said there would be a *conference* this afternoon. 秘书说今天下午有个会议。

■ **schedule** [ˈʃedjuːl] *n.* 时刻表，日程安排表；清单，明细表 *vt.* 安排，排定

听说短语 ahead of schedule 提前；on schedule 按照预定时间，准时；train schedule 列车时刻表；behind schedule 落后于计划

听说例句 Because of the whole team's hard work, the task was finished ahead of *schedule*. 由于整个团队的努力工作，任务提前完成了。

单词拓展 scheduled（*adj.* 预定的）；scheduling（*n.* 日程安排）；reschedule（*v.* 重新计划）

■ **assistant** [əˈsɪstənt] *n.* 助手，助理，助教；辅助物 *adj.* 助理的；辅助的

听说短语 shop assistant 店员；assistant professor 助理教授

听说例句 Linda was employed as an *assistant* by ABC Company. 琳达被ABC公司雇用做助理。

■ **secretary** ['sekrətəri] *n.* 秘书；书记；部长，大臣

听说短语 foreign secretary 外交大臣

听说例句 Ann worked as a *secretary* in a computer company. 安在一家电脑公司做秘书。

考点点评 secretary是四级听力考试常考到的一个occupation（职业），这里再介绍其他几个四级考试中的高频"职业"词汇：journalist "记者"；editor "编辑"；actress "女演员"；designer "设计师"；receptionist "接待员"。

■ **undergraduate** [ˌʌndə'grædʒʊət] *n.* 大学本科生

听说例句 It's said that John is a Yale *undergraduate*. 据说约翰是耶鲁大学的本科生。

■ **agenda** [ə'dʒendə] *n.* 议事日程

听说例句 For each country, education is always at the top of *agenda*. 对于每一个国家来说，教育总是被放在首要日程。

■ **assistance** [ə'sɪstəns] *n.* 协助，帮助，援助

听说短语 ask for assistance 请求帮助

听说例句 The old man can go to the toilet only with the *assistance* of others. 那位老人只有在别人的帮助下才能去厕所。

■ **association** [əˌsəʊʃi'eɪʃn] *n.* 协会，社团；联合；交往

听说例句 George benefited much from his *association* with his foreign teacher. 在与外教的交往中，乔治受益匪浅。

■ **behalf** [bɪ'hɑːf] *n.* 利益；维护；支持

听说例句 In China, parents save in *behalf* of their children. 在中国，父母节约是为了孩子。

■ **blame** [bleɪm] *vt.* 指责，责怪；把…归咎于 *n.*（过错、事故等的）责任；指责，责备

听说例句 I am ready to take the *blame* for the neglect of duty. 我准备承担怠忽职守的责任。

■ **cashier** [kæˈʃɪə(r)] *n.* 出纳

■ **fix** [fɪks] *vt.* 修理；固定，安装；安排，确定；整理；准备，做（饭等）*n.* 困境，窘境

听说短语　fix on 决定；确定；fix up 修理；安排，安顿

听说例句　Our family are going to have the air-conditioner *fixed*. 我们家打算请人修空调。

■ **inadequate** [ɪnˈædɪkwət] *adj.* 不充足的；不足以胜任的

听说例句　Father's income is *inadequate* to support our family. 父亲的收入不足以养活我们一家。

■ **join** [dʒɔɪn] *vt.* 参加，加入；连接，接合

听说例句　Tom *joined* the two pieces of paper together with glue. 汤姆用胶水把这两张纸粘在一起。

■ **journalist** [ˈdʒɜːnəlɪst] *n.* 新闻工作者，新闻记者

听说例句　The beautiful girl wants to be a *journalist*. 那位漂亮女孩想当一名记者。

■ **mistake** [mɪˈsteɪk] *n.* 错误，过失 *vt.* 误解，弄错；把…误认为

听说例句　Eileen *mistook* the room number and went to the wrong classroom. 艾琳记错了房间号，所以进错了教室。

考点点评　四级真题曾考过该词，注意区分一下几个重点单词：exercise "锻炼"；defect "过失，缺点"；test "测试"。

■ **naval** [ˈneɪvl] *adj.* 海军的；军舰的

■ **operator** [ˈɒpəreɪtə(r)] *n.* 话务员，报务员；操作员

听说短语　telephone operator 话务员；elevator operator 电梯操作员

听说例句　The *operator* says that their manager is not in the office. 接线员说经理不在办公室。

■ **panel** [ˈpænl] *n.* 面，板；专门小组；评判小组；控制板，仪表盘

■ **parcel** ['pɑːsl] *n.* 小包，包裹 *vt.* 分，分配

听说短语 parcel out 分，分配

听说例句 This *parcel* filled with gifts came in the mail this morning. 这个装满礼物的包裹是今天早上寄过来的。

■ **patience** ['peɪʃns] *n.* 忍耐；耐心

听说例句 *Patience* is a virtue. 忍耐是一种美德。

■ **porter** ['pɔːtə(r)] *n.* 搬运工人；看门人；大楼管理员

听说例句 The old man once worked as a *porter* in the station. 那位老人曾在车站当搬运工。

- **portion** ['pɔːʃn] *n.* 一部分，一份 *vt.* 分配，把…分给

  听说短语 portion out 分配，把…分给

  听说例句 The nursery teacher *portioned* out the cake, so every child had a piece. 幼儿园老师将蛋糕切成多块，这样每个小朋友都可以得到一块了。

- **postman** ['pəʊstmən] *n.* 邮递员

- **profession** [prə'feʃn] *n.* 职业，自由职业；公开表示，表白

  听说短语 the profession 同业，同行

  听说例句 After graduating from college, Lily intends to make teaching her *profession*. 大学毕业后，莉莉打算以教书为职业。

- **skilliful** ['skɪlfl] *adj.* 灵巧的，娴熟的

  听说例句 There must be lots of problems without the *skillful* technique of the man. 没有那人的熟练技术，肯定会出很多问题。

- **sociable** ['səʊʃəbl] *adj.* 好交际的；友好的，合群的

  听说例句 Actually, Henry has never really been the *sociable* type. 事实上，亨利从不好交际。

- **studio** ['stjuːdɪəʊ] *n.* 画室；工作室；播音室，录音室；摄影棚

- **suggestion** [sə'dʒestʃn] *n.* 建议，意见；细微的迹象；暗示；联想

  听说例句 Please consider my *suggestion* of listening to English every day. 请考虑我说的每天都听英语的建议。

  考点点评 suggestion在作"建议"讲时，其后的从句要用虚拟语气，谓语动词要用should+动词原形，should可省略。四级真题曾考过该用法：The suggestion that the major present the prizes was accepted by everyone.（大家都同意由市长颁奖这一建议。）

- **suitable** ['sjuːtəbl] *adj.* 合适的，适宜的

听说例句 George was just not *suitable* for the job, so he quit. 乔治就是不适合做这份工作，所以他辞职了。

单词拓展 suitability (*n.* 合适；适当)

- **suspect** [sə'spekt] *vt.* 怀疑；猜测；对…表示怀疑（或不信任） *n.* 嫌疑犯，可疑分子 *adj.* 可疑的，不可信的

听说例句 The police *suspected* Bill of giving false information. 警方怀疑比尔提供假情报。

单词拓展 suspicion (*n.* 怀疑)；suspicious (*adj.* 多疑的；可疑的)

- **tag** [tæg] *n.* 标签，标牌 *vt.* 给…加上标签

- **typewriter** ['taɪp,raɪtə(r)] *n.* 打字机

听说例句 The famous writer finished his books by using an old *typewriter*. 这位著名作家用一台老式打字机完成了他的著作。

- **unemployment** [ˌʌnɪm'plɔɪmənt] *n.* 失业；失业人数；失业率

听说例句 Because of global economic crisis, *unemployment* has gone up again. 由于全球经济危机，失业率又上升了。

- **weekday** ['wiːkdeɪ] *n.* 平常日，工作日

听说短语 on weekdays 在工作日

听说例句 All the staff of the company have to work hard on *weekdays*. 公司所有员工在工作日都必须努力工作。

- **willing** ['wɪlɪŋ] *adj.* 愿意的，心甘情愿的

听说例句 Would you be *willing* to help me with my English? 你愿意帮我学英语吗？

单词拓展 willingness (*n.* 自愿，乐意)

- **workman** ['wɜːkmən] *n.* 工人，技工，工匠

- **workshop** ['wɜːkʃɒp] *n.* 车间，工场；研讨会，讲习班

听说例句 Lily is the manager of the textile *workshop* in that company. 莉莉是那家公司纺织车间的经理。

- **cover** ['kʌvə(r)] *vt.* 盖，掩盖；范围为，占；行，行过（一段路）；包括，涉及；报道，采访；给…保险，负担支付；掩护 *n.* 盖子，封面；掩蔽（物），掩护（物）

  听说短语 take cover 隐蔽；under cover 秘密地，暗地里；be covered with 由…覆盖；cover up 掩盖；盖住

  听说例句 Those products are *covered* with the snow. 那些商品被雪覆盖了。

  单词拓展 covering（*n.* 掩盖物）

- **edition** [ɪ'dɪʃn] *n.* 版次，版本

  听说例句 Jim was reading a second *edition*. 吉姆正在阅读一本再版书。

- **paperback** ['peɪpəbæk] *n.* 平装本，简装本

  听说例句 Can you tell me where I can find that novel in *paperback*? 你能告诉我在哪里能找到那本小说的简装本吗？

- **awfully** ['ɔːfli] *adv.* 非常，十分

  听说例句 The name you mentioned just now sounds *awfully* familiar. 你刚刚提到的那个名字听起来非常熟悉。

  考点点评 awfully作"非常，极端"时常用来形容一些不是很令人愉悦的东西，四级真题中曾出现过如下例句：I am awfully sorry. 就是用在道歉场景中的，意为"我很抱歉。"

- **announce** [ə'naʊns] *vt.* 宣布，宣告；声称，叙说；预告，预示

  听说例句 The manager *announced* that Bob got a promotion this morning. 经理今天上午宣布鲍勃升职了。

  单词拓展 announcement（*n.* 宣布，通告；发表）；announcer（*n.* 广播员；播音员）

- **exhaust** [ɪɡ'zɔːst] *v.* （使）筋疲力尽；用尽，耗尽 *n.* （机器排出的）废气；排气装置

  考点点评 exhaust一词常出现在和环境、学术等内容相关的四级听力场景中，在环境类中，多以名词词义"尾气"出现；在学术场景中，多和stay up the whole night（熬夜至深夜）等搭配出现，表示"筋疲力尽"。

- **lawn** [lɔːn] *n.* 草地，草坪

听说例句 Will you mow the *lawn* for us on this Sunday? 你能在这周日帮我们修剪一下草坪吗?

- **site** [saɪt] *n.* 地点，场所 *vt.* 使坐落在，安放；设置

听说例句 The government hasn't yet chosen the *site* for the new airport. 政府还没有敲定新机场的地址。

- **spot** [spɒt] *n.* 地点，处所；斑点，污点；少量 *vt.* 认出，发现；玷污

听说短语 on the spot 在场，到场；立即，马上，当场

听说例句 Fortunately, there is a doctor on the *spot* in that car accident. 幸运的是，在那起车祸现场有一位医生。

单词拓展 spotless（*adj.* 没有污点的）；spotted（*adj.* 有斑点的；斑纹的）

- **sunrise** ['sʌnraɪz] *n.* 日出（时分），拂晓；朝霞

听说例句 At *sunrise* the entire school community gathers on the playground. 日出时分，全校成员在操场集合。

- **sunset** ['sʌnset] *n.* 日落（时分），傍晚；晚霞；衰落时期（尤指人的晚年）

听说例句 The library is open from 9 a.m. to *sunset*. 图书馆开馆时间是从上午9点到傍晚十分。

- **well-to-do** [ˌweltə'duː] *adj.* 小康的，富足的

听说例句 Jim's girlfriend was born in a *well-to-do* family. 吉姆的女朋友出生在一个富裕的家庭。

- **bargain** ['bɑːgən] *n.* 特价商品，便宜货；（买卖等双方的）协议，交易 *v.* 讨价还价

听说例句 I picked up a lot of good *bargains* in the sale. 我在促销中买到了很多特价商品。

考点点评 本词在以上例句中是名词含义，在四级真题中bargain还有动词含义，有bargain prices on...这种用法，意为"就…讨价还价"。

- **decide** [dɪ'saɪd] *vt.* 决定；对…作出判断；使决定，使下决心；解决，裁决 *vi.* 决定，拿定主意；判决

听说短语 decide on 决定，选定

听说例句 We have *decided* to visit Paris this summer holiday. 我们已经决定这个暑假去巴黎游玩。

■ **suburb** ['sʌbɜːb] *n.* 郊区，市郊

听说例句 Mary moved to *suburb* which is far away from the city. 玛丽搬到远离城市的郊区去了。

单词拓展 suburban（*adj.* 郊外的，偏远的）；suburbanite（*n.* 郊区居民）；suburbanization（*n.* 市郊化）

■ **cancer** ['kænsə(r)] *n.* 癌症，恶性肿瘤

听说例句 The doctor is making an attempt and using some medicine to prevent *cancer* cells spreading. 医生正努力防止癌细胞继续扩散并且用了一些药物。

■ **channel** ['tʃænl] *n.* 频道；[常*pl.*] 渠道，途径；沟渠；海峡；水道；航道 *v.* 引导，开导；形成河道

听说例句 Do you mind if I change the *channel*? 你不介意我换频道吧？

■ **worth** [wɜːθ] *prep.* 值…钱的，相当于…价值的，值得…的 *n.* 价值

听说例句 In my opinion, this project is *worth* trying. 在我看来，这个项目值得一试。

■ **ankle** ['æŋkl] *n.* 踝，踝关节

听说短语 twist one's ankle 扭伤脚踝

听说例句 Because of Jim's careless behavior, he twisted his *ankle* this morning. 今天早上吉姆不小心扭伤了脚踝。

考点点评 注意在听听力时要和uncle的读音相区分，uncle的发音为['ʌŋkl]。

■ **heal** [hiːl] *vt.* 使愈合，治愈，使康复；调停（争吵等），消除（分歧等） *vi.* 愈合，痊愈，恢复健康

听说例句 This medicine will help *heal* the wounds on your left arm. 这种药会帮助治愈你左臂上的伤。

单词拓展 healing（*n.* 康复，痊愈 *adj.* 有治疗功用的）

■ **injury** ['ɪndʒəri] *n.* 损害，伤害；受伤处

听说短语 do sb./oneself an injury 使（某人/自己）受（身体上的）伤害

听说例句 Andy cannot take part in the game because of the *injury*. 由于受伤，安迪不能参加这次比赛了。

■ **twist** [twɪst] *vt.* 使缠绕；转动；捻，搓；歪曲；扭歪，扭伤 *vi.* 旋转，转身；曲折前进 *n.* 弯曲，曲折处；拧，扭转；转折，转变

听说例句 Jack *twisted* his ankle when he played football. 杰克在踢足球时扭伤了脚踝。

■ **award** [ə'wɔːd] *vt.* 授予，给予；判给，裁定 *n.* 奖品，奖金；判定

听说例句 The scientist was *awarded* the Nobel Prize for Physics. 这位科学家被授予了诺贝尔物理学奖。

■ **rescue** ['reskjuː] *vt./n.* 营救，救援

听说例句 The firemen *rescued* three persons from the burning building. 消防员从失火的大楼中救出三个人。

考点点评 四级真题中曾考过该词。All their attempts to rescue the child from the burning building were in vain. （他们为从失火的大楼中营救出的那个小孩所做的一切努力都是徒劳的。）

■ **advertise** ['ædvətaɪz] *vt.* 为…做广告，宣传；（在报刊、电视、广播中）公告，公布 *vi.* 登广告，登公告

听说例句 This company is *advertising* for scene designer on the Internet. 这家公司在网上登广告招聘布景设计师。

单词拓展 advertiser（*n.* 广告商；广告客户）；advertisement（*n.* 广告，公告）

考点点评 四级真题中曾出现过如下例句：You will see this product advertise wherever you go. （无论走到哪里，你都会看到给这一产品做的广告。）

■ **advertisement** [əd'vɜːtɪsmənt] *n.* 广告，启事；广告活动，宣传

听说例句 That company placed an *advertisement* in the newspaper. 那家公司在报纸上登了一则广告。

■ **alcohol** ['ælkəhɒl] *n.* 酒精；含酒精的饮料

听说例句 Uncle Li decided to keep off *alcohol* after the operation. 在那次手术之后，李叔叔决定不再饮酒。

单词拓展 alcoholism（*n.* 酗酒；酒精中毒）

■ **apartment** [əˈpɑːtmənt] *n.* 寓所，房间

听说例句 They live in an *apartment* without modern conveniences. 他们住在一个没有现代化设备的公寓里。

■ **apology** [əˈpɒlədʒi] *n.* 道歉，愧悔

听说例句 I owe her an *apology* for my being late yesterday. 我应该为昨天的迟到向她道歉。

■ **asleep** [əˈsliːp] *adj.* 睡着的

听说例句 Grandmother Meg seems to be fast *asleep* in her bed. 梅格祖母似乎很快就能在床上睡着。

■ **balcony** [ˈbælkəni] *n.* 阳台；（电影院等的）楼厅，楼座

■ **basement** [ˈbeɪsmənt] *n.* 地下室

听说例句 Before becoming famous, the singer lived in a *basement* flat. 成名之前，这名歌手住在一套地下室公寓里。

■ **bath** [bɑːθ] *n.* 浴，洗澡；浴缸；浴室

听说例句 After long time working, Aunt Wang went into the *bath* to take a shower. 在长时间工作后，王阿姨进浴室淋浴去了。

单词拓展 bathe（*v.* 给…洗澡）

■ **battery** [ˈbætəri] *n.* 电池（组），蓄电池（组）；排炮，炮组；一系列，一套

■ **bill** [bɪl] *n.* 账单；议案，法案；纸币，钞票；单子，节目单；招贴，海报 *vt.* 用招贴（或广告、报纸等）宣布；给…开账单

听说短语 fill the bill 符合要求，适合需要

听说例句 The hotel sent Lily a *bill* for $80. 那家旅馆寄给莉莉一张80美元的账单。

考点点评 四级真题曾将该词与以下几个词放在一起考，注意区分。bill "账单"；account "账目"；fare "车船费"。

- **blade** [bleɪd] *n.* 刀刃，刀片；叶片

- **boring** ['bɔːrɪŋ] *adj.* 令人厌烦的，乏味的

(听说例句) It was *boring* to stay at home alone without anything to do. 一个人无所事事地待在家里太无聊了。

(考点点评) 四级真题曾将该词与以下几个词放在一起考，注意区分。mating "配对的"；exciting "令人激动的"；warning "警告的"。

- **chain** [tʃeɪn] *n.* 链，链条；一连串，一系列；连锁店；[*pl.*] 枷锁，镣铐 *vt.* 用链条拴住，束缚

(听说例句) The big dog was fastened to a tree by a *chain* in the garden. 这条大狗被一条链子拴在花园里的一棵树上。

- **chamber** ['tʃeɪmbə(r)] *n.* 腔，室；（作特殊用途的）房间；会议厅，会所

- **chase** [tʃeɪs] *vt./n.* 追逐，追求

(听说短语) chase after 追捕，追逐

(听说例句) Jane never ceased to *chase* after her goal in her vigorous youth. 在精力充沛的年轻时代，简从未停止过追求自己的目标。

(单词拓展) chaser（*n.* 猎人；驱逐舰）

- **choose** [tʃuːz] *vt.* 选择，挑选

(听说例句) The manger *chose* King as his assistant. 经理选择金做他的助手。

- **Christ** [kraɪst] *n.* 基督，救世主

- **Christian** ['krɪstʃən] *n.* 基督教徒 *adj.* 基督教（徒）的

- **colleague** ['kɒliːg] *n.* 同事，同僚

(听说例句) George is getting on very well with his *colleagues*. 乔治跟他的同事们相处得很好。

(考点点评) colleague在拼写和发音上都和college相似，注意不要混淆。

■ **collection** [kə'lekʃn] *n.* 收藏品，收集的东西；收取，收集；聚集，积聚

(听说例句) The *collection* of these foreign coins took a long time. 收集这些外国硬币花了很长时间。

■ **complain** [kəm'pleɪn] *vi.* 抱怨，诉苦；投诉，控告

(听说例句) Henry *complained* that the listening exam was too difficult. 亨利抱怨听力考试太难了。

(考点点评) 该词曾在四级考试中出现过，如：In particular, when older patients complained of pain, they were told it was a natural part of aging and they would have to learn to live with it. （尤其，当年长的病人抱怨疼痛时，医生告诉他们这是身体老化的自然过程，他们要学会适应。）

(单词拓展) complaint（*n.* 埋怨，不满）；complainingly（*adv.* 不满地）

■ **decent** ['diːsnt] *adj.* 过得去的，体面的；宽厚的；大方的；正派的；合乎礼仪的，得体的

(听说例句) The man said he only associated with *decent* people. 那个人说他只跟正派的人交往。

■ **dessert** [dɪ'zɜːt] *n.* （餐后）甜食，甜点心

(听说例句) Would you like to have some *dessert* after dinner? 晚饭过后，你是否愿意来些甜点？

■ **drawer** [drɔː(r)] *n.* 抽屉

■ **dye** [daɪ] *n.* 染料 *vt.* 给…染色

■ **embarrassed** [ɪm'bærəst] *adj.* 尴尬的；拮据的

(听说例句) George could not help feeling *embarrassed*. 乔治不禁感到很尴尬。

■ **eve** [iːv] *n.* 前夜，前夕

■ **fantasy** ['fæntəsi] *n.* 想象，幻想；想象的产物

■ **fascinating** ['fæsɪneɪtɪŋ] *adj.* 迷人的，有极大吸引力的

■ **fashionable** ['fæʃənəbl] *adj.* 流行的，时髦的
(听说例句) Tina often wears a *fashionable* hat. 蒂娜常戴一顶时尚的帽子。

■ **favo(u)rable** ['feɪvərəbl] *adj.* 赞许的，赞同的，肯定的；有利的；适合的
(听说例句) The weather seems *favorable* for a picnic today. 今天的天气看起来很适合去野餐。

■ **favo(u)rite** ['feɪvərɪt] *adj.* 特别受喜爱的 *n.* 特别喜爱的人（或物）
(听说例句) Potatoes are not the *favorite* food of the little boy. 土豆可不是这个小男孩最喜欢的食物。

■ **feed** [fiːd] *vt.* 喂（养），为…提供食物；向…提供 *vi.*（尤指动物、婴儿）吃东西 *n.* 饲料；一餐
(听说例句) Mothers spoon-*feed* their babies carefully. 妈妈们用匙子小心地给她们的宝宝喂食物。

■ **festival** ['festəvl] *n.*（文化娱乐的）节，节日；喜庆日
(听说例句) Many western people are very interested in Chinese traditional *festivals*. 许多西方人对中国传统节日很感兴趣。

■ **fibre/fiber** ['faɪbə(r)] *n.* 纤维（物质）

■ **flour** ['flaʊə(r)] *n.* 面粉

■ **fortune** ['fɔːtʃuːn] *n.*（大量）财产，大笔的钱；运气，命运；财富
(听说例句) Billy received a large *fortune* when his parents died. 比利在他父母去世时得到了一大笔财产。
(单词拓展) fortunate（*adj.* 幸运的）；unfortunate（*adj.* 不幸的）

■ **frown** [fraʊn] *vi./n.* 皱眉，蹙额

■ **furnace** ['fɜːnɪs] *n.* 熔炉，火炉

■ **gallery** ['gæləri] *n.* 画廊，美术馆；楼座，（议会等的）旁听席；廊台，走廊

听说例句　There are many beautiful pictures and photos showing in the *gallery*. 画廊里展出了许多漂亮的画和照片。

■ **garbage** ['gɑ:bɪdʒ] *n.* 垃圾，废物；废话；无用（或不正确）的资料

■ **garlic** ['gɑ:lɪk] *n.* 大蒜

■ **glow** [gləʊ] *n.* 光亮，光辉；脸红；（身体）发热；激情 *vi.* 灼热；发光；（脸）红；（身体）发热；（感情等）洋溢

单词拓展　glowing（*adj.* 灼热的；通红的；强烈的）

■ **glue** [glu:] *n.* 胶，胶水 *vt.* 胶合，粘贴

■ **gym** [dʒɪm] *n.* 体育馆，健身房

■ **ham** [hæm] *n.* 火腿

■ **hostess** ['həʊstəs] *n.* 女主人

听说短语　air hostess 空中小姐

听说例句　The woman is a good *hostess* for these tenants. 对于这些房客来说，这个女人是个好房东。

■ **housewife** ['haʊswaɪf] *n.* 家庭主妇

■ **invitation** [ˌɪnvɪ'teɪʃn] *n.* 邀请；邀请书，请柬；吸引，诱惑

听说例句　Did you send *invitations* to all your friends? 你给所有的朋友都发邀请函了吗？

■ **item** ['aɪtəm] *n.* 条款，项目；（新闻等的）一条，一则；产品

听说例句　There is an *item* in today's newspaper about the earthquake in Italy. 今天的报纸上有一则关于意大利发生地震的新闻。

考点点评　四级真题曾考过该词，注意它与以下几个词的区别：component "成分"；element "元素"；particle "粒子"。

■ **lad** [læd] *n.* 男孩，小伙子

■ **landlord** ['lændlɔːd] *n.* 地主；房东；（旅店）店主

■ **laundry** ['lɔːndri] *n.* 洗衣店，洗衣房；洗好的衣服；待洗的衣服
> **听说例句** *Laundry* services are available in this company. 这家公司提供洗衣服务。

■ **living-room** ['lɪvɪŋrum] *n.* 起居室，客厅
> **听说例句** My guests are reading newspapers in the *living-room*. 我的客人正在客厅读报纸。

■ **lodge** [lɒdʒ] *vi.* 暂住，借宿 *vt.* 供…以临时住宿 *n.* 乡间小屋，旅舍
> **单词拓展** lodging（*n.* 寄宿；出租的房屋）；lodger（*n.* 寄宿者，房客）

■ **magic** ['mædʒɪk] *n.* 魔法，魔术；魔力，魅力 *adj.* 有魔力的；（似）魔术的

■ **maid** [meɪd] *n.* 女仆，侍女

■ **mat** [mæt] *n.* 席子，垫子

■ **mate** [meɪt] *n.* 伙伴；同事；配偶；配对物；（商船上的）大副 *v.*（使）成为配偶；（使）交配

■ **mood** [muːd] *n.* 心情，情绪；坏心境；坏脾气；（动词的）语气
> **听说短语** be（not）in the mood（for sth./to do sth.）有/没有做某事的心情
> **听说例句** Kathy was in a bit of a *mood* on last night's party. 在昨晚的派对上，凯西情绪欠佳。
> **考点点评** 四级真题中曾考过该词：After working all day, he was so tired that he was in no mood to go to the party with us.（工作了一天之后，他太累了，没有心情和我们一起去参加派对。）注意be in no mood to do sth. 是"没有心思做某事"的意思。

■ **mug** [mʌg] *n.* 大杯 *vt.* 对…行凶抢劫

■ **naked** ['neɪkɪd] *adj.* 赤身的，裸露的；赤裸裸的，无遮蔽的

■ **nightmare** ['naɪtmeə(r)] *n.* 噩梦；可怕的事物；无法摆脱的恐惧

■ **onion** ['ʌnjən] *n.* 洋葱；洋葱类植物

■ **oral** ['ɔːrəl] *adj.* 口头的；口述的

（听说例句）The student spent two hours a day on his *oral* English. 这个学生每天花两小时练习英语口语。

■ **orchestra** ['ɔːkɪstrə] *n.* 管弦乐队

（听说例句）The woman has been playing the flute in the *orchestra* since ten years ago. 这个女人在管弦乐队里演奏长笛有十年之久了。

（单词拓展）orchestral（*adj.* 管弦乐的）；orchestration（*n.* 管弦乐编曲）

■ **oven** ['ʌvən] *n.* 烤箱，烤炉

■ **pants** [pænts] *n.* 长裤，（宽松的）便裤；内裤

（听说例句）This red sweater will match those *pants* nicely. 这件红外套和那条裤子会十分相配。

■ **pepper** ['pepə(r)] *n.* 胡椒；胡椒粉 *vt.* 在…上撒（胡椒粉等）；使布满

■ **pillar** ['pɪlə(r)] *n.* 柱，支柱；台柱，栋梁

■ **pillow** ['pɪləʊ] *n.* 枕头

■ **poster** ['pəʊstə(r)] *n.* 招贴（画），海报，公告

（听说例句）The girl collected all kinds of *posters* of her favorite movie star. 那个女孩收集了她最喜欢的电影明星的各种各样的海报。

■ **powder** ['paʊdə(r)] *n.* 粉，粉末

（听说短语）black powder 黑火药

■ **prevail** [prɪ'veɪl] *vi.* 流行，盛行；获胜，占优势；说服，劝说

(听说例句) The religious beliefs still *prevail* among a certain social group of this city. 宗教信仰在这个城市某个特定的社会组织里依旧盛行。

■ **quote** [kwəʊt] *vt.* 引用，援引 *n.* 引文，引语；报价，牌价；[*pl.*] 引号

(听说例句) The writer frequently *quoted* from *the Bible*. 这位作家经常引用《圣经》里的话。

(单词拓展) quotation（*n.* 引文；报价）

■ **rag** [ræg] *n.* 破布，碎布；[*pl.*] 破旧衣服

■ **relationship** [rɪ'leɪʃnʃɪp] *n.* 关系，关联；人际关系

(听说例句) The students are learning about the *relationship* between the earth and the G-force. 学生们正在学习地球和地球引力之间的关系。

■ **rent** [rent] *vt.* 租借，租用；出租，出借 *vi.* 出租，出借 *n.* 租金；出租

(听说例句) The landlord has *rented* the house out to three girls. 房东已经把房子租给了三个女孩。

(单词拓展) rental（*adj.* 租用的 *n.* 租金额）；rentable（*adj.* 可出租的）

■ **restless** ['restləs] *adj.* 焦躁不安的；好动的，静不下来的，运动不止的

■ **roast** [rəʊst] *vt.* 烤，炙，烘 *n.* 烤肉 *adj.* 烤过的，烘过的

■ **rope** [rəʊp] *n.* 绳，索 *vt.* 用绳捆（或扎等）

■ **rug** [rʌg] *n.* （小）地毯，小毯子

(听说例句) When you feel cold, you can cover your knees with this *rug*. 当你觉得冷时，可以把这条毯子盖在膝盖上。

■ **rumour** ['ruːmə(r)] *n.* 传闻，谣言

■ **sauce** [sɔːs] *n.* 调味汁，佐料

■ **saucer** ['sɔːsə(r)] *n.* 茶托；碟子

■ **sausage** ['sɒsɪdʒ] *n.* 香肠，腊肠

■ **screw** [skruː] *n.* 螺丝（钉）*vt.* 用螺钉固定；<u>拧，拧紧</u>

■ **sleeve** [sliːv] *n.* <u>袖子</u>
单词拓展 short-sleeved（*adj.* 短袖的）

■ **spade** [speɪd] *n.* 铲，铁锹

■ **stadium** ['steɪdɪəm] *n.* 运动场，体育场

■ **stale** [steɪl] *adj.* 不新鲜的；陈腐的，过时的

■ **starve** [stɑːv] *v.* （使）挨饿，（使）饿死

■ **statue** ['stætʃuː] *n.* 塑像，雕像
单词拓展 statuette（*n.* 小雕像）

■ **steak** [steɪk] *n.* 牛排；肉排；鱼排

■ **stock** [stɒk] *n.* <u>备料，现货</u>；股票；血统；[总称] 家畜，牲畜 *v.* 储备 *adj.* 常备的，存货的
听说短语 in stock 贮有，备有；take stock of 对…进行估价，判断
听说例句 There is a little *stock* in the shop today. 今天商店里存货不多。

■ **stocking** ['stɒkɪŋ] *n.* 长裤

■ **stove** [stəʊv] *n.* 炉子，火炉

■ **strap** [stræp] *n.* 带，皮带 *vt.* 用带扣住，捆扎；用绷带包扎

听说例句 A little girl should be *strapped* into a special car seat when going out. 外出时，小女孩应该坐在专用汽车座椅里，并扣上带子。

■ **string** [strɪŋ] *n.* 弦，线，细绳；一串，一行 *vt.* 用线串；（用线）悬挂，系住

单词拓展 stringed（*adj.* 有弦的）

■ **strip** [strɪp] *vi.* 脱光衣服 *vt.* 脱去…的衣服；剥夺，夺去 *n.* 条，狭条；带状物

■ **style** [staɪl] *n.* 风格，方式；式样，类型；时尚 *vt.* （根据新款式）设计

听说例句 The new furniture matches the *style* of your living room well. 这件新家具与你的客厅的风格很配。

■ **suicide** ['suːɪsaɪd] *n.* 自杀；自取灭亡；自杀者

听说例句 King attempted *suicide* after his company had gone bankrupt in this economic crisis. 在这场金融危机导致公司破产后，金曾试图自杀。

■ **supermarket** ['sjuːpəˌmaːkɪt] *n.* 超级市场

听说例句 I have to go to the *supermarket* to buy some food. 我得去超市买些吃的东西。

■ **sweat** [swet] *vi.* 出汗，流汗 *n.* 汗，汗水

单词拓展 sweaty（*adj.* 出汗的；吃力的）

■ **textile** ['tekstaɪl] *n.* 纺织品；[*pl.*] 纺织业 *adj.* 纺织的

■ **thermometer** [θə'mɒmɪtə(r)] *n.* 温度计；寒暑表

■ **thumb** [θʌm] *n.* （大）拇指 *v.* 示意要求搭车

■ **tidy** ['taɪdi] *adj.* 整洁的，整齐的 *v.* （使）整洁，（使）整齐

听说短语 tidy up 整理

听说例句 The advertisement said that the new dust collector could make the room clean and *tidy*. 广告上说，这款新式的吸尘器可以把房间打扫得干净整洁。

■ **tissue** ['tɪʃuː] *n.* 组织；薄纱，薄纸；手巾纸

■ **tradition** [trə'dɪʃn] *n.* 传统，惯例

听说例句 This country has unique cultural *traditions*. 这个国家有着独特的文化传统。

■ **tray** [treɪ] *n.* 盘，托盘，碟

■ **tune** [tjuːn] *vt.* 为（乐器）调音；调整 *n.* 曲调，曲子，调子；和谐

■ **valuable** ['væljuəbl] *adj.* 贵重的，有价值的 *n.* [*pl.*] 贵重物品（指首饰）

听说例句 Bill bought me a *valuable* diamond necklace as the new year present. 比尔给我买了一条贵重的钻石项链作为新年礼物。

■ **violet** ['vaɪələt] *n.* 紫罗兰 *adj.* 紫罗兰色的

■ **widow** ['wɪdəʊ] *n.* 寡妇

■ **agent** ['eɪdʒənt] *n.* 代理人，代理商，经纪人；政府特工人员，政府代表；动因，原因；（化学）剂

听说例句 I've heard that Nancy was appointed as the ABC Company's *agent* in London. 我听说南希被任命为ABC公司在伦敦的代理人。

单词拓展 agency（ *n.* 代理；代理处）

考点点评 该词在四级考试中一般出现在与租房、旅游等相关的场景中，如 travel agent（旅行社）和house agent（房屋中介）这两种表达多次出现，相关考点有租房、订票和询问等内容。

■ **airline** ['eəlaɪn] *n.* [常*pl.*] 航空公司；航线

听说例句 This *airline* will not charge additional fees for such kind of services. 这家航空公司不会对这种服务收取额外费用。

单词拓展 airliner（ *n.* 大型客机）

■ **business** ['bɪznəs] *n.* 商业；交易，生意；营业（额）；工商企业；业务；职业；事务

听说短语 get down to business 认真着手办某事；go out of business 歇业；have no business 无权，没有理由；in business 经商，经营；mind your own business 管好你自己的事，少管闲事；on business 因公，出差

听说例句 Tom will go to London on *business* next week. 汤姆下周要因公出差。

■ **enormous** [ɪ'nɔːməs] *adj.* 巨大的，庞大的

听说例句 The problems faced by the headmaster are *enormous*. 校长正面临着巨大的难题。

单词拓展 enormously（ *adv.* 巨大地，庞大地）

■ **intermediate** [ˌɪntə'miːdɪət] *adj.* 中间的；中级的

听说例句 John has passed the *intermediate* level exam of French. 约翰已经通过了法语中级水平考试。

考点点评 在四级考试中，intermediate多用来形容与课程和学术有关的"等级"，如intermediate level（中级水平）和intermediate learners（中级学习者）。另外，advantage level也可以表示"中级水平"。

■ **term** ['tɜːm] *n.* 措词，术语；期限，任期；学期；[常*pl.*] 条款，条件；关系 *vt.* 把…称为，把…叫做

听说例句 It was really a good movie in *terms* of the pictures. 从画面角度来看，这真是一部不错的电影。

考点点评 四级真题曾将该词和以下几个词放在一起考，注意区分：class "班级"；group "组，团"；grade "年级"。

33

■ **up-to-date** [ˌʌptəˈdeɪt] *adj.* 现代化的，最新的；跟上时代的

(听说例句) Mr. Smith let me prepare an *up-to-date* report for him. 史密斯先生让我为他准备一份有关最新情况的报告。

■ **vocabulary** [vəˈkæbjələri] *n.* 词汇（量）；词汇表

(听说例句) The teacher asked her students to remember the words in the *vocabulary*. 老师要求她的学生记住词汇表里的单词。

■ **presentation** [ˌprezn'teɪʃn] *n.* 提供；显示；外观，（显示的）图像；授予，赠送（仪式）；报告，介绍；表演

(听说例句) Mary made a very clear *presentation*. 玛丽做了一个非常清晰的报告。

■ **topic** [ˈtɒpɪk] *n.* 题目；论题，话题

(听说例句) The *topic* of this conference is how to improve work efficiency. 这次会议的主题是如何提高工作效率。

■ **awake** [əˈweɪk] *adj.* 醒着的；清醒的 *vi.* 醒，觉醒；意识到 *vt.* 唤醒；使意识到

(听说短语) keep/stay awake 保持清醒

(听说例句) It's hard to keep *awake* during such a boring course. 在如此无聊的课上很难保持清醒。

■ **briefing** [ˈbriːfɪŋ] *n.* 简要介绍；简要情报；情况介绍会

(听说例句) After the *briefing*, the manager will talk about the detailed problems. 在简要介绍情况之后，经理会谈一谈具体的问题。

■ **imply** [ɪmˈplaɪ] *vt.* 暗示，含有…的意思

(听说例句) John's silence seemed to *imply* disagreement. 约翰的沉默似乎意味着他不同意。

■ **advise** [ədˈvaɪz] *vt.* 劝告，忠告，向…提供意见；建议；通知，告知 *vi.* 提供意见，建议

(听说短语) advise sb. to do sth. 建议某人做某事

(听说例句) Mr. Smith *advised* me to take a rest. 史密斯先生建议我休息一下。

■ **hurry** ['hʌri] *v.* 使加快，催促；急运，急派；匆忙，赶紧 *n.* 急忙，匆忙，仓促

(听说短语) hurry up（使）赶快，匆匆完成；in a hurry 匆忙，急于

(考点点评) hurry还可以单独使用，如四级考试的听力对话中就考过这种用法：Hurry, there is a bus coming.（快点！公交车来了。）

■ **least** [liːst] [little的最高级] *adj.* 最少的；最小的；最不重要的 *adv.* 最少；最小；最不

(听说短语) least of all 最不，尤其；not in the least 丝毫不，一点也不；to say the least 最起码；at least 至少；at the very least 一点，丝毫（加强语气）

(听说例句) The doctor suggested me that I do sports at *least* twice a week. 医生建议我每周至少做两次运动。

■ **release** [rɪ'liːs] *v./n.* 释放，排放；解除，解脱，解放；放开，松开；发表，发布，发行

(听说短语) release...from... 把…从…中解除，豁免

(听说例句) My uncle will be *released* from prison after serving his sentence next year. 明年，等我叔叔服刑期满后就会被释放了。

■ **assignment** [ə'saɪnmənt] *n.* （分派的）任务，（指定的）作业；分配，指派

(听说短语) give an assignment 布置作业

(听说例句) When will you complete the *assignment*? 你什么时候能完成这项任务？

(考点点评) assignment一词常出现在学术方面的听力场景中，如四级真题中的reading assignment（阅读作业）。有可能与其一同出现在该场景中的词和词组有：professor "教授"；reading list "阅读书目"；instructor "导师"。

■ **available** [ə'veɪləbl] *adj.* 现成可使用的，可利用的；可取得联系的；可得到的

(听说例句) The forest park is *available* only from 7:00 am to 17:00 pm every day. 这个森林公园只在每天早七点到晚五点之间开放。

(单词拓展) unavailable（*adj.* 难以获得的）；availability（*n.* 有效，有益；可利用性；可以利用的人或物）

■ **brilliant** ['brɪljənt] *adj.* 光辉的，灿烂的；卓越的，杰出的

■ **campus** ['kæmpəs] *n.* （大学）校园

听说短语 on campus 在校园内

听说例句 Tom visited a few *campuses* when he was in China. 汤姆在中国时参观了几所大学。

ll **catalog(ue)** ['kætəlɒg] *n.* 目录（册）；系列 *vt.* 将…编入目录

听说例句 Look through the *catalog* and see if the province library has the book *Gone with the Wind*. 去查一下目录，看看省图书馆有没有《飘》这本书。

■ **certificate** [sə'tɪfɪkeɪt] *n.* 证（明）书，执照

听说例句 Bill took part in the test in order to get the Cambridge Business English *Certificate*. 比尔参加考试是为了获得剑桥商务英语证书。

单词拓展 certification （*n.* 证明）

■ **chapter** ['tʃæptə(r)] *n.* 章，回，篇

听说短语 chapter by chapter 一章一章地

■ **chemist** ['kemɪst] *n.* 化学家；药剂师；药商

ll **compose** [kəm'pəʊz] *vt.* 组成，构成；创作（乐曲、诗歌等），为…谱曲；使平静，使镇静

听说例句 This piece of music was *composed* by a man who has been dead for one century. 这段音乐是由一位一个世纪前去世的人创作的。

单词拓展 composition （*n.* 作品）；composite （*adj.* 混合成的 *n.* 合成物）

■ **comprehensive** [ˌkɒmprɪ'hensɪv] *adj.* 广泛的；综合的

听说例句 Before giving your answer, you had better make a *comprehensive* understanding about the subject. 在回答问题之前，你最好对题目有一个全面的理解。

ll **draft** [drɑːft] *n.* 草案，草图；汇票 *vt.* 起草，草拟；

- **fill** [fɪl] *vt.* 装满，布满；以···充注，填补；满足；担任（职务等）*vi.* 被充满 *n.* 充分，足够

  (听说例句) Lily *filled* her glass with red wine. 莉莉给自己的杯子倒满了红酒。

- **fisherman** ['fɪʃəmən] *n.* 渔民，渔夫

- **graduate** ['grædʒuət] *n.* （尤指大学）毕业生；研究生 *adj.* 研究生的 ['grædʒueɪt] *v.* （使）毕业

  (听说例句) John *graduated* from Oxford in 1998. 约翰1998年毕业于牛津大学。

  (单词拓展) graduation（*n.* 毕业；毕业典礼）

- **handwriting** ['hænd,raɪtɪŋ] *n.* 笔迹；书法

  (听说例句) I recognized his neat *handwriting* on the envelope. 我认出了信封上他那工整的笔迹。

- **heading** ['hedɪŋ] *n.* 标题

  (听说例句) Would you mind telling me the title of your *essay*? 你是否介意告诉我你论文的题目呢？

- **headline** ['hedlaɪn] *n.* 大字标题；[*pl.*] 新闻提要

  (听说例句) The news was in the *headlines* in the newspaper. 这条新闻在报纸上占据头条。

- **honorable** ['ɒnərəbl] *adj.* 光荣的，荣誉的；可敬的，高尚的

  (听说例句) Bill's behavior speaks him *honorable*. 比尔的行为表明他是个可敬的人。

- **infer** [ɪn'fɜː(r)] *vt.* 推论，推断

  (听说短语) infer from 从···推断出

  (听说例句) From your smile, I *infer* that you must have passed the exam. 从你的笑容可以推断出，你一定通过了这项考试。

- **junior** ['dʒuːnjə] *adj.* 年少的，较年幼的；资历较浅的，地位较低的 *n.* 年

少者；地位较低者，晚辈；（美国中学或大学的）三年级学生

听说例句 Now I am a *junior* student in this university. 我现在是这所大学的一名大三的学生。

■ **librarian** [laɪ'breərɪən] *n.* 图书馆馆长或馆员

听说例句 The *librarian* is arranging the magazines. 这位图书管理员正在整理杂志。

■ **liquor** ['lɪkə(r)] *n.* 酒，烈性酒

■ **literary** ['lɪtərəri] *adj.* 文学（上）的；文人的，书卷气的

■ **medal** ['medl] *n.* 奖牌；勋章

听说例句 Miguel won an Olympic gold *medal* in gymnastics. 米格尔获得了一块奥林匹克体操金牌。

■ **minus** ['maɪnəs] *prep.* 减（去）*n.* 负数；减号 *adj.* 负的；减去的

■ **notebook** ['nəʊtbʊk] *n.* 笔记本

■ **optional** ['ɒpʃənl] *adj.* 可选择的；任意的；非强制的

听说例句 College students are demanded to choose enough *optional* academic courses before they can graduate. 在毕业之前，大学生们被要求选修足够的选修课程。

考点点评 四级完形真题曾将该词和以下几个词放在一起考，注意区分：natural "自然的"；functional "功能的"；essential "本质的"。

■ **outline** ['aʊtlaɪn] *vt.* 概述，概括；描画轮廓；描述要点 *n.* 提纲，要点，概要；外形，轮廓，略图

听说例句 The teacher asked all the students to draw up an *outline* of this novel. 老师要求所有学生给这部小说拟出一个大纲。

■ **paragraph** ['pærəgrɑːf] *n.* 段落

听说例句 These *paragraphs* of this essay have some grammatical errors. 这篇论文的这几段有一些语法错误。

- **philosopher** [fə'lɒsəfə(r)] *n.* 哲学家，哲人

- **phrase** [freɪz] *n.* 短语，词组，用语 *vt.* 用语言表达，叙述

  (听说例句) How do you use these *phrases* in your articles? 你如何在文章中运用这些短语呢？

- **reading** ['riːdɪŋ] *n.* 读，阅读；朗读，朗诵（会）；读物，选读；（仪表等上的）读数，指示数

  (听说例句) I'd like to do some *reading* before I go to bed. 睡觉前，我喜欢读一些东西。

- **scholar** ['skɒlə(r)] *n.* 学者；奖学金获得者

  (听说例句) As a *scholar* in Cambridge University, George does not have to pay college fees. 作为获得剑桥大学奖学金的学生，乔治不用交大学学费。

  (单词拓展) scholarly（*adj.* 学术的，学术性的）；scholarship（*n.* 奖学金；学问；学术成就）

- **semester** [sɪ'mestə(r)] *n.* 学期

  (听说例句) This is Helen's last *semester* in Oxford University. 这是海伦在牛津大学的最后一个学期。

- **seminar** ['semɪnɑː(r)] *n.* （大学的）研究班，研讨会

  (听说例句) Professor King's *seminar* was postponed for some reasons. 金教授的讨论会因为某些原因被推迟了。

- **tale** [teɪl] *n.* 故事，传说

  (听说例句) Mother told Meg the *tales* of ancient times every night. 妈妈每天晚上都给梅格讲古老的传说。

- **theme** [θiːm] *n.* 主题；题目

- **tutor** ['tjuːtə(r)] *n.* 导师；家庭教师，私人教师 *v.* 当导师；当家庭教师

  (听说例句) Ben's parents hired a *tutor* to teach him English. 本的父母雇了一位家庭教师教他英语。

单词拓展 tutorial（*adj.* 私人教师的；导师的 *n.* 指南；指导课；教程）

■ **wit** [wɪt] *n.* 风趣，妙语；[*pl.*] 智力，才智，智能

■ **writing** ['raɪtɪŋ] *n.* （书）写，写作；著作，作品

听说例句 The author has to rent a room for concentrating on his *writing*. 这位作家不得不租下一间屋子，以便集中精力写作。

■ **absorb** [əb'sɔːb] *vt.* 吸收；吸引…的注意，使全神贯注；把…并入；同化

阅读短语 absorb in 沉浸于

听说例句 The little boy was utterly *absorbed* in the story book. 小男孩全神贯注地读这本故事书。

单词拓展 absorbed（*adj.* 全神贯注的，一心一意的）；absorption（*n.* 吸收；全神贯注）；absorbent（*adj.* 能吸收的）

考点点评 四级真题曾考过absorb与介词in搭配的用法：The writer was so absorbed in her work that she didn't notice him enter the room.（那位作家如此沉浸于工作之中，以至于没有察觉到他进了房间。）

■ **atmosphere** ['ætmə,sfɪə(r)] *n.* 大气，大气层；空气；气氛；环境

听说例句 The *atmosphere* of that small city is very much polluted. 那个小城的空气受到了严重污染。

单词拓展 atmospheric（*adj.* 大气的；大气层的）

■ **detect** [dɪ'tekt] *vt.* 察觉，发现；查明，侦查出

听说例句 The worker soon *detected* the problem of the car. 工人很快就查出了这辆汽车的问题所在。

单词拓展 detectable（*adj.* 可发觉的）；detector（*n.* 探测器）；undetected（*adj.* 未被发现的）

■ **gulf** [gʌlf] *n.* 海湾；巨大的分歧，鸿沟

阅读短语 Gulf War 海湾战争

听说例句 The two famous professors used to be close friends but a great *gulf* has developed between them over the last two years. 这两位著名的教授曾经是亲密的朋友，但是最近两年他们之间出现了极大的分歧。

- **particle** ['pɑːtɪkl] *n.* 微粒，颗粒，粒子；小品词，语助词

I have no idea what the definition of the *particle* is. 我不知道粒子的定义是什么。

- **surface** ['sɜːfɪs] *n.* 表面，面；外表，外观 *vi.* 浮出水面；浮现，显露

The quality of this furniture isn't good; its *surface* is rough. 这件家具的质量不好，它的表面很粗糙。

- **troop** [truːp] *n.* [*pl.*] 军队，部队；一群，一队，（一）大批 *vi.* 成群结队而行

The two countries made an agreement and decided to withdraw their *troops*. 这两个国家达成协议决定撤军。

- **underground** ['ʌndəɡraʊnd] *adj.* 地（面）下的；秘密的，不公开的 *adv.* 在地（面）下，往地（面）下；秘密地，不公开地 *n.* 地铁；地下组织（或运动）

There is an *underground* passage leading to the ABC building. 有一条地下通道通向ABC大楼。

underground一词常出现在与环境相关的听力场景中，如 underground water resouces（地下水资源）。其他用法还有 underground oil resources（地下油资源）。

- **add** [æd] *vt.* 添加，增加；把…加起来，计算…的总和；进一步说（或写），附带说明 *vi.* 增添，补充

add up 加起来；说得通；add to 增添；add up to 合计达；意味着

The teacher asked me to *add* Mary's name to the list. 老师让我把玛丽的名字添加到名单里去。

- **analyse/analyze** ['ænəlaɪz] *v.* 分析；解析

They should *analyse* every step of the experiment to find the real cause of the failure. 他们应该分析实验的每一步以找到实验失败的真正原因。

- **follow** ['fɒləʊ] *vt.* 跟随，接着；遵照，听从；听懂，领会；注视，密切注意；沿着…行进 *vi.* 跟随，（紧）接；结果是；懂，理解

听说短语 as follows 如下；follow through 把…进行到底，完成；follow up 追究，追查；（对…）采取进一步的行动

听说例句 Just *follow* me and I'll show you how to operate it. 跟着我做，我会向你展示该如何操作。

■ **intensity** [ɪn'tensəti] *n.* 强烈，剧烈；强度

听说例句 The *intensity* of the earthquake is frightening. 这次地震的强度令人恐惧。

■ **represent** [ˌreprɪ'zent] *v.* 作为…的代表（或代理）；描述；象征；描绘，表现；阐明，说明；扮演

听说例句 These students may *represent* very different values and emotions. 这些学生可能表现出非常不同的价值观和情感。

■ **solar** ['səʊlə(r)] *adj.* 太阳的，日光的；（利用）太阳能的

听说短语 solar energy 太阳能

听说例句 There are eight planets in the *solar* system. 太阳系中有八大行星。

■ **trail** [treɪl] *vi.* 拖，下垂；（比赛等中）输，失败 *vt.* 跟踪，追踪 *n.* 小路，小径；痕迹，足迹，踪迹；臭迹

听说短语 trail along 没精打采地（跟在后面）走；trail away/off 逐渐减弱，缩小

听说例句 The police found the *trail* of the thief just now. 警方刚刚发现了小偷的踪迹。

■ **violent** ['vaɪələnt] *adj.* 猛烈的，剧烈的；使用暴力的，暴力引起的；带有强烈感情的，由激情引起的；厉害的，极度的

考点点评 很多考生会在听力考试中将violate和violent相混淆，这两个词发音很相似，violate的发音是['vaɪəleɪt]。

■ **assure** [ə'ʃʊə] *v.* 使确信；使确保；担保，向…保证

听说例句 The naughty boy *assured* his mother that it would not happen again. 这个淘气的小男孩向他的妈妈保证这种事情不会再发生了。

考点点评 四级真题中曾出现过 ...his or her fortune would be assured，大意是"如果…，他或她的财富在以后就有保障了。"be assured的意思是"得到保证；有把握"，考生要灵活运用该词。

■ **barn** [bɑ:n] *n.* 谷仓；牲口棚

During the hardest times, the little twin sisters bedded down in a *barn* 在那段最艰难的日子里，这对双胞胎小姐妹睡在牲口棚里。

■ **face** [feɪs] *n.* 脸，面孔；面部表情；外表，外貌；面，表面 *v.* 面向，正对；面对，面临

听说短语 face up to 敢于面对，勇于正视（困难或不快之事）；face to face 面对面地；in the face of 在…面前；尽管，不顾

听说例句 Ann has to *face* up to the fact that she lost the job. 安不得不勇敢地面对自己失业的这一事实。

■ **harsh** [hɑ:ʃ] *adj.* 严厉的，严酷的；刺耳的；刺目的；毛糙的

听说例句 Many people thought the punishment was too *harsh* for such a minor offence. 很多人都认为对于这样一个轻微的罪行，这样的惩罚未免有些太严酷了。

单词拓展 harshness（*n.* 严酷；恶劣）

■ **invent** [ɪn'vent] *vt.* 发明，创造；捏造，虚构

听说例句 Can you tell us who *invented* the computer? 你能告诉我们是谁发明了电脑吗？

单词拓展 newly-invented（*adj.* 新发明的）

■ **tough** [tʌf] *adj.* 困难的，难对付的；坚强的，能吃苦耐劳的；坚韧的，牢固的；强硬的，严格的；（肉等食物）老的，硬的；粗暴的，充满暴力的

听说例句 Jim promised to try his best to finish this *tough* task. 吉姆承诺要尽全力去完成这项艰难的任务。

■ **weed** [wi:d] *n.* 杂草，野草；草籽 *v.* 除草

听说例句 My grandfather was busy with *weeding* in the garden every weekend. 每周末，我的祖父都在园子里忙着锄草。

■ **agreeable** [ə'gri:əbl] *adj.* 令人愉快的，惬意的；（欣然）同意的，乐意的；和蔼可亲的

听说例句 I find Jane a very *agreeable* professor. 我发现简是位非常和蔼可亲的教授。

■ **attractive** [ə'træktɪv] *adj.* 吸引人的，有吸引力的；引起注意的

听说例句 This proposal is very *attractive* to our company. 这一提议对我们公司具有很大的吸引力。

单词拓展 attractiveness（*n.* 魅力，吸引力）；unattractive（*adj.* 无吸引力的）

■ **bay** [beɪ] *n.* （海或湖泊的）湾；（大厅等建筑物内的）分隔间

■ **bleed** [bliːd] *vi.* 失血，流血；散开 *vt.* 长期榨取（某人的钱）

听说例句 The man was lying and *bleeding* after the accident happened. 事故发生后，那人躺在地上，血流不止。

■ **clear** [klɪə(r)] *adj.* 清楚的，明白的；无疑的，确信的；晴朗的；畅通的 *adv.* 离开，不接触；清晰地 *vt.* 扫清，清除；使清楚，使明白；使清白无辜，证明…无罪 *vi.* 变晴；变清澈

听说短语 clear off 离开，溜掉；clear out 清除，把…腾空；澄清，解决；（天）放晴

听说例句 Professor Kang gave a *clear* explanation of the final examination. 就这次期终考试，康教授给出了明确的解释。

考点点评 clear away意为"把…清除掉"，曾在四级真题中出现过。

■ **dense** [dens] *adj.* 密集的，浓密的；密度大的

听说例句 The soldiers fought their way through *dense* forest. 士兵奋力通过密林。

单词拓展 densely（*adv.* 密度大地，浓密地）；density（*n.* 密度）

- **dramatic** [drə'mætɪk] *adj.* 引人注目的；突然的；戏剧性的；激动人心的；戏剧的，剧本的 *n.* [-s] 夸张的行为；做作的感情表露

  听说例句 The officer made a *dramatic* speech on the press conference. 这位官员在新闻发布会上做了激动人心的演说。

  单词拓展 dramatically（*adv.* 戏剧性地；引人注目地）

- **flat** [flæt] *adj.* 平坦的；（价格）固定的；漏气的，气不足的；单调的；扁平的；浅的 *n.* 一套房间，公寓套房 *adv.* 平直地；直截了当地

  听说例句 As our car had a *flat* tire, we could not continue our travel. 由于我们的汽车有一个轮胎漏气了，所以我们不能继续旅行了。

  单词拓展 flattish（*adj.* 稍平的）；flatten（*v.* 使…变平）

- **fog** [fɒg] *n.* 雾

  听说例句 I can't see the road clearly because of the heavy *fogs*. 由于雾太大，我看不清道路。

  单词拓展 foggy（*adj.* 有雾的；模糊的）

- **forecast** ['fɔːkɑːst] *n./vt.* 预测，预报

  听说例句 I forgot to hear today's weather *forecast* this morning. 今天早晨我忘记收听今天的天气预报了。

- **formation** [fɔː'meɪʃn] *n.* 形成，组成；形成物，结构；队形，排列

  听说例句 The *formation* of our temperament is affected by many factors. 性格的形成受很多因素影响。

- **frost** [frɒst] *n.* 霜冻，严寒天气；霜，白霜 *v.* 结霜（于）

- **grain** [greɪn] *n.* 谷物；谷粒，颗粒；少量，微量

  听说例句 Farmers grow *grain* and keep cattle in their fields. 农民在地里种谷，养牛。

  单词拓展 grainy（*adj.* 粒状的；多粒的）

■ **grand** [grænd] *adj.* 宏伟的，壮丽的；重大的，重要的；傲慢的，派头大的；绝佳的，极好的；总的，全部的

(听说例句) Alice met a lot of *grand* people when she went to the White House. 艾丽斯在去白宫时遇见了许多显赫的人物。

■ **jungle** ['dʒʌŋgl] *n.* （热带）丛林，密林；乱七八糟的一堆

(听说例句) The explorers went deep into the *jungle* with some advanced tools. 这些探险者带着一些先进的工具进入了丛林深处。

■ **melt** [melt] *v.* （使）融化，（使）溶化；（使）消散，（使）逐渐消失

(听说例句) The first snow of this year is *melting* in the sunshine. 在阳光的照耀下，今年的第一场雪正在融化。

(单词拓展) melting（*adj.* 感人的；柔情似水的）

■ **mist** [mɪst] *n.* 薄雾 *v.* （使）蒙上薄雾；（使）模糊

■ **moist** [mɔɪst] *adj.* 潮湿的，湿润的

(单词拓展) moisten（*vt.* 弄湿，使湿润）

■ **moisture** ['mɔɪstʃə(r)] *n.* 潮湿；湿气

■ **mosquito** [mə'skiːtəʊ] *n.* 蚊子

■ **mushroom** ['mʌʃrʊm] *n.* 蘑菇 *vi.* 迅速成长（或发展）

(听说例句) These little children didn't know the beautiful *mushrooms* were poisonous. 这些小孩子不知道那些漂亮的蘑菇有毒。

■ **native** ['neɪtɪv] *adj.* 出生地的；当地（人）的；与出生地有关的 *n.* 土生土长者，本国人

(听说例句) We are *native* speakers of Chinese. 我们的母语是汉语。

■ **pine** [paɪn] *n.* 松（树）；松木 *vi.* （因悲哀等）消瘦，衰弱，憔悴；渴望，思念

■ **rural** ['rʊərəl] *adj.* 农村的

> (听说例句) *Rural* economy in China has improved greatly in recent years. 近年来中国的农村经济有了很大发展。

■ **shade** [ʃeɪd] *n.* 荫，阴凉处；遮光物，（灯）罩；阴暗部；色度；细微差别（或变化）*vi.* 遮荫，遮光；（色彩）渐变

> (听说短语) shade in/into 逐渐变成，渐变

> (听说例句) I saw a cat sleeping in the *shade* of a poplar tree. 我看到一只猫正在一棵杨树的树荫下睡觉。

■ **shelter** ['ʃeltə(r)] *n.* 掩蔽处，躲避处；住所；掩蔽，保护 *vt.* 掩蔽，庇护；躲避

> (听说例句) The cute umbrella is a poor *shelter* from heavy rain and wind. 这把可爱的雨伞遮挡不住狂风暴雨。

> (单词拓展) sheltered（*adj.* 遮蔽的；受庇护的）

> (考点点评) 四级真题曾考过shelter后接介词的情况，shelter under的意思是"躲在…下"。

■ **straw** [strɔː] *n.* 稻草，麦秆；吸管

> (听说例句) Kathy likes drinking fruit juice through a *straw*. 凯西喜欢用吸管喝果汁。

■ **striking** ['straɪkɪŋ] *adj.* 显著的，突出的；惹人注目的，容貌出众的

> (听说例句) Eileen was undoubtedly a very *striking* young lady. 毫无疑问，艾琳是位非常漂亮的年轻女士。

■ **tide** [taɪd] *n.* 潮，潮汐；潮流，趋势

> (听说短语) tide over 使度过（困难时期）

> (听说例句) As the *tide* recedes the boys can pick up many shells. 在退潮的时候，这些男孩可以拣到很多贝壳。

■ **tropical** ['trɒpɪkl] *adj.* 热带的；炎热的

> (听说例句) Asia extends across the frigid, temperate and *tropical* zones. 亚洲地跨寒、温、热三带。

四级真题曾考过该词：The hot, humid（潮湿的）air over the ocean causes severe tropical thunderstorms.（海洋上方炎热潮湿的空气引起了强烈的热带雷暴。）

■ **unfavorable** [ʌn'feɪvərəbl] *adj.* 不宜的

听说例句 The cold weather is *unfavorable* to our plan of swimming. 寒冷的天气对我们的游泳计划不利。

■ **worm** [wɜːm] *n.* 虫，蠕虫

■ **delay** [dɪ'leɪ] *n.* 耽搁（的时间），延迟 *vi.* 耽搁，拖延 *vt.* 耽搁，延误；推迟，使延期

听说例句 The performance will be *delayed* until tomorrow night because of the bad weather. 由于恶劣的天气，表演被推迟到明天晚上进行。

■ **mechanical** [mə'kænɪkl] *adj.* 机械的，机械制造的；机械学的，力学的；机械似的；呆板的

听说例句 Most *mechanical* devices require oil as a lubricant. 大多数机械装置都需要用油作为润滑剂。

■ **minor** ['maɪnə(r)] *adj.* 较小的；较少的；次要的 *n.* 未成年人；副修科目 *vi.*（大学中的）辅修

听说短语 minor in 辅修

听说实景 Kathy majored in English and *minored* in law. 凯西主修英文，辅修法律。

单词拓展 minority（*n.* 少数；少数民族）

考点点评 minor的反义词为major，意为"大的；主要的"。

■ **anyway** ['eniweɪ] *adv.* 不管怎么说，无论如何；不论以何种方式，无论从什么角度

听说例句 I will go to that country to pay a visit to the famous professor *anyway*. 不管怎么样，我都要去那个国家拜访一下那位著名的教授。

考点点评 四级真题中既出现过anyway，也出现过any way，它们的意思并不一样。 anyway在句子中作副词，意为"无论如何，不管怎样"；any way的意思是"任何方法，任何方式"，way在这里是名词，any是修饰它的定语。

四级真题中还考过以下几个副词的区别：besides "此外"；however "然而"；anyhow "无论如何，总之"。

■ **subway** ['sʌbweɪ] *n.* 地铁；地下通道

(听说例句) People should use the *subway* to cross the road. 人们过马路应该走地下通道。

■ **bound** [baʊnd] *adj.* 一定的，必然的；受约束的；有义务的；准备到…去的，开往（或驶往）…的 *vi.* 跳跃；弹回 *vt.* 成为…的界线 *n.* 跳跃；[常*pl.*]界限

(听说短语) be bound up in 热衷于，忙于；be bound up with 与…有密切关系；in leaps and bounds 非常迅速

(听说例句) This new invention is *bound* to be of great benefit to our society. 这项新发明必定会给我们的社会带来极大的好处。

(单词拓展) unbound（*adj.* 自由的；解脱束缚的）；boundary（*n.* 分界线，边界）；boundless（*adj.* 无限的；无边无际的）

■ **brake** [breɪk] *n.* 闸，制动器，刹车 *vi.* 制动；（车）被刹住 *vt.* 刹住（车），用闸（车）放慢速度

■ **cargo** ['kɑːgəʊ] *n.* （船、飞机等装载的）货物

■ **charter** ['tʃɑːtə(r)] *n.* 宪章，共同纲领；特许状，许可证；（飞机、汽车等的）包租，包机 *vt.* 包，租（飞机、汽车等）

(单词拓展) chartered（*adj.* 包租的；特许的）

■ **conductor** [kən'dʌktə(r)] *n.* （乐队）指挥；（公共汽车站的）售票员，列车长；导体

(听说例句) Everybody knows that copper is a good *conductor* of electricity. 众所周知，铜是电的良导体。

■ **deck** [dek] *n.* 甲板；层面

■ **departure** [dɪ'pɑːtʃə(r)] *n.* 离开，出发；背离，违反

(听说例句) The train's *departure* time was delayed for an hour. 火车的开车时间被延迟了一小时。

■ **drop** [drɒp] *vt.* （使）落下；（使）下降，（使）降低；（使）停止；放弃 *n.* 下降；下降（或下落）的距离；（一）滴；微量，一点点；[*pl.*] 滴剂；水果硬糖

（听说短语） drop off 睡着；（让…）下车，把…放下；下降，减少

（听说例句） The large baggage *dropped* down from the shelf when the bus ran into the gate. 当公交车向大门撞去的时候，那件很大的行李从架子上掉了下来。

（考点点评） 四级真题曾将该词与以下几个词放在一起考，注意区别：hold "拿着"；leave "离开"；give "给"。

■ **fantastic** [fæn'tæstɪk] *adj.* 极好的，极出色的；极大的；难以相信的；异想天开的，不实际的；奇异的，古怪的

（听说例句） Last night we had a *fantastic* dinner in that restaurant. 昨天晚上，我们在那家饭店吃了一顿非常棒的晚餐。

■ **fee** [fiː] *n.* 费，酬金

（听说例句） I don't know if the bank charges a *fee* when I open an account. 我不知道在银行开账户是否会收费。

■ **freight** [freɪt] *n.* （运输中的）货物；货运 *vt.* 运送（货物）；装货于（船等）

（单词拓展） freighter（*n.* 货船）

■ **guard** [gɑːd] *n.* 警戒，警备；警卫员，卫兵 *vt.* 守卫t，保卫 *vi.* 防止，防范

（听说短语） on (one's) guard 站岗，值班；警惕，提防

（听说例句） A helmet can *guards* your head from accident injuries. 头盔可以保护你的头部在事故中免受伤害。

■ **harbo(u)r** ['hɑːbə(r)] *n.* 海港，港口，避风港 *vt.* 庇护；藏匿；心怀（怨恨等）

■ **helicopter** ['helɪkɒptə(r)] *n.* 直升飞机

■ **horsepower** ['hɔːsˌpaʊə(r)] *n.* 马力（功率单位）

■ **jet** [dʒet] *n.* 喷气式飞机；喷气发动机；喷嘴，喷射口；喷射，喷出 *vi.* 乘坐喷气式飞机旅行

■ **landscape** ['lændskeɪp] *n.* 风景，景色；风景画；全景 *vt.* 美化…的景观

(听说例句) All the tourists expected to see stunning *landscapes* in this mountainous region. 所有游客都期待在这个山峦起伏的地方看到迷人的风景。

■ **license** ['laɪsəns] *n.* 许可证，执照；许可；放肆 *v.* 给…发许可证，准许

(听说例句) Mary got her driving *license* last year. 玛丽去年考取了驾驶执照。

■ **luggage** ['lʌgɪdʒ] *n.* 行李

(听说例句) We had left the *luggage* at the hotel before went out for dinner. 我们在出去吃晚饭之前把行李放在了旅馆。

■ **mainland** ['meɪnlænd] *n.* 大陆

■ **package** ['pækɪdʒ] *n.* 包裹，包装；一揽子交易（或计划、建议等）*vt.* 包装，把…装袋（或盒等）；把…打包，把…装箱

(听说例句) I just received a *package* from my friend in Beijing. 我刚刚收到北京的朋友寄来的一个包裹。

■ **platform** ['plætfɔːm] *n.* 台，平台，讲台；站台，月台；（政党的）纲领，宣言

■ **postage** ['pəʊstɪdʒ] *n.* 邮费，邮资

(听说例句) What's the *postage* on a letter to Japan? 寄信去日本的邮费是多少？

■ **postpone** [pə'spəʊn] *vt.* 延迟，延期

(听说例句) The sports meeting was *postponed* to next week. 运动会被推迟到了下周。

■ **radar** ['reɪdɑː(r)] *n.* 雷达

■ **railway** ['reɪlweɪ] *n.* 铁路

■ **reservation** [ˌrezə'veɪʃn] *n.* （住处、座位等的）预订；保留意见；（美国印第安部落的）居留地

听说例句 I'd like to make a *reservation* for this weekend. 我想预订这个周末的房间。

■ **sightseeing** ['saɪtsiːɪŋ] *n.* 观光，游览

听说例句 *Sightseeing* has always interested John and his elder brother. 约翰和他哥哥对观光游览一向很感兴趣。

■ **spectacular** [spek'tækjələ(r)] *adj.* 壮观的；令人惊叹的 *n.* 壮观的场面；精彩的表演

听说例句 The fireworks of last night were *spectacular*, which attracted many people. 昨夜的烟火真是壮观，吸引了许多人。

■ **steamer** ['stiːmə(r)] *n.* 轮船；汽船

■ **steer** [stɪə(r)] *vt.* 驾驶，为…操舵；引导 *vi.* 驾驶

单词拓展 steering（*n.* 车辆等的转向装置）；steerage（*n.* 统舱，操舵）

■ **tunnel** ['tʌnl] *n.* 隧道，地道 *v.* 挖（地道），开（隧道）

■ **van** [væn] *n.* 运货车；（载客的）面包车

■ **wagon** ['wægən] *n.* 四轮马车；大篷车；铁路货车；客货两用车

■ **accent** ['æksənt] *n.* 口音，腔调；重音（符号）*vt.* 重读；强调

听说例句 *Accent* the word "alive" on the second syllable. "alive" 这个词要重读第二个音节。

单词拓展 accentuate（*v.* 突出，强调）

■ **accord** [ə'kɔːd] *n.* 一致，符合；条约，协议 *vi.* （与…）一致，符合 *vt.* 授予，赠与，给予

■ **accordance** [ə'kɔːdns] *n.* 一致，符合

听说例句 in accordance with 依照，依据。

■ **activist** ['æktɪvɪst] *n.* （政治活动的）积极分子，活动家

听说例句 On the issue of pollution, the environmental *activists* plead with our government not to soft pedal. 在污染问题上，环保主义者们请求我们的政府不要采取低调态度。

■ **alike** [ə'laɪk] *adj.* 同样的，相同的 *adv.* 一样地，相似地；同样程度地

听说例句 The boss of my company treats everyone *alike*. 我们公司的老板对大家一视同仁。

■ **ancestor** ['ænsestə(r)] *n.* 祖宗，祖先；原型；先驱

听说例句 One of King's *ancestors* was a great poet. 金的祖先当中有一位是伟大的诗人。

单词拓展 ancestral （*adj.* 祖先的；祖传的）

■ **awful** ['ɔːfl] *adj.* 极坏的，令人不快的，可怕的；（感到）难过的，不舒服的；非常的，极大的

听说例句 An *awful* earthquake happened here last year. 去年这里发生了一次可怕的地震。

■ **bottom** ['bɒtəm] *n.* 底，底部；末尾，尽头；臀部 *adj.* 最低的，最下的；*vi.* 达最低点

听说例句 There is some tea left in the *bottom* of the little cup. 这只小杯子的底部有些茶叶。

■ **congress** ['kɒŋgres] *n.* 代表大会；国会，议会

听说例句 The new proposal doesn't receive the support of the *Congress*. 这项新的提议没有得到国会的支持。

单词拓展 congressional （*adj.* 大会的；国会的）

■ **considerably** [kən'sɪdərəbli] *adv.* 相当地

听说例句 Lack of information *considerably* added to our difficulties. 缺乏信息给我们增加了相当大的困难。

■ **couple** ['kʌpl] *n.* 一对，一双；两三个，一些；夫妻，情侣 *vt.* 连接，使成对

（听说例句）I have a *couple* of things to do. 我有几件事要做。

（考点点评）couple的名词用法在四级真题中比较常见，但是其动词用法也应予以注意，四级真题的听力中就考过其动词用法：Large companies, especially, like a background of formal education coupled with work experience. 全句意为：大公司尤其喜欢既有正式的教育背景又有工作经验的员工。其中的couple with意为"伴随，与…相结合"。

■ **criminal** ['krɪmɪnl] *n.* 罪犯，犯人 *adj.* 犯罪的，刑事的

（听说例句）If you break the *criminal* law, you will be punished. 如果你触犯了刑法，将会受到惩罚。

■ **definitely** ['defɪnɪtli] *adv.* 明确地，确切地；一定地，肯定地

（听说例句）*Definitely*, your answer is correct. 毫无疑问，你的答案是正确的。

■ **democratic** [ˌdemə'krætɪk] *adj.* 民主的，有民主精神（或作风）的

（听说例句）This party aims to make our country truly *democratic*. 这个党的目标是让我们的国家真正民主。

■ **donation** [dəʊ'neɪʃn] *n.* 捐款；捐赠物；捐赠，赠送

（听说例句）The old lady made a *donation* of $3,000 to the orphanage. 这位老妇人给这所孤儿院捐了3000美元。

■ **footstep** ['fʊtstep] *n.* 脚步；足迹；脚步声

■ **forehead** ['fɒrɪd] *n.* 额，前额

■ **fortunately** ['fɔːtʃənətli] *adv.* 幸运地，幸亏

（听说例句）*Fortunately*, the fire was discovered by a passerby soon after it had started. 幸好火势刚起就被一位行人发现了。

■ **goodness** ['ɡʊdnəs] *int.* 天哪 *n.* 善良，美德；好意

■ **gratitude** ['grætɪtjuːd] *n.* 感激，感谢

听说例句 I would like express my *gratitude* to Kathy for her help. 我要对凯西的帮助表示感谢。

■ **guilty** ['gɪlti] *adj.* 内疚的；有罪的

听说例句 My uncle felt *guilty* after breaking his promise. 我叔叔在违背诺言之后感到内疚。

考点点评 四级真题曾考过该词，注意其与以下几个词的区别：offended "被冒犯的"；disappointed "失望的"；discouraged "气馁的"。

■ **guy** [gaɪ] *n.* 家伙，伙计

听说例句 You will find Jason is a nice *guy* once you get to know him. 一旦你了解了贾森，你就会发现他是个不错的人。

■ **heap** [hiːp] *n.* （一）堆；大量，许多 *v.* （使）成堆，堆起

听说例句 My aunt *heaped* more food on my plate than I could eat. 姑妈在我的盘子里堆了许多食物，多得我都吃不完。

■ **hopeful** ['həʊpfl] *adj.* 有希望的；怀有希望的

■ **hostile** ['hɒstaɪl] *adj.* 敌对的，不友善的；敌方的

听说例句 My hometown once was surrounded by *hostile* troops. 我的故乡曾被敌军包围。

单词拓展 hostility（*n.* 敌意，敌对）

■ **lid** [lɪd] *n.* 盖，盖子

■ **limb** [lɪm] *n.* 肢，臂，腿；树枝

■ **magnificent** [mæg'nɪfɪsənt] *adj.* 壮丽的，宏伟的；豪华的，华丽的；极好的

■ **meantime** ['miːntaɪm] *adv./n.* 同时，其间

听说例句 I love driving fast and in the *meantime*, I know it is extremely dangerous. 我喜欢开快车，但同时我知道这是极其危险的。

- **minority** [maɪ'nɒrəti] *n.* 少数，少数派；<u>少数民族</u>

  听说例句 Only a *minority* of people voted for the plan to establish the building. 只有少数人投票赞同建造大楼的计划。

- **mount** [maʊnt] *vt.* 登上；发起，组织；安放，安装；裱贴 *vi.* 增加，加剧 *n.* [M-]山，峰

- **myth** [mɪθ] *n.* 杜撰出来的人（或事物）；神话

  听说例句 The little girl was very interested in the Greek *myth* since she heard the story of Athena. 这个小女孩自从听了雅典娜的故事，就对希腊神话着了迷。

- **notable** ['nəʊtəbl] *adj.* <u>值得注意的；著名的</u> *n.* 名人，要人

  听说例句 There is a *notable* difference between Monet's earlier and later paintings. 莫奈早期的绘画作品和后期的绘画作品之间有明显的区别。

  单词拓展 notably（*adv.* 显著地，特别地）

- **palm** [pɑːm] *n.* 手掌；掌状物；棕榈树 *vt.* 把…藏于手（掌）中

- **paste** [peɪst] *n.* 糊，浆糊 *vt.* 粘，贴

- **presently** ['prezəntli] *adv.* 不久，立刻；现在，目前

- **religious** [rɪ'lɪdʒəs] *adj.* <u>宗教的</u>；笃信宗教的，虔诚的

  听说例句 Professor Wang was very *religious* and very kind. 王教授非常虔诚并且非常友善。

  单词拓展 religion（*n.* 宗教）；religiously（*adv.* 笃信地，虔诚地）

- **royal** ['rɔɪəl] *adj.* <u>王室的，皇家的</u>

  听说例句 The crown is the symbol of *royal* power. 皇冠是皇家权利的象征。

- **sack** [sæk] *n.* <u>麻袋，包</u>；[the ~] 解雇；洗劫，劫掠 *v.* 解雇；洗劫，劫掠

- **seemingly** ['siːmɪŋli] *adv.* <u>表面上，看上去</u>

■ **seldom** ['seldəm] *adv.* <u>很少，不常</u>

听说例句 My grandparents *seldom* surf the Internet in their spare time. 我的祖父母在空闲时很少上网。

■ **shave** [ʃeɪv] *vt.* 剃，刮，刨，削 *vi.* 修面，刮脸 *n.* 修面，刮脸

■ **shrug** [ʃrʌg] *v./n.* 耸肩（表示冷漠、怀疑等）

■ **sigh** [saɪ] *n.* 叹息（声）*vi.* 叹气，叹息

■ **sorrow** ['sɒrəʊ] *n.* 悲痛，悲哀；伤心事，不幸的事

■ **sticky** ['stɪki] *adj.* 黏的，黏性的；（天气）湿热的；困难的，棘手的

■ **sting** [stɪŋ] *vi.* 刺，蜇，叮；感到剧痛 *vt.* 蜇，叮；刺痛，使痛苦；激怒 *n.*（昆虫的）螫刺；刺（痛），剧痛

■ **suck** [sʌk] *v.* 吸，吮

■ **tank** [tæŋk] *n.* 油（或水）箱，罐，槽；<u>坦克</u>

■ **terror** ['terə(r)] *n.* 恐怖；恐怖活动；<u>引起恐怖的人（或）事，恐怖分子</u>

■ **truly** ['truːli] *adv.* <u>真正地</u>；忠实地

听说例句 George *truly* believes that none of this is his fault. 乔治深信这些都不是他的错。

■ **unexpected** [ˌʌnɪk'spektɪd] *adj.* 想不到的，意外的

听说例句 It was really an *unexpected* surprise to me. 这对我来说真是个意想不到的惊喜。

单词拓展 unexpectedly（*adv.* 出乎意料地）

■ **weekly** ['wiːkli] *adj.* <u>每周的，一周一次的</u> *adv.* <u>一周一次地</u> *n.* 周报，周刊

听说例句 I played chess with my father two or three times *weekly*. 我和爸爸每周下两三次棋。

57

■ **weep** [wiːp] *v.* （为…）哭泣，流（泪）；渗出

■ **whereas** [ˌweərˈæz] *conj.* 然而，但是，尽管

听说例句 Some boys showed the positive attitude, *whereas* others do not. 一些男孩子表现出乐观的态度，然而其他的却没有。

■ **whichever** [wɪtʃˈevə(r)] *adj./pron.* 无论哪个，无论哪些

听说例句 *Whichever* of the athletes reaches the finish line first will get the gold medal. 无论哪个运动员最先到达终点都将获得金牌。

■ **whoever** [huːˈevə(r)] *pron.* 无论谁，不管谁；究竟是谁

听说例句 The sad boy doesn't want to see anyone, *whoever* they are. 那个悲伤的男孩不想见任何人，无论是谁。

R eading 阅读词汇

■ **attraction** [ə'trækʃn] *n.* 吸引力，诱惑力；具有吸引力的事物（或人）

(模拟实景) The main *attraction* in this city is that bridge. 在这座城市中，最主要的景点就是那座桥。

(考点点评) 四级真题考过形近词attraction, attention, affection的辨析。attention指的是"注意力"，affection的意思是"喜爱"，考生应注意区分。

■ **craft** [krɑːft] *n.* 工艺，手艺；船；航空器，航天器

(模拟实景) Nancy learned her *craft* from Mr. Smith. 南希从史密斯先生那里学的手艺。

■ **defiance** [dɪ'faɪəns] *n.* 违抗，藐视

(阅读短语) in defiance of... 违抗…，无视…

(模拟实景) Jim jumped into the river and swam in *defiance* of the warning board. 吉姆无视警示牌，跳到了河里游泳。

■ **effective** [ɪ'fektɪv] *adj.* 有效的，生效的；给人印象深刻的；实际的，事实上的

(模拟实景) We should take *effective* measures to solve this problem. 我们应该采取有效措施来解决这个问题。

(单词拓展) ineffective（*adj.* 无效的）；effectiveness（*n.* 效力）

■ **essential** [ɪ'senʃl] *adj.* 必不可少的，非常重要的；本质的，基本的 *n.* [常*pl.*]要素，要点；必需品

(模拟实景) It's *essential* to make a reservation before traveling. 在旅行前预订房间是十分必要的。

(考点点评) it's+essential后的that从句中要用虚拟语气，从句的谓语用should+动词原形，should可省略。四级真题曾考过这一句型：It is essential that these application forms be sent back as early as possible.（尽早将申请表格寄回是很有必要的。）

■ **import** ['ɪmpɔːt] *n.* 进口，输入；[常*pl.*] 进口商品；输入额；意义，含义 [ɪm'pɔːt] *vt.* 进口，输入

模拟实景 The business of Jim's company is mainly about the *import* of cars. 吉姆公司的主要业务是汽车进口。

■ **mud** [mʌd] *n.* 泥，泥浆

模拟实景 Modern buildings have replaced the *mud* huts with grass roofs that had been home to generations of farmers. 现代建筑已经取代了以茅草为屋顶的泥土小屋，而之前很多代农民都居住在这种泥土小屋里。

■ **property** ['prɒpəti] *n.* 财产，所有物；房产，地产，物业；性质，特性

模拟实景 That new car is Bob's only *property*. 那辆新车是鲍勃唯一的财产。

考点点评 四级真题中考过property作"房产"和"财产"讲的情况。property作"财产"讲时不可数，指"一处房产"时是可数名词，注意区分，曾考过的句子有：The chief duty of every government is to protect persons and property. （每个政府的主要职责都是保护人民和财产安全。）

■ **reluctant** [rɪˈlʌktənt] *adj.* 不情愿的，勉强的

阅读短语 be reluctant to do 不情愿做…

模拟实景 It seems that Jim is *reluctant* to do that project. 吉姆似乎不情愿做那个项目。

■ **temporary** ['temprəri] *adj.* 暂时的，临时的

阅读短语 temporary staff 临时工

模拟实景 Mary finally found a *temporary* job through the Internet. 玛丽终于通过互联网找到了一份临时工作。

■ **view** [vjuː] *n.* 看法，见解；观察；视野；景色，风景 *vt.* 看待；考虑；估量；观察，看

阅读短语 with a view to 为了，为的是

模拟实景 John studied very hard with a *view* to passing the examination. 为了通过考试，约翰非常用功地学习。

考点点评 四级真题中曾考过这样一个句子：Business is viewed as an expression of the idea of cquality of opportunity... （做生意被视为机会均等观念的一种体现…）这里view为动词，意为"看待"，用法为be viewed as...。

- **chemical** ['kemɪkl] *adj.* 化学的 *n.* 化学制品
  - 【阅读短语】 chemical composition 化学成分
  - 【模拟实景】 John said that he did an interesting *chemical* experiment yesterday. 约翰说他昨天做了一个有趣的化学实验。

- **distribute** [dɪ'strɪbjuːt] *vt.* 分发，分配；使分布，散布
  - 【模拟实景】 The teacher *distributed* the awards to the students. 老师给学生们分发奖品。
  - 【单词拓展】 distribution（*n.* 分发，分送）；distributed（*adj.* 分散的）；distributor（*n.* 发行人）

- **drift** [drɪft] *vi.* 漂流，漂；漂泊，游荡 *n.* 漂流，漂流物，吹积物；大意，主旨；趋势；转移
  - 【阅读短语】 drift away 漂走；渐渐疏远
  - 【模拟实景】 The small fishing boat *drifted* downstream. 那艘小渔船向下游漂去。

- **liquid** ['lɪkwɪd] *n.* 液体 *adj.* 液体的，液态的；清澈的，晶莹的；流畅的
  - 【模拟实景】 Both water and oil are *liquid.* 水和油都是液体。

- **lump** [lʌmp] *n.* 块，肿块 *vt.* 将…归并在一起 *vi.* 结块
  - 【模拟实景】 Jim likes to put one *lump* of sugar into the coffee. 吉姆喜欢在咖啡里加一块方糖。
  - 【单词拓展】 lumpy（*adj.* 多块状物的；粗笨的）

- **mixture** ['mɪkstʃə(r)] *n.* 混合；混合物
  - 【模拟实景】 This kind of jam is a *mixture* of apple, orange and strawberry. 这种果酱是苹果、橘子和草莓的混合物。

- **mystery** ['mɪstri] *n.* 神秘（性）；神秘的人或事
  - 【模拟实景】 They made investigation to clear up the *mystery*. 他们进行调查以澄清这一神秘事件。

- **poison** ['pɔɪzn] *n.* 毒物，毒药 *vt.* 使中毒，放毒于，毒害

It is said that the lovely cat was killed by rat *poison*. 据说，那只可爱的猫被鼠药毒死了。

poisoning（*n.* 中毒）

■ **process** ['prəʊses] *n.* 过程，进程；工序，制作法；（法律）程序，（诉讼）手续 *vt.* 加工，处理

This project is still in *process* and will be finished on next Monday. 这个项目仍在进行中，下周一将会完成。// Improving your English will be a slow *process*, but you must stick to it. 英语水平的提高将会是一个缓慢的过程，但是你一定要坚持下去。

processing（*n.* 处理）；procession（*n.* 前进）

■ **reverse** [rɪ'vɜːs] *vt.* 撤销，推翻；使位置颠倒，使互换位置；使反向，使倒转 *vi.* 反向，倒转 *n.* 相反情况，对立面；反面，后面；挫折，逆境 *adj.* 反向的，倒转的

Tom's coat can be *reversed* when one side becomes dirty. 汤姆的衣服一面脏了时，可以翻过来穿。

reversal（*n.* 颠倒，倒转）；reversible（*adj.* 可反转的，可逆的）

■ **rid** [rɪd] *vt.* 使摆脱；解除…的负担；从…中清除

get rid of 摆脱

Jack felt that Mary was trying to get *rid* of him. 杰克感觉玛丽在试图摆脱他。

■ **spread** [spred] *vt.* 展开，伸开；散布，蔓延；涂，敷 *n.* 传播，蔓延；幅度，范围；涂抹食品的酱；整版的文章（或广告等）

spread out （人群等）散开；伸展，延伸

Ann promised that she would not *spread* this secret out. 安承诺不会将这个秘密散播出去。

■ **structure** ['strʌktʃə(r)] *n.* 结构，构造；建筑物 *vt.* 构造，建造

This wooden *structure* has a long history. 这座木制建筑物有着悠久的历史。

well-structured（*adj.* 结构完善的）

■ **surrounding** [sə'raʊndɪŋ] *n.* 周围的事物，环境 *adj.* 周围的，环绕的

The *surrounding* villages has been destroyed by the flood. 周围的村庄都被洪水摧毁了。

考点点评 surrounding在作"环境"讲时常用复数，如四级真题考过这样一个句子：A video shows him receiving physical therapy but apparently unable to communicate and with little awareness of his surroundings. 这句话中的surroundings指的就是篇章中人物所处的环境。

■ **system** ['sɪstəm] *n.* 系统，体系；制度，体制；方法，做法；身体

模拟实景 The stranger is not allowed to log into this *system*. 陌生人不允许登录这个系统。

■ **argument** ['ɑːgjʊmənt] *n.* 争论，辩论；理由，论点；说理，论证

模拟实景 The experts had an *argument* about the current economic crisis. 专家们就当前的经济危机展开了辩论。

单词拓展 argumentation（*n.* 辩论，争论）；argumentative（*adj.* 爱争论的；好辩论的）

■ **barber** ['bɑːbə(r)] *n.* 理发师

模拟实景 The young *barber* can make fashionable hairstyles. 这位年轻的理发师可以剪出时髦的发型。

■ **consequent** ['kɒnsɪkwənt] *adj.* 作为结果（或后果）的；随之发生的

模拟实景 The decline in house sales is *consequent* on the economy crisis. 房屋销量下降是经济危机的结果。

单词拓展 consequential（*adj.* 结果的）；consequently（*adv.* 因此，因而）

■ **durable** ['djʊərəbl] *adj.* 耐用的，持久的

模拟实景 The material of this coat is very *durable*. 这件外套的料子很耐用。

单词拓展 durability（*n.* 持久，耐用）

■ **elevator** ['elɪveɪtə(r)] *n.* 电梯；升降机

模拟实景 Mary saw the manager take the *elevator* to the 17th floor. 玛丽看见经理乘电梯去了17楼。

■ **expense** [ɪk'spens] *n.* 价钱；花费，费用；[*pl.*] 开支；业务费用

模拟实景 We can't afford the *expense* of owing a car. 我们支付不起拥有一辆车的花销。

考点点评 at the expense of是expense在四级考试中的一个高频考点，意为"以…为代价"，如四级真题中曾考过这样一句话：His business was very successful, but it was at the expense of his family life.（他的生意很成功，但是是以牺牲家庭生活为代价的。）

■ **identity** [aɪ'dentəti] *n.* 身份；个性，特性；同一性，一致性

模拟实景 The policeman asked that man to show his *identity* card. 警察要求那位男士出示他的身份证。

考点点评 identity在四级考试中最常考查的词义就是"身份"，如：The police are trying to find out the identity of the woman killed in the traffic accident.（警方正试图查明在车祸中丧生的那名妇女的身份。）

■ **inspire** [ɪn'spaɪə(r)] *vt.* 鼓舞，激起；给…以灵感

阅读短语 inspire sth. in sb. 激起某人的…，使某人产生…

模拟实景 That famous scientist's speech *inspired* me to work harder. 那位著名科学家的演讲激励我更加努力地工作。

单词拓展 inspiration（*n.* 灵感）；inspirational（*adj.* 鼓舞人心的）

考点点评 四级真题中考查过inspire sb. to do sth.（激励某人做某事）的用法，如：The leader of the expedition inspired everyone to follow his example.（探险队队长鼓励大家都以他为榜样。）

■ **maintain** [meɪn'teɪn] *vt.* 维持，保持；维修，保养；坚持，主张；赡养；负担

模拟实景 This new car needs to be *maintained* once half a year at least. 这辆新车至少需要每半年保养一次。

考点点评 四级真题曾考查过maintain, contain, sustain和entertain这几个词的辨析。这几个词都含有-tain这一词根，它有"拿，保持，留"等含义。contain意为"包含"；sustain意为"维持"；entertain意为"娱乐"，应注意区分。

■ **mechanic** [mə'kænɪk] *n.* 技工，机修工；[-s] 力学，机械学；[*pl.*]（制作或操作的）过程；方法；技术性细节

模拟实景 There is not a *mechanic* who hasn't had this kind of problems during their work. 所有技工在工作中都遇到过这种问题。

单词拓展 mechanical（*adj.* 机械的；物理上的）

- **primary** ['praɪməri] *adj.* 首要的，主要的；最初的，初级的
模拟实景 A *primary* cause of Jane's failure is her negligence. 粗心大意是简失败的一个主要原因。
单词拓展 primarily（*adv.* 主要地）

- **professional** [prə'feʃənl] *adj.* 职业的；专业的，专门的 *n.* 专业人员；职业选手
模拟实景 John can provide *professional* advice for you. 约翰可以为你提供专业性意见。

- **superior** [suː'pɪəriə(r)] *adj.* 上级的；（在职位、地位等方面）较高的；优越的，优于…的；优良的，卓越的；有优越感的，高傲的 *n.* 上级，长官
阅读短语 superior to 比…好，比…优越
模拟实景 He is your *superior*, so you cannot beard him. 他是你的上司，所以你不可以和他对抗。
单词拓展 superiority（*n.* 优越，优等）

- **abuse** [ə'bjuːz] *vt.* [ə'bjuːs] *n.* 滥用，妄用；虐待，伤害；辱骂，毁谤
阅读短语 abuse one's authority 滥用职权；abuse one's power 滥用权力；drug abuse 药物滥用；吸毒
模拟实景 Please do not *abuse* your authority, otherwise you will lose your job. 请不要滥用职权，否则你会丢掉工作的。
单词拓展 disabuse（*v.* 纠正，打消…的错误念头）；abusive（*adj.* 辱骂的）

- **addition** [ə'dɪʃn] *n.* 加，加法；增加的人（或物）；附加物
阅读短语 in addition to 除…之外
模拟实景 This young guy is a new *addition* to our football team. 这个年轻的小伙子是我们足球队的新人。
单词拓展 additional（*adj.* 附加的，额外的）

- **bacteria** [bæk'tɪəriə] *n.* 细菌
模拟实景 *Bacteria* are so small that people cannot see them with the naked eyes. 细菌太小了，人们用肉眼是看不到的。

考点点评 bacteria这个词本身就是复数，在四级真题以及实际应用中也多以bacteria的形式出现，其单数形式为bacterium。类似的单词还有media，其单数形式是medium。

■ **biology** [baɪˈɒlədʒi] *n.* 生物学，生态学

模拟实景 Mr. Smith is a *biology* professor of our university. 史密斯先生是我们大学的一位生物学教授。

考点点评 后缀-logy表示"学科"，四级真题曾多次考查和"学科"相关的词汇，如sociology（社会学）、psychology（心理学）、gerontology（老年学）、criminology（犯罪学）等。

■ **combine** [kəmˈbaɪn] *v.* 结合，化合 [ˈkɒmbaɪn] *n.* 联合企业（或团体）；联合收割机

模拟实景 Students should *combine* study with pleasure. 学生应该从学习中得到乐趣。

单词拓展 combination [*n.* 结合（体）]

■ **expand** [ɪkˈspænd] *vt.* 扩大，扩张；膨胀

模拟实景 Once we get the loan from the bank, we will be able to *expand* our business. 一旦从银行获得贷款，我们就可以扩大生意了。

单词拓展 expanding（*adj.* 扩大的）；expansion（*n.* 扩张，膨胀）

考点点评 四级真题曾考过易混词multiply, lengthen, expand, stretch的辨析。multiply指数量上的繁殖和成倍增加；lengthen偏重"延长"这一含义；expand侧重空间的扩充和扩展；stretch则指"伸展，延长"。

■ **generation** [ˌdʒenəˈreɪʃn] *n.* 一代人（或产品）；产生，发生

模拟实景 Usually there is a *generation* gap between the young and their parents. 通常年轻人和他们的父母之间会有代沟。

■ **specialise/specialize** [ˈspeʃəlaɪz] *v.* 专门研究，专攻

阅读短语 specialize in 专攻，专门研究

模拟实景 That shop *specializes* in sports shoes and sports clothes. 那家商店专门出售运动鞋和运动服。

单词拓展 specialization（*n.* 专门化，特殊化）

■ **pose** [pəʊz] *vt.* 造成，引起（困难等）；提出（问题等）；陈述（论点等）*vi.* 摆姿势；假装，冒充；装腔作势 *n.* 样子，姿势

(阅读短语) pose a challenge 提出挑战；pose a question 提出问题

(模拟实景) The senior manager's concern for the workers is a mere *pose*. 这名高管对工人们的关心只是故作姿态罢了。

profound [prə'faʊnd] *adj.* 深度的；深切的；深远的；知识渊博的，见解深刻的；深奥的

(模拟实景) This earthquake had a *profound* effect on children's life. 这次地震对孩子们的生活产生了深远的影响。

■ **senior** ['siːniə(r)] *adj.* 资格较老的；地位较高的；年长的 *n.* 较年长者；（中学或大学的）毕业班学生

(模拟实景) My girlfriend is my *senior* by two years. 我女朋友比我大两岁。

■ **span** [spæn] *n.* 跨距；一段时间 *v.* 持续，贯穿；横跨，跨越

(模拟实景) Over a short *span* of one year he has been able to speak two foreign languages. 在短短的一年时间里他就学会了两门外语。

■ **analyst** ['ænəlɪst] *n.* 分析家；化验员；心理分析学家

(模拟实景) A good market *analyst* should be highly trained and practiced. 一个好的市场分析员应该是经过严格训练、经验非常丰富的。

ıı **attention** [ə'tenʃn] *n.* 注意，专心；立正姿势，立正口令

(模拟实景) Students should focus their *attention* on their study. 学生应该把注意力放到学习上。

(考点点评) pay attention to是attention的一个重要用法，表示"注意"，如四级真题中曾考查过这样一个句子：Pay attention to the resume format you use.（注意你使用的简历格式。）

■ **bond** [bɒnd] *n.* 联结，联系；粘结剂，粘合剂；公债，债券；契约，合同 *v.* （使）粘合，（使）结合；（使）建立友谊或亲密关系

(模拟实景) Common interests form a *bond* between the two boys. 共同的兴趣让两个男孩建立起了友谊。

(单词拓展) bonding（*n.* 亲密关系的形成）

68

■ **capture** ['kæptʃə(r)] *vt.* 俘获，捕获；夺得，占领；引起注意 *n.* 俘获，捕获

模拟实景 This criminal was *captured* by the police in a small village. 这个罪犯在一个小村庄里被警察抓获了。

■ **climate** ['klaɪmət] *n.* 气候；气候区；风气，气氛

模拟实景 This place has a temperate *climate* and you will recover soon. 这个地方气候温和，你很快就会康复的。

单词拓展 climatic（*adj.* 气候的）；climatically（*adv.* 气候上地）

■ **counter** ['kaʊntə(r)] *n.* 柜台，柜台式长桌；筹码；计数器 *vt.* 对抗，反驳 *adv.* 反方向地，对立地

模拟实景 She placed the money on the *counter* and then ran away. 她把钱放到柜台上然后跑出去了。

■ **data** ['deɪtə] *n.* 数据，资料

模拟实景 My assistant has updated the *data* in the computer. 我的助理已经更新过电脑里的数据了。

考点点评 data本身就是复数形式，它是集合名词，所以data后面要接动词的第三人称单数形式。

■ **ethic** ['eθɪk] *n.* 道德准则，行为准则；[-s] 伦理学

模拟实景 A good work *ethic* is also important for one's success. 良好的职业道德对于一个人的成功也很重要。

■ **poll** [pəʊl] *n.* 民意测验；[常*pl.*] 政治选举，大选 *vt.* 对…进行民意测验；获得（…张选票）

模拟实景 Before making a decision, you should conduct a public opinion *poll*. 在做决定之前，你应该先做一个民意测验。

单词拓展 polling（*n.* 投票）

■ **prejudice** ['predʒʊdɪs] *n.* 偏见，成见 *vt.* 使有偏见；对…不利，损害

阅读短语 without prejudice (to)（对…）没有不利，无损（于）

模拟实景 One unfortunate experience *prejudiced* John against all doctors. 一次不幸的经历使得约翰对所有医生都有偏见。

单词拓展 prejudice-free（*adj.* 无偏见的）；prejudicial（*adj.* 不利的，有损害的）

prejudice的形容词形式是prejudiced，意思是"有偏见的"，在四级考试中常用来考查作者的观点或态度，同时出现的单词一般有critical（挑剔的；批评的）、indifferent（不关心的）和positive（肯定的）。

■ **recognize** ['rekəgnaɪz] *vt.* 认出，识别；承认，确认；赏识，表彰

模拟实景 I could hardly *recognize* her because she cut her hair. 因为她剪了头发，我几乎都认不出她来了。

单词拓展 recognition（*n.* 认出；承认；表彰）；recognizable（*adj.* 可辨认的）；recognized（*adj.* 公认的）

■ **underestimate** [,ʌndər'estɪmeɪt] *vt.* 对…估计不足，低估 [,ʌndər'estɪmət] *n.* 估计不足，低估

模拟实景 We should never *underestimate* the power of the people. 我们千万不要低估人民的力量。

■ **anxiety** [æŋ'zaɪəti] *n.* 焦虑，挂念；渴望，热望

模拟实景 They waited for her coming with a growing sense of *anxiety*. 他们等待着她的到来，越来越焦虑。

考点点评 四级真题考过近义词nuisance, trouble, worry, anxiety这四个词的辨析。nuisance指具体的令人讨厌的东西；trouble意为"烦恼，麻烦"；worry指"担心，发愁"；anxiety意为"焦虑"。

■ **brief** [briːf] *adj.* 简短的；短暂的 *n.* 摘要 *vt.* 向…介绍基本情况，做…的提要

阅读短语 in brief 简言之

模拟实景 Would you mind giving us a *brief* self-introduction? 你是否介意为我们做一下简单的自我介绍？

单词拓展 briefing（*n.* 简报，简介）；briefs（*n.* 短内裤）

■ **budget** ['bʌdʒɪt] *n.* 预算，预算拨款 *vi.* 编预算；做安排 *vt.* 规划，安排 *adj.* 低廉的，收费公道的

模拟实景 The *budget* of the next year must be reduced to the lowest. 明年的预算额必须削减到最低限度。

■ **entertainment** [,entə'teɪnmənt] *n.* 娱乐；文娱节目：表演会；招待，请客

模拟实景 Kate sang a song to her parents for *entertainment* after supper. 晚饭后，凯特为她的父母唱了首歌来助兴。

■ **finance** [faɪ'næns] *n.* 财政，金融；[常*pl.*] 财源，资金；财务情况 *vt.* 为…提供资金，为…筹措资金

(模拟实景) This company's *finances* have improved a lot. 这家公司的财政状况已经有了很大的改善。

(单词拓展) financing（*n.* 融资；财务）；financial（*adj.* 财政的，金融的）；financier（*n.* 金融家）

■ **financial** [faɪ'nænʃl] *adj.* 财政的，金融的

(模拟实景) This company was in serious *financial* difficulties, and it needed help from the government. 这家公司陷入严重的财政困境，需要政府的援助。

■ **management** ['mænɪdʒmənt] *n.* 管理，处理；管理部门，管理人员

(模拟实景) The old schoolmaster has left and the school is under new *management*. 老校长已经离开了，这所学校由新人管理。

■ **manufacturer** [ˌmænjʊ'fæktʃərə(r)] *n.* 制造商，制造厂

(模拟实景) If you want to earn more money, you should buy directly from the *manufacturer* and cut out the middleman. 如果你想赚更多的钱，就应该避开分销商直接从厂商那里进货。

(考点点评) 四级真题考查过consumer, retailer, businessman和manufacturer这几个词的辨析。其中consumer指"消费者"；retailer多指"零售商"；businessman是"生意人"。如要表示"…的制造商"，可直接在manufacturer前加car, auto等表示产品的词，四级考试中曾考查过fine china manufacturer，意为"细瓷制造商"。

■ **negative** ['negətɪv] *adj.* 否定的；反面的；消极的；负的，阴性的 *n.* （照片的）负片，底片；负数

(模拟实景) They have a *negative* opinion on the value of this suggestion. 他们对这个建议的价值持否定意见。

■ **project** ['prɒdʒekt] *n.* 方案，计划；课题；项目，工程 [prə'dʒekt] *vt.* 投射，发射；放映；使伸出 *vi.* 伸出，突出

The latest *project* for the famous director is a film based on the life of a nineteenth-century painter. 这位著名导演最近的项目是一部以一位19世纪画家的生活为原型的电影。

■ **reserve** [rɪ'zɜːv] *vt.* 保留，留存；预订 *n.* 储备（物）；保留；（言语、行动的）拘谨；替补队员，后备部队；自然保护区

模拟实景 The guide has *reserved* rooms at a hotel for this travel. 导游已经为此次旅行在宾馆里预订了房间。

单词拓展 reservation（*n.* 预订；保留）；reserved（*adj.* 预订的）

考点点评 四级真题考过易混词preserve, reserve, retain, sustain的辨析。preserve指"保存"；reserve指"预订"；retain意为"保持，保留"；sustain意为"维持，持续"。如We'd like to reserve a table for five for dinner this evening. （我们想为今天的晚餐预订一张5个人的餐桌。）

■ **section** ['sekʃn] *n.* 部分，章节；部门，科；截面，剖面；区域

模拟实景 Each chapter of this English book has six *sections*. 这本英语书的每章分为六个部分。

■ **union** ['juːniən] *n.* 工会，联盟；结合，合并；团结，融洽

模拟实景 Jack was elected the chairman of the Students' *Union*. 杰克被选为学生会的主席。

■ **wage** [weɪdʒ] *n.* [常*pl.*] 工资，报酬 *vt.* 开始，进行

模拟实景 Workers went on strike Sunday in demand of a 40 percent *wage* increase. 工人们于周日举行罢工，要求增加40%工资。

考点点评 在四级考试中，经常会出现wage和salary这两个词，它们都有"薪资"的含义，却又有区别：wage一般指按周或按天发放的工资，领取wage的人通常是体力劳动者；salary则指按月发放的薪水，领取salary的人通常是具有某项特殊技能或知识的员工。

■ **adult** ['ædʌlt] *n.* 成年人（或动物） *adj.* 成年的，充分长成的；成年人的；适宜于成年人的

模拟实景 An *adult* under Chinese law is someone over 18 years old. 中国法律规定，18周岁以上为成年人。

■ **author** [ˈɔːθə(r)] *n.* 著作家，作者

（模拟实景） The readers were so glad to meet the *author* of the great book. 读者们很高兴见到了这本好书的作者。

■ **capable** [ˈkeɪpəbl] *adj.* 有能力的，有技能的

（模拟实景） Tom is a very *capable* administrator in our school. 汤姆在我们学校是一位非常能干的行政人员。

■ **complex** [ˈkɒmpleks] *adj.* 由许多部分组成的，复合的；复杂的，难懂的 *n.* 综合体，集合体；情结；夸大的情绪反应

（模拟实景） It will be a *complex* problem if we do not solve it as soon as possible. 如果我们不及时解决的话，它会成为一个复杂的问题。

（单词拓展） complexity（*n.* 复杂性）

■ **crash** [kræʃ] *vi.* 碰撞；坠落；发出撞击（或爆裂）声；垮台，破产 *vt.* 撞击；砸碎；冲，闯 *n.* 碰撞；坠毁；破裂声，哗啦声

（模拟实景） Mike's motorcycle *crashed* into the fence. 迈克的摩托车撞到了围栏上。

■ **decrease** [dɪˈkriːs] *v.* 减小，减少 [ˈdiːkriːs] *n.* 减小，减少（量）

（模拟实景） The number of new students *decreased* from 400 to 260 this term. 这学期新生的数量从400人减少到了260人。

（考点点评） increase和decrease后面可以接significantly和markedly等词来表示增加或减少的幅度。

■ **institute** [ˈɪnstɪtjuːt] *n.* 学会；研究所；学院 *vt.* 建立，设立

（模拟实景） Lucy will go to study at the textile *institute* the next year. 露西明年将去纺织学院学习。

（单词拓展） institution（*n.* 社会公共机构）

■ **issue** [ˈɪʃuː] *n.* 问题，争论点；发行；（报刊的）一期；分发，流出 *vt.* 颁布，发行；分发，发给 *vi.* 流出，发出

（模拟实景） They will have a meeting on international *issues*. 他们将就国际问题举行一次会议。

（考点点评） 四级真题考查过易混词issue, print, publication, copy的辨析。print

作名词时，意为"版本"，publication指"出版"，copy表示"册"，而issue指的是"（报刊等的）一期"。

- **presence** ['prezns] *n.* 出席；存在；仪表，仪态
- (阅读短语) presence of mind 镇定自若，沉着
- (模拟实景) Andy was so quiet that no one noticed his *presence*. 安迪很安静，没人注意到他的存在。

- **privilege** ['prɪvəlɪdʒ] *n.* 特权；优惠；特有的权利、利益或好处
- (模拟实景) As a member of the nobility, he had led a life of luxury and *privilege*. 作为一个贵族，他过着养尊处优的生活。
- (单词拓展) privileged（*adj.* 享有特权的）
- (考点点评) It's my privilege to...这一句型经常出现在讲话的开始，如四级真题中曾考过这样一句话：It's my privilege to introduce to you today Mr. Robert Washington. （今天，很荣幸能向大家介绍罗伯特·华盛顿先生。）

- **prohibit** [prə'hɪbɪt] *vt.* 禁止，不准
- (模拟实景) Students are *prohibited* from fighting and running in the classroom. 禁止学生在教室里打架和乱跑。
- (单词拓展) prohibition（*n.* 禁令）

- **publish** ['pʌblɪʃ] *vt.* 出版，刊印；公布，发表
- (模拟实景) The famous writer's new book will be *published* next month. 这位著名作家的新书将于下个月出版。
- (单词拓展) publisher（*n.* 出版商；发行人）

- **responsible** [rɪ'spɒnsəbl] *adj.* 需负责任的，承担责任的；有责任感的，负责可靠的；责任重大的，重要的
- (模拟实景) Who should be *responsible* for the terrible traffic accident? 谁应该对这次严重的交通事故负责呢？
- (单词拓展) responsibility（*n.* 责任，职责）

- **teenager** ['tiːneɪdʒə(r)] *n.* （13~19岁的）青少年
- (模拟实景) It's very important for these *teenagers* to establish their own values. 树立自己的价值观对于这些青少年来说非常重要。

■ **Christmas** ['krɪsməs] *n.* 圣诞节

（模拟实景）All the kids want to have presents on *Christmas* Day. 所有孩子都想在圣诞节收到礼物。

■ **competent** ['kɒmpɪtənt] *adj.* 有能力的；能胜任的

（模拟实景）Mary is a *competent* English teacher and all her students like her. 玛丽是一位能干的英语教师，她的学生都喜欢她。

■ **elbow** ['elbəu] *n.*（衣服的）肘部 *v.* 用肘推，用肘挤

（模拟实景）The assistant *elbowed* his way for his manager through the crowd. 助理为他的经理在人群中挤出一条路来。

■ **etiquette** ['etɪket] *n.* 礼节，礼仪

（模拟实景）According to Mongolian *etiquette*, the host should present hada to the guest out of respect. 根据蒙古族的礼节，出于尊敬，主人会为客人献上哈达。

■ **formal** ['fɔːml] *adj.* 正式的，正规的，合乎礼仪的；形式上的，表面的

（模拟实景）Ambassador from Australian Embassy sent a *formal* invitation letter to the Minister for the party. 澳大利亚使馆的大使给部长寄去一封晚会的正式邀请函。

（单词拓展）formally（*adv.* 正式地）；informal（*adj.* 非正式的）

■ **gather** ['gæðə(r)] *vi.* 聚集，集合 *vt.* 收集，采集；逐渐增加；猜想，推测

（阅读短语）gather up 拾起；收拢

（模拟实景）All of us are busy *gathering* woods for the campfire party. 我们都忙着收集木头以备篝火晚会之用。

■ **host** [həust] *n.* 主人，东道主；节目主持人；许多 *vt.* 主办；主持

（模拟实景）It remains unknown now which city will *host* the national swimming tournament. 现在还不知道哪座城市会主办本届的全国游泳锦标赛。

■ **observation** [ˌɒbzə'veɪʃn] *n.* 注意；观察，观测；言论，评论；[常*pl.*] 观察资料，观察数据；观察力

The doctor suggests keeping the patient under *observation* for a few days. 医生建议让病人留院观察几天。

■ **simplicity** [sɪm'plɪsəti] *n.* 简单，简易；朴素

模拟实景 For the sake of *simplicity*, we all sent the newly-married cash instead of gifts. 为了力求简单，我们都给这对新人送的现金而不是礼物。

■ **adversary** ['ædvəsəri] *n.* 对手，敌手

模拟实景 Lucy saw Tina as her main *adversary* within the team. 露西视蒂娜为她在队里的主要对手。

■ **associate** [ə'səʊʃieɪt] *vt.* 把…联系在一起，使联合，使有联系；*vi.* 结交，交往 [ə'səʊʃiət] *n.* 伙伴，同事，合伙人 *adj.* 副的；大专毕业证书

阅读短语 associate with 结交，交往；associate degree 大专文凭

模拟实景 Simon *associates* with all sorts of people and gets along well with them. 西蒙结交了各种各样的人并且和他们都相处得很好。

单词拓展 associated（*adj.* 关联的，联合的）；association（*n.* 联合，联盟，协会）

考点点评 四级真题曾考过associate, relate, attach, refer的词义辨析。以下三个词都常与介词to连用：relate to意为"与…相关"；attach to意为"粘附"；refer to意为"参考；谈及"；而associate常与介词with连用。

■ **attitude** ['ætɪtjuːd] *n.* 态度，看法；姿态，姿势

阅读短语 attitude toward(s)…对…的看法、态度；pessimistic attitude 悲观的态度；critical attitude 批判的态度

模拟实景 I like to make friends with people who have a positive *attitude* to life. 我喜欢与持积极人生态度的人交朋友。

■ **consequence** ['kɒnsɪkwəns] *n.* 结果，后果；重要（性），重大

阅读短语 in consequence 因此，后果；in consequence of 由于，因为…的缘故；negative consequence 不良后果；social consequence 社会后果；commercial consequence 商业后果

模拟实景 It rained and in *consequence* the filming activities were canceled yesterday. 昨天下雨，因此拍摄活动被取消了。

单词拓展 consequent（*adj.* 随之发生的）；consequential（*adj.* 随之发生的）

考点点评 四级真题考过近义词consequence, result, effect的辨析。result是普通用词，可用在很多语境中，指若干效果和后果的综合体；effect与原因相对，侧重某种原因产生的直接或立即的结果；consequence含贬义，常用来表示不好的结局，经常翻译成"后果"。

- **court** [kɔːt] *n.* 法庭，法院；球场；宫廷，宫室；庭院，院子

模拟实景 The lawyer of the movie star made a statement after he left the *court* 那位电影明星的律师离开法庭后给出了一项声明。

单词拓展 courtship（*n.* 求爱；求爱期）

- **delete** [dɪˈliːt] *vt.* 删除

模拟实景 Tom *deleted* the data from his computer permanently. 汤姆将这些数据从他的电脑里永久地删除了。

- **dominate** [ˈdɒmɪneɪt] *vt.* 在…中占首要地位；支配，控制；耸立于，俯视 *vi.* 处于支配地位；拥有优势

模拟实景 The Oriental Pearl's Tower in Shanghai *dominates* the whole city. 上海东方明珠电视塔俯视全城。

单词拓展 dominant（*adj.* 有统治权的；占优势的）；dominance（*n.* 优势；统治）

- **exclaim** [ɪkˈskleɪm] *vi.* 惊叫；大声说

模拟实景 Lily *exclaimed* in surprise at the sight of her missing mother. 看到失踪的母亲，莉莉惊叫起来。

- **glove** [glʌv] *n.* 手套

模拟实景 It is growing colder and colder and I have to put on my *gloves*. 天气变得越来越冷了，我不得不戴上手套。

- **innocent** [ˈɪnəsnt] *adj.* 清白的，无辜的；无害的，没有恶意的；天真的，幼稚的，无知的

阅读短语 innocent of 清白的，无罪的，无辜的

模拟实景 The court found him *innocent* and he was released. 法院证明他是清白的，因此他被释放了。

单词拓展 innocence（*n.* 天真，纯洁）

考点点评 innocent在四级考试中多用来形容人的清白，如The principals were innocent. 但是在少数情况下也用来形容动物，如other innocent sea life就表示"其他无辜的海洋生物"。

■ **intellect** ['ɪntəlekt] *n.* 智力，理解力；才智非凡的人

模拟实景 Old John is a man of *intellect* and he has a lot of students. 老约翰是个才智非凡的人，他有很多学生。

单词拓展 intellectual（*adj.* 智力的 *n.* 知识分子）

■ **kid** [kɪd] *n.* 小孩；年轻人 *v.* 戏弄，（与…）开玩笑

模拟实景 The old lady has no *kids* since her only child died many years ago. 许多年前那位老妇人的独生子去世之后，她膝下就没有孩子了。

■ **observe** [əb'zɜːv] *vt.* 注意到，察觉到；观察；评说，评论；遵守，奉行

模拟实景 The police were *observing* a stranger hanging around the store. 警方正在观察一个在商店附近徘徊的陌生人。

单词拓展 observant（*adj.* 善于观察的，观察力敏锐的）；observation（*n.* 观察，觉察）；observational（*adj.* 观察的，觉察的）

考点点评 四级真题也曾考查过observe作"遵守，奉行"讲的用法，如Observe the unwritten rules of fair play.（遵守公平竞赛中不成文的规定。）另外，observe作"遵守，奉行"讲时后面还可以接terms（合同条款）、law（法律）等词。

■ **opponent** [ə'pəʊnənt] *n.* 敌手，对手；反对者

模拟实景 The famous Chinese badminton player easily defeated his *opponent* in the finals. 这位中国著名的羽毛球运动员在决赛时轻而易举地就打败了对手。

■ **oppose** [ə'pəʊz] *vt.* 反对，反抗

模拟实景 All our team members were bitterly *opposed* to the plan. 我们队的所有成员都强烈反对这项计划。

单词拓展 opposition（*n.* 反对，敌对）；opposed（*adj.* 反对的）；opposing（*adj.* 反向的，相反的）

考点点评 oppose常与介词to连用，表示"反对"，四级真题曾考查过这一用法：The committee is totally opposed to any changes being made in the plans.（委员会完全反对对计划做任何修改。）

- **proceed** [prə'siːd] *vi.* 进行，继续下去；（沿特定路线）行进，（朝特定方向）前进

  (模拟实景) Miss Mary took a drink of coffee and *proceeded* with her interview. 玛丽小姐喝了一口咖啡，然后继续她的采访。

  (考点点评) 四级真题考过proceed, produce, pronounce, progress的词义辨析。produce意为"生产"；pronounce意为"发音"；progress指"稳定的、经常性的进步"，这种进步可能有间隔，且常用于抽象事物；proceed多指"继续前进"。

- **react** [ri'ækt] *vi.* 反应，作出反应；反抗，反动；起反作用；起化学反应；影响，起作用

  (阅读短语) react against 反抗；反动；起反作用；react with 起化学反应；react on/upon 影响，起作用

  (模拟实景) Acid can *react* with base to form salt. 酸和碱反应可以生成盐。

- **reaction** [ri'ækʃn] *n.* 反应；反作用；反动，对抗

  (阅读短语) chain reaction 连锁反应

  (模拟实景) An emergency fund was alloted by the central government in *reaction* to the serious earthquake. 面对严重的地震灾害，中央政府拨出了应急资金。

- **recall** [rɪ'kɔːl] *vt.* 回忆（起），回想起；召回，叫回；收回，撤消 *vi.* 记得，回想 *n.* 召回；记忆力，记性

  (模拟实景) The picture *recalled* me the small garden in grandmother's backyard. 这张图片使我想起了奶奶家后院的小花园。

  (考点点评) 四级真题曾考过recall, realize, expect和exhibit的用法辨析：recall 指"回想起"；realize 意为"意识到"；expect指"期望"；exhibit意为"展览"。

- **brand** [brænd] *n.* 商标，（商品的）牌子；烙印 *vt.* 铭刻，打烙印于，以烙铁打（标记）；加污名于，谴责

  (模拟实景) Longjing is a *brand* of tea. 龙井是茶的一种品牌。

- **commission** [kə'mɪʃn] *n.* 委员会；佣金；回扣；授权，委托 *vt.* 委任，委托

模拟实景 The trader gets a 5% *commission* on everything he sells. 这位商家从他出售的所有东西中都会收取5%的回扣。

单词拓展 commissioner（*n.* 委员，专员）

■ **confuse** [kən'fju:z] *vt.* 使困惑，把…弄糊涂；混淆，把…混同；混乱，搞乱

阅读短语 be confused about 把…搞糊涂

模拟实景 Lynn asked so many questions with no relation, which *confused* me. 琳恩问了许多无关的问题，把我都弄糊涂了。

单词拓展 confusion（*n.* 混淆）

考点点评 confused为confuse的形容词形式，也经常在四级考试中出现，如I was so confused in today's history lesson. I didn't understand anything at all.（今天的历史课让我如此困惑，我根本什么都没听懂。）

■ **corporation** [ˌkɔ:pə'reɪʃn] *n.* 公司；法人

阅读短语 multinational corporation 跨国公司

模拟实景 Aaron applied for a job in a large famous multinational *corporation*. 阿龙在一家知名的大型跨国公司申请了职位。

■ **document** ['dɒkjʊmənt] *n.* 公文，证件 ['dɒkjument] *vt.* 用文件（或文献）等证明，记载

模拟实景 The General Manager signed the *document* after a careful examination. 总经理仔细审阅过文件后在上面签了字。

■ **fertilizer** ['fɜ:təlaɪzə(r)] *n.* 肥料

模拟实景 *Fertilizers* can be used to make plants grow. 施化肥可以促进植物的生长。

■ **fund** [fʌnd] *n.* 基金，专款；储备 [*pl.*] 存款，资金，现款 *vt.* 为…提供资金，给…拨款

模拟实景 Guests of this program are raising *funds* for a new primary school. 这个节目的嘉宾正在为一所新的小学筹集资金。

考点点评 fund可用作名词和动词，但在四级考试中常用作名词，如四级真题曾考过这样一句话：At their worst, they may threaten to take their children out of college, or cut off funds.（最糟的是，他们可能威胁让孩子退学，或切断他们的资金来源。）

- **household** ['haʊshəʊld] *n.* 家庭，户 *adj.* 家庭的，家用的，普通的；家喻户晓的

模拟实景 There is a store at the corner of the road which sells *household* appliances. 路边拐角处有家商店卖家用电器。

- **insect** ['ɪnsekt] *n.* 昆虫，虫

模拟实景 The pesticide is lethal to most *insects*. 这种农药可以消灭大部分昆虫。

- **symbol** ['sɪmbl] *n.* 符号；标志；象征

模拟实景 The dove and olive branch are *symbols* of peace. 鸽子和橄榄枝是和平的象征。

单词拓展 symbolism（*n.* 象征主义；符号论）；symbolize（*v.* 象征）；symbology（*n.* 象征学）；symbolic（*adj.* 象征的；符号的）

考点点评 四级真题考过trail, symptom和symbol的词义辨析，其中trail指"踪迹，痕迹"；symptom通常指疾病的"症状"；symbol意为"象征"。

- **approve** [ə'pruːv] *vt.* 赞成，同意；批准，对…表示认可 *vi.* 赞成，称许

阅读短语 approve of sb./sth. 赞成，认可

模拟实景 The professor does not *approve* the school reform measures. 这位教授不同意学校的改革措施。

单词拓展 approval（*n.* 赞成；批准）；disapproval（*n.* 不赞成）

- **burden** ['bɜːdn] *n.* 重担；精神负担；重负，负荷 *vt.* 加重压于；烦扰；负重；负担；装载

模拟实景 The poor old man bent with a heavy *burden* on his back. 这位可怜的老人被背上沉重的包袱压得直不起身子来。

单词拓展 burdensome（*adj.* 繁重的；烦累的）

考点点评 be burdened with...意为"担负着…"，四级真题曾考查过这一用法：American college students are increasingly burdened with credit card debt and the consequences can be rather serious.（美国大学生背负着越来越多的信用卡债务，而且后果可能会相当严重。）

■ **contribute** [kənˈtrɪbjuːt] *vi.* 捐献，做出贡献；有助于，促成；投稿 *vt.* 捐，捐献

阅读短语　contribute to 捐献

模拟实景　Lily often *contributes* to *China Daily* in her spare time. 莉莉业余时间常常给《中国日报》投稿。

单词拓展　contribution（*n.* 贡献；捐献物；稿件）；contributor（*n.* 捐献者；投稿人）

■ **election** [ɪˈlekʃn] *n.* 选举，推举，当选

模拟实景　U.S. presidential *election* is held every four years. 美国每4年进行一次总统选举。

■ **emergency** [ɪˈmɜːdʒənsɪ] *n.* 紧急情况；非常时刻

阅读短语　emergency room 急诊室

模拟实景　There are two *emergency* exits on our floor and they both are suitable for wheelchairs. 我们这层有两个安全出口，并且都适用于轮椅。

■ **executive** [ɪg'zekjətɪv] *n.* 主管，高级行政人员，行政官；（政府的）行政部门 *adj.* 执行的，行政的

（模拟实景）The manager's *executive* skills gained in the previous company will be very useful to our company. 这位经理从前一家公司获得的行政技能将对我们非常有用。

■ **extraordinary** [ɪk'strɔːdnri] *adj.* 不平常的，特别的

（模拟实景）Johnson married a woman of the most *extraordinary* beauty. 约翰逊娶了一位特别漂亮的妻子。

（单词拓展）extraordinarily（*adv.* 格外地）

■ **forum** ['fɔːrəm] *n.* 论坛；讨论会；（电视等的）专题讨论节目

（模拟实景）Journalists from various news agencies are holding a *forum* on economic stability. 各新闻机构的记者正在召开一场关于经济稳定性的讨论会。

■ **investigate** [ɪn'vestɪgeɪt] *v.* 调查，调查研究

（模拟实景）The famous detective, Holmes, was asked to *investigate* the case. 著名的侦探福尔摩斯被请来调查这件案子。

（单词拓展）investigation（*n.* 调查）

■ **realize** ['riːəlaɪz] *vt.* 认识，明白；实现，使变为现实

（模拟实景）Mary finally *realized* her dream to be a teacher. 玛丽终于实现了做一名教师的梦想。

■ **rumor** ['ruːmə(r)] *n.* 传闻，谣言

（模拟实景）That young secretary is spreading *rumors* that the senior manager is going to resign next month. 这位年轻的秘书正散播谣言说，那名高级经理下个月就要辞职了。

■ **solvent** ['sɒlvənt] *adj.* 有偿付能力的；不负债的

（模拟实景）I don't know how the company manages to remain *solvent* although it is on the verge of bankruptcy. 我不知道这家濒临破产的公司是如何维持不负债的。

■ **staff** [stɑːf] *n.* 全体职工，工作人员 *vt.* 为…配备人员

(模拟实景) The small company had a *staff* of 10 at the very beginning. 这家小公司在最开始的时候只有10名员工。

(单词拓展) staffing（*n.* 人员配备）

■ **architect** ['ɑːkɪtekt] *n.* 建筑师，设计师；缔造者

(模拟实景) Paul Andreu is the *architect* of National Grand Theater of China. 保罗•安德鲁是中国国家大剧院的设计师。

(单词拓展) architecture（*n.* 建筑风格；建筑学）；architectural（*adj.* 建筑的；建筑学的）

■ **ashore** [əˈʃɔː(r)] *adv.* 在岸上；上岸

(模拟实景) Pieces of the wreckage had been washed *ashore*. 失事船只的残骸被冲上了岸。

■ **coast** [kəʊst] *n.* 海岸，海滨

(阅读短语) coast-to-coast 从大西洋沿岸至太平洋沿岸的

(模拟实景) The Smiths lived on the east *coast* of Scotland 20 years ago. 史密斯一家20年前住在苏格兰东海岸。

(单词拓展) coastal（*adj.* 沿海的；沿岸的）

■ **code** [kəʊd] *n.* 准则，法规；密码，代码 *vt.* 把…编码，制成法典

(模拟实景) The police brought in experts to break the *code* of this box. 警方请来专家破译盒子的密码。

(单词拓展) codify（*vt.* 编成法典）

(考点点评) 四级真题中考过code作动词的用法：If the car is stolen, a coded cellphone signal will tell the control centre to block the vehicle's engine management system and prevent the engine being restarted. （如果车被盗，加密的手机信号将告知控制中心封锁汽车的发动机操作系统并阻止发动机被重新启动。）

■ **conceal** [kənˈsiːl] *vt.* 掩盖，隐瞒，隐藏

(模拟实景) I could not *conceal* my surprise when she told me her age. 当她告诉我她的年龄时，我掩饰不住自己的惊讶。

■ **cube** [kjuːb] *n.* 立方形，立方体；立方，三次幂

(模拟实景) A *cube* has eight corners. 一个立方体有八个角。

■ **destroy** [dɪ'strɒɪ] *vt.* 破坏，毁灭；消灭，杀死

(模拟实景) The scandal *destroyed* his reputation and ended his political career. 丑闻毁掉了他的名声并结束了他的政治生涯。

(考点点评) 四级真题中曾考过近义词injure, ruin, destroy和damage的区别，这几个词都有"毁坏"的含义，injure所造成的伤害是比较小的，通常是可以修复的；ruin所形容的"毁坏"通常是慢性的、长期的，含有"彻底毁坏"的含义；destroy侧重"以毁灭性的力量把某物彻底毁坏掉"；damage的毁坏通常是局部性的，也是可以修复的。

■ **elevate** ['elɪveɪt] *vt.* 提升…的职位；提高，改善；使情绪高昂，使兴高采烈；举起，使上升

(模拟实景) It is necessary to *elevate* the status of teachers in today's society. 在当今社会有必要提高教师的地位。

(单词拓展) elevation（*n.* 提高；海拔）；elevator（*n.* 电梯，升降机）

■ **hurricane** ['hʌrɪkən] *n.* 飓风

(模拟实景) The *hurricane* did a serious damage to Florida in 2004. 2004年的那场飓风对佛罗里达州造成了严重的破坏。

■ **mask** [mɑːsk] *n.* 面具，口罩；假面具，伪装 *vt.* 用面具遮住；掩饰，遮盖

(模拟实景) All guests attending the masquerade wore *masks*. 所有参加化装舞会的客人都戴着面具。

■ **peak** [piːk] *n.* 山峰，顶峰 *vi.* 达到高峰，达到最大值 *adj.* 最大值的；高峰的

(模拟实景) The famous actress reached her career *peak* in 1984. 这位著名的女演员在1984年时达到了演艺事业的顶峰。

(单词拓展) peaky（*adj.* 多峰的；憔悴的）

■ **per** [pə(r)] *prep.* 每，每一

(模拟实景) The room of the hotel costs 200 yuan *per* night. 这家旅馆的房间一晚200元。

- **proof** [pruːf] *n.* 证据，证明；校样，样张 *adj.* 耐…的，能防…的

  Sam does not have any *proof* that the new pencil box belongs to him. 萨姆没有任何证据表明新铅笔盒是他的。

  waterproof（*adj.* 防水的）

- **reinforce** [ˌriːɪnˈfɔːs] *vt.* 增强，加强；增援；强化，加深

  The pockets of the trousers are all *reinforced* with double stitching. 这条裤子上的口袋都被用双缝线加固了。

  reinforcement（*n.* 增援；加强）

- **shell** [ʃel] *n.* 壳，贝壳；外壳，框架；炮弹 *vt.* 剥…的壳；炮击

  The ornament of wind chimes are made of *shells*. 这件风铃装饰品是用贝壳制成的。

- **sight** [saɪt] *n.* 视力，视觉；看见，瞥见；视域，眼界；情景，景象；[*pl.*] 风景，名胜 *vt.* 发现，看到

  at first sight 乍一看，初看起来；out of sight 在视野之外；at/on sight 一见（就）；catch sight of 发现，突然看见；in sight 看得见，被见到；在望，在即

  Poor Peter lost his *sight* after a terrible car accident 3 years ago. 三年前的那场车祸使得可怜的彼得失明了。

- **surge** [sɜːdʒ] *vi.*（人群等）蜂拥而出；（感情等）洋溢，奔放；（波涛等）汹涌，奔腾 *n.* 浪涛般汹涌奔腾；（感情等的）洋溢，奔放；急剧上升，猛增

  Football fans *surged* through the gates to see the football stars. 球迷们从大门里蜂拥而出，想一睹足球明星们的风采。

  upsurge（*n.* 高涨；高潮）

- **swell** [swel] *vi.* 肿胀，鼓起；增强，增多 *n.* 波浪起伏；鼓起，隆起；增强，增加

  Lily's ankle *swelled* up after she fell. 莉莉跌倒后，脚踝肿了起来。

  swelling（*n.* 肿胀物，膨胀）

- **timber** ['tɪmbə(r)] *n.* <u>木材，原木</u>；大木料，栋木

  （模拟实景）The small houses in the forest are made of *timber*. 森林里的小房子是用木材建造而成的。

- **withstand** [wɪð'stænd] *vt.* 抵挡，对抗，经受住

  （模拟实景）There was a new bridge in the city designed to *withstand* earthquakes. 这座城市中有一座新桥，其设计之初就考虑到了要经受得住地震。

- **aside** [ə'saɪd] *adv.* <u>在旁边，到（或向）一边</u>

  （阅读短语）put...aside 将…放在一边；将…暂停

  （模拟实景）Just put *aside* those unhappy things and enjoy this beautiful night. 暂且把那些不愉快的事情放到一边，享受这美丽的夜色吧。

- **conclude** [kən'kluːd] *vt.* <u>推断出，推论出</u>；结束；缔结，订立 *vi.* 结束，终止

  （阅读短语）conclude...with... 以…来结束…；conclude from sth. 从…中得出结论

  （模拟实景）I can *conclude* from his speech that he did not make any preparation. 从他的演讲中我可以断定他没有进行任何准备。

  （单词拓展）conclusion（*n.* 结论）；inconclusive（*adj.* 非决定性的）

  （考点点评）conclude常出现在阅读理解题的题干中，表示"推断"，如：The author concludes that…；It can be concluded from the passage that…。类似表示"推断"的词还有infer, deduce等。

- **destruction** [dɪ'strʌkʃn] *n.* <u>破坏，毁灭</u>

  （模拟实景）The severe earthquake caused serious *destruction* to the traffic. 强烈的地震给交通带来严重的破坏。

- **explosion** [ɪk'spləʊʒn] *n.* <u>爆炸，爆发</u>；激增；扩大

  （模拟实景）There was a terrible *explosion* at the chemical plant nearby. 附近的化工厂发生了一起严重的爆炸事故。

- **image** ['ɪmɪdʒ] *n.* <u>形象，声誉</u>；印象；<u>镜像，映像，图像</u>；意象，比喻；<u>肖像</u>

模拟实景 The local company has made great efforts to improve its *image* over the last few years. 这家当地的公司在过去的几年里做出了很大的努力来改善其形象。

■ **loose** [luːs] *adj.* 松的，宽松的；<u>不精确的，不严密的</u>；自由的，散漫的

模拟实景 Mary wears a *loose* shirt. 玛丽穿着一件宽松的衬衣。

单词拓展 loosen (*v.* 解开，放松，松开)

■ **media** ['miːdiə] *n.* 媒体，媒介

模拟实景 The main *media* of this city are newspapers and TV. 这个城市的主要媒体是报纸和电视。

■ **launch** [lɔːntʃ] *vt.* 发动，发起（运动）；推出（产品）；开始从事；使（船）下水；<u>发射</u> *n.* 发射；（船）下水；（新产品）投产

阅读短语 launch into/in 开始从事

模拟实景 China *launched* its first man-made satellite successfully in 1970. 1970年，中国成功发射了第一颗人造卫星。

■ **opportunity** [ˌɒpə'tjuːnəti] *n.* <u>机会，时机</u>

模拟实景 My friends advise me to seize the *opportunity* to work abroad. 我的朋友们建议我要抓住这个出国工作的机会。

考点点评 在四级考试中，opportunity前常接splendid, excellent, adequate等形容词来表示"绝佳的机会"或"充足的机会"，另外opportunity出现在与"求职"相关的文章中时通常被翻译成"机遇"。

■ **regarding** [rɪ'gɑːdɪŋ] *prep.* 关于

模拟实景 Please give me a call if you have any question *regarding* your essay. 如果你有任何关于你论文的问题，请给我打电话。

■ **repeat** [rɪ'piːt] *vt./n.* 重复，重说，重做

模拟实景 Little Bob is so clever that he can *repeat* the poem after he has read it twice. 小鲍勃很聪明，把这首诗读了两遍就会背诵了。

■ **respond** [rɪ'spɒnd] *vi.* 回答，答复；作出反应，响应

阅读短语 respond to... 对…作出反应；回答…

模拟实景 The girl didn't *respond* to the boy's question about whether she had time or not. 女孩没有回答男孩关于她是否有时间的问题。

单词拓展 respondent（*n.* 回答者 *adj.* 回答的）；response（*n.* 回答；反应）

- **screen** [skriːn] *n.* 屏幕，银幕；屏风，帘，纱窗 *vt.* 掩蔽，遮蔽；放映（电影），播放（电视节目）；审查，筛选

阅读短语 screen off 用屏风隔开

模拟实景 Mark bought a TV with a 34-inch color *screen* as a gift to her mother. 马克买了一台34寸的彩电送给妈妈作礼物。

- **statistics** [stə'tɪstɪks] *n.* 统计；统计资料；统计学

模拟实景 *Statistics* show that economy grew slowly over the past year. 数据显示过去一年经济增长缓慢。

- **victim** ['vɪktɪm] *n.* 牺牲者，受害者；牺牲品

模拟实景 The *victims* of the severe earthquake are worshipped by people on Tomb-sweeping day. 清明节这天，人们祭拜大地震的遇难者。

- **bare** [beə(r)] *adj.* 赤裸的；光秃的，无遮盖的；刚刚够的，勉强的 *vt.* 露出，显露

模拟实景 The little girl ran out of her home with *bare* feet. 那个小女孩光着脚跑出了家门。

单词拓展 barely（*adv.* 几乎不；仅仅）

考点点评 四级真题曾考过近义词bare, vacant, hollow, blank的辨析。bare指"光秃的、无遮盖的"；vacant 指"房屋或职位空的"；hollow指"中空的"；blank指"纸等空白的、无字的"。

- **beam** [biːm] *n.*（光线等的）束，柱；梁，横梁；笑容，喜色 *vi.* 面露喜色 *vt.* 定向发出（无线电信号等）；播送

阅读短语 beam out 发送

模拟实景 The little athlete performed on the balance *beam* with much grace. 小运动员优雅地在平衡木上表演。

- **cell** [sel] *n.* 细胞；单间牢房；小房间；电池

模拟实景 No one knows how many *cells* there are in the human brain. 没有人知道人脑里有多少细胞。

■ **confirm** [kən'fɜːm] *vt.* 证实，肯定；进一步确定，确认；批准；使感觉更强烈，使确信

模拟实景 New evidence has *confirmed* that the criminal suspect is the murder. 新的证据证实犯罪嫌疑人就是凶手。

单词拓展 confirmation（*n.* 确认；证实；批准）；confirmed（*adj.* 根深蒂固的；成习惯的）

■ **crime** [kraɪm] *n.* 罪行，犯罪

模拟实景 Poor Mark *committed* serious crime and was sentenced to prison for ten years. 可怜的马克犯了重罪，被判刑10年。

■ **minimum** ['mɪnɪməm] *adj.* 最低的；最小的 *n.* 最低限度；最小量

模拟实景 In order to lose weight, I have to practice each day for a *minimum* of 30 minutes. 为了减肥，我每天至少要锻炼30分钟。

考点点评 minimum前可加形容词加强其程度，如a bare minimum of tools，这里的minimum作名词，可译为"极少的几种工具"。minimum的一个常见用法为with a minimum of...，该短语常用作句子的补足语。

■ **receiver** [rɪ'siːvə(r)] *n.* （电话）听筒；接收器；收音机

模拟实景 Ann picked up the *receiver* and dialed the number of her boyfriend. 安拿起话筒拨了她男朋友的电话号码。

■ **remote** [rɪ'məʊt] *adj.* 遥远的，偏僻的；关系疏远的；远程的；细微的，微小的；不友好的，冷漠的

模拟实景 It is said that there are fairies deep in the *remote* mountain area. 据说在遥远的大山深处住着仙女。

单词拓展 remotely（*adv.* 遥远地；偏僻地）

■ **signal** ['sɪɡnəl] *n.* 信号，暗号；标志；表示；信号灯 *vt.* （向…）发信号；标志 *adj.* 显著的；重大的

模拟实景 The conductor gave the band a *signal* to begin. 指挥家给了乐队一个开始的信号。

单词拓展 signaller（*n.* 信号员；通信兵）

考点点评 四级真题曾考过signal和mark这两个词的辨析。signal通常指"信

号；暗号"，如radio signal（广播信号）；而mark有"记号"的含义，在大多数情况下都是人为做的"记号"。

■ **switch** [swɪtʃ] *n.* 开关，电闸；转换，改变 *v.* 转换，改变

(阅读短语) switch on 打开；switch off 关掉；switch to 转向

(模拟实景) Alice worked as an office worker before *switching* to a teacher. 在做老师之前，艾丽斯是一名公司职员。

(单词拓展) switching（*n.* 转换）

■ **via** ['vaɪə] *prep.* 经由，经过，通过

(模拟实景) The man said his wife would travel to Japan *via* Shanghai. 那个人说他的妻子将经由上海前往日本。

■ **alert** [ə'lɜːt] *adj.* 警觉的，留神的 *vt.* 向…报警；使警惕；使认识到，使意识到 *n.* 警戒（状态），戒备（状态）；警报

(阅读短语) on the alert 警戒着；随时准备着；密切注意着

(模拟实景) The little boy is *alert* in answering the stranger's questions. 这个小男孩回答这个陌生人的问题时，十分机警。

(单词拓展) alertness（*n.* 警觉；警戒；戒备）

■ **attendant** [ə'tendənt] *n.* 服务人员，侍者；随从 *adj.* 伴随的，随之而来的

(模拟实景) The old man's grandmother used to be the *attendant* of the princess. 这位老人的外祖母曾经是公主的侍者。

■ **disastrous** [dɪ'zɑːstrəs] *adj.* 灾难性的；造成灾害的；极坏的，很糟的

(模拟实景) A *disastrous* earthquake caused huge loss of life and money. 灾难性的地震造成了生命和财产的巨大损失。

■ **electronic** [ˌɪlek'trɒnɪk] *adj.* 电子的 *n.* [-s]电子学；电子设备

(模拟实景) Children today all like to play *electronic* games. 现在的孩子都喜欢玩电子游戏。

■ **encounter** [ɪn'kaʊntə(r)] *vt./n.* 遇到，遭遇

(模拟实景) I *encountered* great difficulties in learning French at the beginning. 最初开始学习法语的时候我遇到了很大的困难。

- **entertain** [ˌentə'teɪn] *vt.* 招待，款待；给…助兴；使快乐，使有兴趣 *vi.* 招待，请客

（模拟实景）The hospitable farmers cut off bunches of grapes to *entertain* us. 好客的农场主剪下一串串的葡萄来招待我们。

（单词拓展）entertainer（*n.* 表演艺人）；entertainment（*n.* 娱乐）

- **guidance** ['gaɪdns] *n.* 指引，指导

（阅读短语）under the guidance of 在…指导下

（模拟实景）We finished the task smoothly under the *guidance* of an old professor. 我们在一位老教授的指导下顺利完成了这项任务。

- **preach** [priːtʃ] *vt.* 宣讲（教义），布（道）；竭力鼓吹，宣传 *vi.* 布道，说教

（模拟实景）The priest devoted all his life to *preaching*. 牧师将他的一生致力于布道。

- **relieve** [rɪ'liːv] *vt.* 使轻松，使宽慰；缓解，解除；使得到调剂；接替

（模拟实景）The doctor prescribed the pills to help *relieve* his pain. 医生开了一些药片来帮助他减轻疼痛。

（单词拓展）relieved（*adj.* 放心的）；reliever（*n.* 缓解物）；relief（*n.* 救济；缓解）

（考点点评）relieve作"缓解（疼痛）"讲的用法考生较为熟悉，但是relieve作"缓解"讲时还可以后接hunger（饥饿感）和symptom[（疾病等）症状]等类似的词，这些用法也都在四级考试中出现过，要加以注意。

- **retail** ['riːteɪl] *n./v.* 零售

（模拟实景）He has a small factory to make sweets and sell them by *retail*. 他有一个小工厂来生产糖果并零售。

（单词拓展）retailer（*n.* 零售商）

- **rude** [ruːd] *adj.* 粗鲁的，不礼貌的；粗糙的，粗陋的；原始的，未加工的

（模拟实景）The man was so *rude* and kept telling boring jokes. 那人真无礼，一直讲那些令人厌烦的笑话。

- **accustomed** [əˈkʌstəmd] *adj.* 惯常的，习惯的

  (阅读短语) be/get accustomed to 习惯于…

  (模拟实景) Eileen was *accustomed* to getting up early to do morning exercise. 艾琳习惯早起进行晨练。

  (考点点评) 四级听写曾考过该词，注意听清结尾的"ed"。

- **appearance** [əˈpɪərəns] *n.* 出现，露面；外观，外貌

  (阅读短语) judge by appearance 以貌取人；to all appearances 就外表看来，根据观察推断；make an appearance 出场，露面

  (模拟实景) The *appearance* of the small garden completely changed. 那个小花园的外观全变了。

  (单词拓展) appear（*v.* 出现，呈现）

- **arrest** [əˈrest] *v.* 逮捕，拘留；停止，阻止；吸引 *n.* 逮捕，拘留

  (模拟实景) That young man was *arrested* when customs officers found a huge amount of drugs in his suitcase. 海关官员在那位年轻人的行李中搜到大量毒品，因此他被捕了。

- **arrow** [ˈærəʊ] *n.* 箭，矢；箭状物；箭头符号

- **athlete** [ˈæθliːt] *n.* 运动员；体育家

  (模拟实景) The *athlete* won one gold and one silver medals in the Olympics. 这位运动员在奥林匹克运动会上获得一金一银两枚奖牌。

  (单词拓展) athletic（*adj.* 运动的；健壮的）

- **attain** [əˈteɪn] *vt.* 达到；获得

  (阅读短语) attain a goal 达到目的

  (模拟实景) Jerry is not likely to *attain* his aim of being a doctor. 杰里不太可能实现做医生的目标。

  (单词拓展) attainment（*n.* 达到；完成；成就）

- **authorise/authorize** [ˈɔːθəraɪz] *vt.* 授权，批准

  (模拟实景) James was *authorized* to supervise this company. 詹姆斯被授权监管这家公司。

authorization（*n.* 授权；认可）；unauthorised（*adj.* 未授权的，未批准的）；authoritative（*adj.* 有权威性的；命令式的）

■ **bang** [bæŋ] *n.* 巨响，爆炸声；猛击，猛撞 *vi.* 猛击，猛撞；发出砰的一声，砰砰作响 *vt.* 砰地关（或摔、扔）；猛击，猛撞

模拟实景 With a despairing and loud cry the young girl *banged* her head against the high wall. 随着一声绝望的大喊，那位年轻女孩把头重重地撞向了那堵高墙。

■ **banner** ['bænə(r)] *n.* 横幅；旗，旗帜

模拟实景 These workers walked along the road, waving *banners* and shouting loudly. 这些工人沿着街道前进，挥舞着旗子并大声呼喊着。

■ **barrel** ['bærəl] *n.* 桶；筒，枪（或炮）管圆筒，枪管 *vi.* 快速移动

模拟实景 That cluster of students drank a whole *barrel* of beer at the birthday party. 那群学生在生日派队上喝了整整一桶啤酒。

单词拓展 barrelful（*n.* 一桶之量）

■ **beast** [biːst] *n.* 兽，野兽，牲畜；凶残的人；令人厌憎的人

94

■ **beggar** ['begə(r)] *n.* 乞丐 *vt.* 使贫穷

(模拟实景) The poor couple were *beggared* by trying to pay for the high rental fees. 这对贫困的夫妇因为要缴纳高额租金而变得穷困潦倒。

■ **boast** [bəʊst] *vi.* 自夸，吹嘘 *vt.* 夸口，吹嘘；以拥有…而自豪 *n.* 自吹自擂，自夸的话

(阅读短语) boast of/about 吹嘘

(模拟实景) Our college library *boasts* quite a few rare English books. 我们大学的图书馆以藏有很多珍本英文书而自豪。

■ **boil** [bɔɪl] *vi.* 沸腾，滚 *vt.* 煮沸，烹煮

(阅读短语) boil over 沸溢；激动，发怒；boil down to 意味着，归结为

(模拟实景) George's rudeness made me *boil* with anger. 乔治的粗鲁让我勃然大怒。

■ **bolt** [bəʊlt] *n.* 螺栓；（门或窗的）插销，闩 *vt.* 闩，拴住 *vi.* 逃出去，逃跑

(阅读短语) a bolt from/out of the blue 晴天霹雳；意外事件；nuts and bolts 具体细节

(模拟实景) King *bolted* all the doors and windows before he went to bed. 金睡前把所有的门窗都插好了。

■ **bow** [bəʊ] *n.* 弓，弓形物；蝴蝶结 [bau] *n.* 鞠躬，低头 *vt.* 低下（头），欠（身）；压弯，使俯下 *vi.* 鞠躬，低头

(模拟实景) The audience applauded for a long time, and the singer came back to the stage to take a deep *bow*. 观众们长时间地鼓掌，这位歌手又回到舞台上深深地鞠了一躬。

■ **brass** [brɑːs] *n.* 黄铜；黄铜器；铜管乐器

■ **bride** [braɪd] *n.* 新娘

(模拟实景) The *bride*, the groom and their friends posed for pictures along the beach. 新郎、新娘，还有他们的朋友们都在海边摆姿势拍照。

■ **brisk** [brɪsk] *adj.* 轻快的，生气勃勃的；兴隆的，繁忙的；凉爽的，清新的

（模拟实景） The female manager's tone on the telephone is *brisk* and businesslike. 这位女经理在电话里的语调轻快而有条理。

■ **bulb** [bʌlb] *n.* 电灯泡；鳞茎状物；鳞茎

（模拟实景） The only *bulb* in this room is broken now. 现在房间里唯一的一个灯泡坏了。

（单词拓展） bulbous（*adj.* 鳞茎状的）

■ **bullet** ['bulɪt] *n.* 枪弹，子弹，弹丸

（模拟实景） A piece of *bullet*-proof clothes can stop bullets from passing through it. 防弹衣可以阻止子弹穿过。

■ **bundle** ['bʌndl] *n.* 捆，包，束；包袱 *vt.* 收集，归拢；把…匆匆送走

（模拟实景） The students were *bundled* off to the summer camp early this morning. 今天清晨，这些学生被匆匆送往夏令营。

■ **bureau** ['bjuərəu] *n.* 局，办事处，分社；司，处，社，所

■ **cab** [kæb] *n.* 出租汽车；司机室，驾驶室；轻便马车

■ **cement** [sɪ'ment] *n.* 水泥；胶结材料 *vt.* 粘结，胶合；巩固，使团结

（模拟实景） The college's exchange plan for students has *cemented* its links with many other universities. 这所大学的交换生计划加深了其与很多其他大学的联系。

■ **charity** ['tʃærəti] *n.* 救济金，施舍物；[常*pl.*] 慈善团体；慈善事业；慈善，宽容

（阅读短语） out of charity 出于仁慈之心

（模拟实景） The earthquake victims received assistance from several *charities*. 地震灾民收到了多个慈善团体的援助。

■ **coarse** [kɔːs] *adj.* 粗的，粗糙的；粗劣的；粗俗的

■ **collective** [kə'lektɪv] *adj.* 集体的，共同的 *n.* 团体，集体

阅读短语 collective activity 集体活动

■ **comedy** ['kɒmədi] *n.* 喜剧；喜剧性（事件）

■ **compel** [kəm'pel] *vt.* 强迫，迫使

模拟实景 As a student, that little boy was *compelled* to wear uniforms even in winter. 作为一名学生，那个小男孩即使在冬天也要被迫穿制服。

单词拓展 compelling（*adj.* 强制的；引人注目的）

■ **concession** [kən'seʃn] *n.* 让步，妥协；特许，特许权；承认，认可

■ **condemn** [kən'dem] *vt.* 谴责；判…刑，宣告…有罪

单词拓展 condemnation（*n.* 谴责，定罪）

■ **confusion** [kən'fjuːʒn] *n.* 困惑，糊涂；混淆；混乱，骚乱

模拟实景 These poor children looked at the pop star in *confusion*. 这些贫穷的孩子用困惑的眼神望着那位流行歌星。

■ **constitute** ['kɒnstɪtjuːt] *vt.* 组成，构成，形成；设立，建立；任命

■ **convict** [kən'vɪkt] *vt.*（经审讯）证明…有罪，宣判…有罪 ['kɒnvɪkt] *n.* 囚犯，罪犯

单词拓展 conviction（*n.* 定罪；确信）

■ **cop** [kɒp] *n.* 警察

■ **cord** [kɔːd] *n.*（细）绳；[*pl.*] 灯芯绒裤

模拟实景 Somebody tripped over the *cord* at the corner. 有人在拐角处被绳子绊倒了。

■ **corridor** ['kɒrɪdɔː(r)] *n.* 走廊，通道

■ **currency** ['kʌrənsi] *n.* 通货，货币；通行，流行

■ **cushion** ['kʊʃn] *n.* 垫子，坐垫 *v.* 对…起缓冲作用

(模拟实景) The whole family of my neighbour knelt on *cushions* to pray before dinner. 我邻居一家人晚餐前跪在垫子上祈祷。

(考点点评) 四级真题考过cushion作"对…起缓冲作用"讲的用法，相当于 lessen the effect of，考生要注意。

■ **dairy** ['deəri] *n.* 牛奶场；乳品店；奶制品 *adj.* 乳制品的

■ **dam** [dæm] *n.* 坝，堤 *vt.* 筑堤（坝）挡住

■ **damn** [dæm] *adj.* 该死的，可恶的 *adv.* 极，非常 *int.* 该死，讨厌 *n.* 丝毫，一点点 *vt.* 严厉批评；诅咒

■ **detective** [dɪ'tektɪv] *n.* 侦探，私人侦探

(阅读短语) detective story 侦探故事

(模拟实景) After lots of *detective* work, I finally found out where the criminals were living. 在做了大量的侦查工作后，我终于发现了那些罪犯住在哪里。

■ **dictate** [dɪk'teɪt] *v.* 口授，口述；命令，支配；强行规定；决定 ['dɪkteɪt] *n.* 命令；规定；要求

(模拟实景) The government's changes of policies have been *dictated* by the need of the citizens. 政府的政策变化取决于市民的需求。

(单词拓展) dictation（*n.* 口授，听写）；dictator（*n.* 独裁者）

■ **distribution** [ˌdɪstrɪ'bjuːʃn] *n.* 分发，分配；散布，分布

■ **dive** [daɪv] *n./vi.* 跳水，潜水；俯冲，扑

(阅读短语) dive into 跳入

(模拟实景) The submarine *dived* to avoid being seen. 潜水艇潜入水中以避免被发现。

(单词拓展) diver（*n.* 潜水者）

■ **divorce** [dɪ'vɔːs] *n.* 离婚；分离，脱离 *vi.* 离婚 *vt.* 与…离婚；使分离，脱离

(模拟实景) It's a pity that Mr. Li *divorced* his wife at the age of 35. 令人遗憾的是李先生在35岁的时候与妻子离了婚。

■ **drill** [drɪl] *n.* 钻头，钻床；操练，训练 *v.* 钻孔；训练

（模拟实景）The foreign teacher *drilled* the class in English pronunciation. 外教训练全班学生的英语发音。

■ **ease** [iːz] *n.* 容易，不费力；悠闲，自在 *vt.* 缓解，减轻

（阅读短语）at ease 安适，不拘束；ease off/up 减轻，缓和

（模拟实景）The relationship between America and Russia has *eased* up. 美俄之间的关系有所缓和。

（考点点评）四级真题考过 lift, patch, comfort, ease 的词义辨析。lift 意为"举起，提高"；patch 意为"修补"；comfort 意为"安慰，缓和"；ease 意为"减轻"，如 Any donation you make will help ease the suffering and isolation of the homeless this New Year. （你做的任何捐助都将在新年之际帮助那些无家可归的人们减轻流离之苦。）

■ **embarrassing** [ɪmˈbærəsɪŋ] *adj.* 令人沮丧的

（模拟实景）The most *embarrassing* moment for me was when I tried to introduce a student yet his name escaped me. 最令我尴尬的时刻是当我想介绍一名同学时却想不起他的名字。

■ **emotional** [ɪˈməʊʃənl] *adj.* 表现强烈情感的，令人动情的；易动感情的，情绪激动的；感情（上）的，情绪（上）的

（模拟实景）Sometimes, I like to listen to some *emotional* music. 有时候我喜欢听一些抒情音乐。

（单词拓展）emotionally（*adv.* 情绪上地，感情上地）

■ **envy** [ˈenvi] *vt.* 妒忌，羡慕 *n.* 妒忌，羡慕；妒忌的对象，羡慕的目标

（模拟实景）John's unparalleled talent is the *envy* of his college schoolmates. 约翰的大学同学都羡慕他无与伦比的才能。

■ **era** [ˈɪərə] *n.* 时代，纪元

（模拟实景）These people had fought for peace and human rights during the long *era* of conflict. 在漫长的冲突时代，这些人为和平与人权而战。

■ **evolution** [ˌiːvəˈluːʃn] *n.* 进化，发展

模拟实景 The professor mainly studied the *evolution* of trees from seeds to plants. 这位教授主要研究树木从种子到植株的生长过程。

- **exclude** [ɪks'kluːd] *vt.* 把…排斥在外，不包括
  单词拓展 exclusion（*n.* 拒绝；排斥）；exclusive（*adj.* 排他的）

- **explode** [ɪk'spləʊd] *vi.* 爆炸，爆发，突发；发怒；激增，迅速扩大 *vt.* 使爆炸；使爆发；驳倒，推翻
  单词拓展 explosion（*n.* 爆炸）；explosive（*n.* 炸药 *adj.* 易爆发的）

- **explosive** [ɪk'spləʊsɪv] *adj.* 易爆炸的；易爆发的；暴躁的；激增的 *n.* 炸药

- **fearful** ['fɪəfl] *adj.* 可怕的，吓人的；不安的，忧虑的
  模拟实景 These students were *fearful* of being lost in the dark. 这些学生担心在黑暗中迷路。

- **flash** [flæʃ] *v.* 闪光，闪烁；飞驰，掠过；闪耀，闪现 *n.* 闪光，闪现；闪光灯
  模拟实景 The light *flashed* in the distance. 灯光在远处闪烁。
  单词拓展 flashlight（*n.* 闪光灯；手电筒）

- **forge** [fɔːdʒ] *vt.* 伪造（货币、文件等），假冒；锻造，锤炼
  单词拓展 forger（*n.* 打铁匠；伪造者）；forgery（*n.* 伪造；伪造物）

- **fraction** ['frækʃn] *n.* 小部分，片断；分数

- **fragment** ['frægmənt] *n.* 破片，碎块，断片 *v.*（使）成碎片
  单词拓展 fragmentary（*adj.* 碎片的；不完全的）；fragmented（*adj.* 成碎片的）

- **funeral** ['fjuːnərəl] *n.* 葬礼，丧礼

- **glorious** ['glɔːriəs] *adj.* 光荣的，壮丽的，辉煌的；令人愉快的；极好的

- **glory** ['glɔːri] *n.* 光荣，荣誉；美丽，壮丽

■ **governor** ['gʌvənə(r)] *n.* 州长；地方长官；主管；理事；董事

■ **grateful** ['greɪtfl] *adj.* 感激的，感谢的；受欢迎的

(模拟实景) I am *grateful* for your help with my English. 你帮我学英语，我十分感激。

■ **grocer** ['grəʊsə(r)] *n.* 食品杂货商

(模拟实景) After graduation from middle school, Bill started a business and became a *grocer*. 中学毕业后，比尔开始做生意，成了一名食品杂货商。

■ **gymnasium** [dʒɪm'neɪziəm] *n.* 体育馆，健身房

■ **halt** [hɔːlt] *n.* 停住，停止，暂停 *v.* （使）停住，（使）停止

(模拟实景) They believed it was time to call a *halt* to the project. 他们认为是时候暂停该项目了。

(单词拓展) halting（*adj.* 蹒跚的）

■ **handful** ['hændfʊl] *n.* 一把；一小撮，少量

(阅读短语) a handful of 少量的，一把

(模拟实景) There are only a *handful* of coins in my pocket. 我的口袋里只有一把硬币。

■ **harden** ['hɑːdn] *v.* （使）变硬，（使）硬化；（使）变得坚强，（使）变得冷酷无情

■ **haste** [heɪst] *n.* 急速，急忙

(阅读短语) in haste 急速地，急忙地

(模拟实景) Lily made *haste* to tell her parents the good news. 莉莉赶紧将这个好消息告诉了她的父母。

(单词拓展) hasten（*vt.* 催促；加速）

■ **highlight** ['haɪlaɪt] *vt.* 强调，突出 *n.* 最精彩的部分；最重要的细节或事件

(模拟实景) Professor King's speech *highlighted* the necessity for economic reform. 金教授的演讲强调了经济改革的必要性。

■ **hollow** ['hɒləʊ] *adj.* 空的，中空的，凹陷的；（声音）沉闷的；虚伪的，空虚的 *n.* 洼地，洞，穴

模拟实景 That little animal made a *hollow* in the ground to hide in from the storm. 那只小动物在地上挖穴以便在暴风雨时藏身用。

■ **hook** [hʊk] *n.* 钩，钩状物 *vt.* 钩住

阅读短语 hook up 将…接上电源；hook up to 将（或与）…连接起来；off the hook 脱离困境

模拟实景 Would you please hang my sweater on the *hook* in the corner? 你能帮我把外套挂在角落的挂钩上吗？

■ **horn** [hɔːn] *n.* （牛、羊、鹿等的）角；号角；喇叭；警报器

■ **housing** ['haʊzɪŋ] *n.* 房屋，住宅；住房建筑，住房供给；外壳，外罩

阅读短语 housing estate 居民区，居住区

模拟实景 There is an urgent *housing* shortage in this city. 这座城市住房紧缺。

■ **immigrant** ['ɪmɪgrənt] *n.* 移民，侨民

模拟实景 In America there are many *immigrants* from China. 在美国有很多中国移民。

■ **impose** [ɪm'pəʊz] *vt.* 把…强加于；征（税等）；处以（罚款、监禁等）

阅读短语 impose on/upon 把…强加于

模拟实景 The government *imposed* a heavy tax on import cargoes. 政府对进口商品课以重税。

单词拓展 imposing（*adj.* 壮观的；令人难忘的）

考点点评 四级真题曾考过impose, enclose, involve, contain的词义辨析。impose意为"征（税）"；enclose意为"装入"；involve和contain都有"包含"之意，contain侧重于具体的物质实体和各部分之间的关系，而involve则指非实体的事物及其要素之间的关系。

■ **infant** ['ɪnfənt] *n.* 婴儿，幼儿 *adj.* 婴儿的；初期的；幼稚的

模拟实景 The expectant mother is thinking of preparing *infant* clothes. 那个准妈妈正考虑准备婴儿服。

■ **infection** [ɪn'fekʃn] *n.* 传染病；传染，感染

（模拟实景）The patient suffered from a lung *infection* after the operation. 这位病人手术后肺部受到了感染。

■ **inhabitant** [ɪn'hæbɪtənt] *n.* 居民，住户

（单词拓展）inhabit（*v.* 居住，栖息）

■ **instinct** ['ɪnstɪŋkt] *n.* 本能，直觉；生性，天性

（模拟实景）Mother deer protect their young babies by *instinct*. 母鹿本能地保护着小鹿。

（单词拓展）instinctive（*adj.* 本能的，天生的；直觉的）

■ **insult** [ɪn'sʌlt] *vt.* 侮辱，辱骂 ['ɪnsʌlt] *n.* 侮辱，凌辱

（模拟实景）Jim could not bear so terrible an *insult* to his pride. 吉姆不能忍受对他自尊如此严重的侮辱。

（考点点评）四级考题曾考过这样一个句子：Not long ago, many cars dealers insulted women shoppers by ignoring them or suggesting that they come back with their husbands.（不久前，许多汽车经销商会侮辱女性顾客，比如无视她们或建议她们与丈夫一起来。）

■ **intimate** ['ɪntɪmət] *adj.* 亲密的，密切的；私人的，个人的 *n.* 至交，密友 ['ɪntimeit] *vt.* 暗示，提示；透露

（阅读短语）be intimate with sb./be on intimate terms with sb. 与某人关系密切

（模拟实景）Both of us felt that we had become very *intimate*. 我俩都觉得我们已经相当亲密了。

（单词拓展）intimacy（*n.* 熟悉；亲密）；intimation（*n.* 暗示，提示）

■ **jury** ['dʒʊəri] *n.* 陪审团；（竞赛或展览的）评判委员会

■ **kingdom** ['kɪŋdəm] *n.* 王国；领域，界

■ **lane** [leɪn] *n.* （乡间）小路，小巷；车道；泳道；航道，航线

（模拟实景）The singer walked down a *lane* formed by two lines of bodyguards. 这位歌手沿着由两列保镖组成的通道走过去。

- **lap** [læp] *n.* 膝上；（跑道的）一圈；（旅程的）一段 *v.* （动物）舔，舔食；（波浪等）拍打

- **lavatory** ['lævətri] *n.* 厕所，盥洗室

- **leisure** ['leʒə(r)] *n.* 空闲时间，闲暇；悠闲，安逸

  阅读短语 at leisure 有空，闲暇；从容不迫地，不慌不忙地；leisure time 空闲时间，休闲时间

  模拟实景 What do you usually read in your *leisure* time? 你在闲暇时间通常读些什么书？

- **liver** ['lɪvə(r)] *n.* 肝

- **lorry** ['lɒri] *n.* 运货汽车，卡车

  模拟实景 The *lorries* had been stopped by workers and could not be unloaded in time. 这些货车被工人拦住了，不能及时卸货。

- **mechanism** ['mekənɪzəm] *n.* 机械装置；机制，机理；办法，途径

- **membership** ['membəʃɪp] *n.* 会员身份（或资格、地位），会籍；全体会员；会员数

  模拟实景 You should apply for *membership* if you want to join in the sports club. 如果你想加入这个体育俱乐部，就应该先申请成为其会员。

- **mess** [mes] *n.* 凌乱状态，脏乱状态；混乱的局面，困境 *vt.* 弄糟，搞乱

  阅读短语 mess about/around 无目的、无计划地瞎忙；浪费时间，闲荡；轻率地对待；mess with 干预，介入；mess up 搞糟；in a mess 凌乱

  模拟实景 That mother was used to her son's *messing* up the kitchen. 那位母亲已经习惯儿子弄乱厨房了。

- **military** ['mɪlətri] *adj.* 军事的，军用的 *n.* [the ~] 军队，武装力量

- **ministry** ['mɪnɪstri] *n.* （政府的）部门；神职；牧师职位

■ **missing** ['mɪsɪŋ] *adj.* 缺少的，找不到的；失踪的

■ **mission** ['mɪʃn] *n.* 使命，任务；代表团，使团

■ **numerous** ['njuːmərəs] *adj.* 众多的，许多的

■ **nylon** ['naɪlɒn] *n.* 尼龙

■ **operational** [ˌɒpə'reɪʃənl] *adj.* 运转的；操作的；可使用的

■ **optimistic** [ˌɒptɪ'mɪstɪk] *adj.* 乐观（主义）的

阅读短语 be optimistic about 对…乐观，对…有信心

模拟实景 Though having met a lot of hardships, Jim is *optimistic* about his future. 虽然碰到很多困难，但吉姆对未来充满信心。

■ **orientation** [ˌɔːriən'teɪʃn] *n.* 方向，目标，方位；熟悉情况，适应；情况介绍

模拟实景 The department in this college has an *orientation* towards practical skills and adaptability. 这所大学的这个系的培养方向是实践技能和适应能力。

■ **overtake** [ˌəʊvə'teɪk] *vt.* 追上，赶上，超过；突然降临，意外地碰上

模拟实景 We planned to hold a meeting this evening, but some urgent works have *overtaken* us. 我们原计划在今晚召开会议，但是突然有些紧急的工作要我们做。

■ **painful** ['peɪnfl] *adj.* 疼痛的，引起疼痛的；困难的，令人不快的

■ **parade** [pə'reɪd] *n.* 游行，检阅 *v.* （使）列队前进，（使）游行；炫耀

模拟实景 The way the girl *parades* her wealth and her expensive clothes is sickening. 那个女孩炫耀财富和昂贵衣服的方式令人作呕。

■ **pierce** [pɪəs] *vt.* 刺穿，刺破，穿透；穿孔（于），打眼（于）

模拟实景 These workers use the machine to *pierce* holes in walls and steel sheets. 这些工人使用这种机器在墙和钢板上钻孔。

■ **plug** [plʌg] *n.* 插头，插座；塞子，栓 *vt.* 把…塞住，用…塞住

（模拟实景）Is there a *plug* in the kitchen that we can use for microwave? 厨房里有可用来插微波炉的插座吗？

■ **pop** [pɒp] *vi.* 突然出现，发生；发出砰的响声 *n.* 流行音乐；（发出）砰的一声

（模拟实景）Jason likes classical music more than *pop*. 和流行音乐比起来，贾森更喜欢古典音乐。

■ **pregnant** ['pregnənt] *adj.* 怀孕的，妊娠的

■ **preliminary** [prɪ'lɪmɪnəri] *adj.* 预备的，初步的 *n.* [常*pl.*] 初步做法，起始行为

■ **prince** [prɪns] *n.* 王子，亲王

■ **procession** [prə'seʃn] *n.* 队伍，行列

■ **proportion** [prə'pɔːʃn] *n.* 比例；部分，份额；均衡，相称

（阅读短语）in proportion to sth. 与…成比例

（模拟实景）The *proportion* of women to men in our company is about six to one. 我们公司的男女比例大约是1比6。

（单词拓展）proportionable（*adj.* 成比例的；相称的）

■ **province** ['prɒvɪns] *n.* 省；领域，范围

■ **psychological** [ˌsaɪkə'lɒdʒɪkl] *adj.* 心理（学）的

（阅读短语）psychological problem 心理问题

■ **purple** ['pɜːpl] *adj.* 紫的；辞藻华丽的 *n.* 紫色

（模拟实景）Despite the *purple* prose, the novel written by the British novelist is mostly clear. 尽管辞藻华丽，这位英国小说家写的这部小说大部分都比较清晰。

■ **quarrel** ['kwɒrəl] *n.* 争吵，口角；抱怨的缘由，失和的原因 *vi.* 争吵，争论；对⋯表示反对；挑剔

■ **rage** [reɪdʒ] *n.* 狂怒，盛怒；（the ~）风靡一时的事物，时尚 *vi.*（风）狂吹，（战争等）激烈进行；发怒，发火

模拟实景 The thought of the way of being treated made Mary *rage*. 玛丽一想到她所受的待遇就生气。

单词拓展 enrage（*vt.* 激怒）

■ **refugee** [ˌrefjʊ'dʒiː] *n.* 难民

■ **relation** [rɪ'leɪʃn] *n.* 关系，关联；亲属，亲戚

阅读短语 in relation to 关于，涉及

■ **reliance** [rɪ'laɪəns] *n.* 依靠，依赖

■ **remarkable** [rɪ'mɑːkəbl] *adj.* 值得注意的，引人注目的；异常的，非凡的

模拟实景 *Remarkable* progress has been made in science in this century. 本世纪科学取得了显著的进步。

单词拓展 remarkably（*adv.* 显著地）

■ **remedy** ['remədi] *n.* 补救办法，纠正办法；药物；治疗法 *vt.* 补救，纠正；医治，治疗

模拟实景 I suppose there'll be a *remedy* for my fault. 我想我的失误应该会有补救办法。

■ **revive** [rɪ'vaɪv] *vt.* 使复苏 *vi.* 恢复

模拟实景 A hot shower and some delicious desert will *revive* you after a long journey. 长途旅行后，洗一个热水澡再吃些美味的甜点有助于你恢复体力。

■ **rifle** ['raɪfl] *n.* 步枪

■ **riot** ['raɪət] *n.* 暴乱，骚乱 *v.* 闹事；骚乱

■ **rob** [rɒb] *vt.* 抢劫，盗窃；（非法）剥夺；使丧失

(模拟实景) These young boys financed themselves by *robbing* passengers on the train. 这些年轻男孩通过抢劫火车上的乘客来筹钱。

■ **rod** [rɒd] *n.* 杆，棒

(阅读短语) fishing rod 钓鱼竿

■ **roller** ['rəʊlə(r)] *n.* 滚筒；滚轴

■ **rust** [rʌst] *n.* 铁锈 *v.*（使）生锈

(模拟实景) The floor of the house had *rusted* away, so we were very careful where to set our feet. 这间房子的地板上满是锈迹，所以我们在走路的时候非常小心。

■ **saint** [seɪnt] *n.*（基督教正式追封的）圣徒；圣人，道德高尚的人；[S-]圣（用于人名或地名等前）

(模拟实景) Your mother must be a real *saint* to adopt so many homeless children. 你的母亲收养了那么多无家可归的孩子，她真的是位圣人。

■ **sceptical/skeptical** ['skeptɪkl] *adj.* 表示怀疑的

(模拟实景) The manager is *skeptical* about the solution. 经理对这个解决办法表示怀疑。

(单词拓展) skepticism（*n.* 怀疑论；怀疑主义）

■ **sealed** [si:ld] *adj.* 封闭的，密封的

(模拟实景) The envelopes with money and private information given by the secretary were firmly *sealed*. 秘书发下来的那些装有钱和私人信息的信封都牢牢地密封着。

■ **settlement** ['setlmənt] *n.* 解决；协议；结算；居留地；新拓居地

■ **sin** [sɪn] *n.* 罪，罪孽 *vi.* 犯戒律，犯过失

■ **sore** [sɔː(r)] *adj.* 疼痛的，痛苦的；恼火的；极度的，剧烈的 *n.* 疮口，痛处

阅读短语 a sore throat 嗓子疼

模拟实景 The suffering of the homeless children makes Annie *sore*. 无家可归的孩子的苦难使安妮心痛。

考点点评 四级真题考过几个与"感冒"相关的短语：stuffy nose（鼻塞）；sore throat（嗓子疼）；dry cough（干咳）。

■ **speculate** ['spekjʊleɪt] *v.* 推测，推断；投机，做投机买卖

单词拓展 speculation（*n.* 思索，推测；投机）；speculative（*adj.* 推测的；投机的）；speculator（*n.* 投机者）

■ **spokesman** ['spəʊksmən] *n.* 发言人

■ **sportsman** ['spɔːtsmən] *n.* 运动员

■ **stretch** [stretʃ] *vi.* 伸展，延续 *vt.* 拉长，伸展；使倾注全力；使紧张 *n.* 一段时间；连绵的一片；伸展，延续

阅读短语 stretch one's mind 绞尽脑汁；at a stretch 一口气地，连续地

模拟实景 Kathy *stretched* herself to achieve better results in her study. 凯西竭尽全力，希望在学业上取得更好的成绩。

■ **sunlight** ['sʌnlaɪt] *n.* 日光，阳光

模拟实景 The river along the mountain sparkled in the brilliant *sunlight* after the heavy rain. 大雨过后，山边的小河在灿烂的阳光的照耀下闪闪发光。

■ **sunshine** ['sʌnʃaɪn] *n.* 日光，日照

■ **surrender** [sə'rendə(r)] *vi.* 投降；屈服（于），让步 *vt.* 交出，放弃 *n.* 投降，放弃

■ **swear** [sweə(r)] *v.* 诅咒，咒骂；宣誓，发誓

■ **sword** [sɔːd] *n.* 剑；刀

■ **sympathise/sympathize** ['sɪmpəθaɪz] *vi.* 同情，怜悯；体谅；赞同

■ **torture** ['tɔːtʃə(r)] *n./vt.* 拷问，折磨

■ **treaty** ['triːti] *n.* 条约，协定

■ **trial** ['traɪəl] *n.* 审判，审讯；试用，试验；讨厌的人（或事物）
阅读短语 by trial and error 反复试验；不断摸索

■ **trunk** [trʌŋk] *n.* 树干，躯干；（大）旅行箱，（汽车后部）行李箱；象鼻

■ **urban** ['ɜːbən] *adj.* 城市的
单词拓展 urbanism（*n.* 都市化，都市生活）；urbanize（*v.* 使…都市化）；urbanization/urbanisation（*n.* 都市化）
考点点评 suburban也常在四级考试中考到，意为"郊区的"，考生要注意区分。

■ **version** ['vɜːʃn] *n.* 版本，译本；说法

■ **volunteer** [ˌvɒlən'tɪə(r)] *n.* 志愿者；志愿兵 *v.* 自愿（做）；自愿提供
模拟实景 These students *volunteered* to clean the house for the old lady. 这些学生主动提出帮这位老太太打扫屋子。
单词拓展 voluntary（*adj.* 自愿的，志愿的）

■ **withdraw** [wɪð'drɔː] *vt.* 收回，撤消；撤退；提取 *vi.* 缩回，退出，撤退
模拟实景 This kind of credit card allows you to *withdraw* up to $500 a day from ATM. 这种信用卡允许你每天从自动取款机中最多提取500美元。
单词拓展 withdrawal（*n.* 收回，撤回；撤退）

■ **worldwide** ['wɜːld,waɪd] *adj.* 世界范围的，全球的；影响全世界的 *adv.* 世界范围地，全球地
模拟实景 An increase in the average temperature by only one degree could

cause severe environmental problems *worldwide*. 平均气温仅仅上升1摄氏度就会在全球范围内引发严重的环境问题。

- **alternative** [ɔːl'tɜːnətɪv] *n.* 替换物；取舍；选择，供选择的东西；选择的自由，选择的余地 *adj.* 两者选一的；可供替代的；另类的，非传统的

  模拟实景 We had no *alternative* in how to deal with this matter. 在如何处理这件事上，我们没有选择的余地。

- **background** ['bækɡraʊnd] *n.* 出身背景，经历；背景资料；（画等的）背景，底子

  阅读短语 social class background 社会阶级背景；family background 家庭背景；academic background 学术背景

  模拟实景 Can you introduce your education *background* briefly? 你能简要地介绍一下你的教育背景吗？

- **basic** ['beɪsɪk] *adj.* 基本的，根本的 *n.* [*pl.*] 基本原理；实质性的东西

  模拟实景 These conditions are *basic* and necessary. 这些条件都是基本且必需的。

  考点点评 basic作名词时多用复数，如四级真题曾考过这样一个句子：Beginners need to learn the basics of English.（初学者需要学习英语基础知识。）

- **elect** [ɪ'lekt] *vt.* 选举，推举；选择，决定 *vi.* 进行选举；作出选择

  模拟实景 Obama was *elected* as the 44th president of America. 奥巴马被选为美国的第44任总统。

  单词拓展 election（*n.* 选举）

- **inferior** [ɪn'fɪəriə(r)] *adj.* 劣等的，次的；下级的 *n.* 下级，下属

  阅读短语 inferior to sth./sb. 比…差，不如…

  模拟实景 The lawyer cited some cases to show that women in rural areas had received *inferior* health care. 这名律师举了一些例子来说明农村地区的妇女得不到好的医疗条件。

  单词拓展 inferiority（*n.* 下级；自卑感）

- **institution** [ˌɪnstɪ'tjuːʃn] *n.* （教育、慈善等）社会公共机构；制度；习俗；设立，创立，制定

模拟实景 Mr. Smith is a member of the *Institution* of Electrical Engineers. 史密斯先生是电气工程师学会的成员。

■ **monopoly** [mə'nɒpəli] *n.* 垄断，专卖；垄断物，垄断商品，专卖商品

模拟实景 The government will take some measures to deal with the *monopoly*. 政府即将采取一些措施来解决垄断问题。

■ **powerful** ['paʊəfl] *adj.* 强大的，有力的；有权的；强壮的，强健的

模拟实景 Jim is a *powerful* man in this college. 吉姆在这所大学里是一个很有权势的人。

■ **prestige** [pre'stiːʒ] *n.* 威信，威望

模拟实景 The university Jane studied in has a good *prestige*. 简就读的大学享有很好的声誉。

■ **prosperity** [prɒ'sperəti] *n.* 繁荣，兴旺

模拟实景 The new policy has brought us a period of *prosperity*. 新政策使我们进入了一个繁荣时期。

■ **rank** [ræŋk] *n.* 军衔，职衔；地位，社会阶层，等级；[*pl.*]（政党、组织等的）普通成员；排，行列 *vt.* 把…分等，给…评定等级 *vi.* 列入，（在序列中）占特定等级

阅读短语 the rank and file 普通士兵，普通成员；social rank 社会地位

模拟实景 Mary's brother *ranked* very high in his school. 玛丽的弟弟（哥哥）是学校的优等生。

单词拓展 ranking（*adj.* 高级的）

考点点评 四级的阅读真题中曾考查过rank作动词的用法：Ranked second and third were grocery and electronics customers.（位列第二、第三的是购买食品杂货和电子产品的顾客。）

■ **statement** ['steɪtmənt] *n.* 陈述，说法；结算单，报表

模拟实景 Mr. White made a clear *statement* regarding the report. 针对报告，怀特先生做了一个清晰的陈述。

■ **strengthen** ['streŋθn] *vt.* 加强，巩固

模拟实景 The coach asked the players to *strengthen* the defence. 教练要求选手加强防守。

- **activity** [æk'tɪvəti] *n.* 活动，行动；活跃，活力

  (模拟实景) Which kind of outdoor *activity* do you like best? 你最喜欢哪种户外活动？

  (单词拓展) activist (*n.* 积极分子；活动家)

- **devise** [dɪ'vaɪz] *vt.* 设计，发明，策划；想出

  (模拟实景) This new product they *devised* can earn us a lot of money. 他们设计出的这种新产品可以使我们赚很多钱。

  (考点点评) 四级真题曾考过install, equip, format, devise的区别。install意为"安装"；equip意为"装备"；format意为"安排…的格局"；devise 意为"设计，发明"，如：Louis Herman, at the University of Hawaii, has devised a series of new experiments in which some animals have learned to understand sentences.（夏威夷大学的路易斯•赫尔曼设计了一系列新试验。实验中，一些动物学会了理解句子。）

- **distinguish** [dɪs'tɪŋgwɪʃ] *vt.* 区别，辨别；看清，听出；使杰出，使扬名

  (阅读短语) distinguish oneself 使杰出，使扬名；distinguish...from... 区分…与…

  (模拟实景) Everyone should learn to *distinguish* right from wrong. 每个人都应该学会分辨是非。

  (单词拓展) distinguishable (*adj.* 可区别的)；distinguished (*adj.* 著名的)；distinguishing (*adj.* 有区别的)

- **efficient** [ɪ'fɪʃnt] adj. 效率高的；有能力的

  (模拟实景) This new system can make their work more *efficient*. 这套新系统可以使他们的工作效率更高。

  (考点点评) efficient和effective词形相近，词义也相近，effective意为"有效的"，而efficient强调"效率高的"。

- **eliminate** [ɪ'lɪmɪneɪt] *vt.* 排除，消除，根除；淘汰

  (模拟实景) After investigation, the police have *eliminated* three suspects. 经过调查，警察已经排除了三名嫌疑犯。// Junk food should be *eliminated* from my diet as the doctor advised. 正如医生所建议的那样，我的饮食中应该除去垃圾食品。

单词拓展 elimination（n. 消除，除去）

■ **fulfi(l)l** [fʊl'fɪl] vt. 履行，实现；满足，使满意

阅读短语 fulfill a task 完成任务

模拟实景 Ann *fulfilled* all her responsibilities as a teacher. 安尽到了她作为一名教师的全部职责。

■ **individual** [ˌɪndɪ'vɪdʒʊəl] adj. 单独的，个人的；独特的 n. 个人，个体

模拟实景 The teacher cannot promise to give *individual* attention to every student. 老师不能保证对每个学生都给予个别关注。

单词拓展 individuality（n. 个性）；individualize（v. 赋予个性）；individualistic（adj. 个人主义的）

■ **involve** [ɪn'vɒlv] vt. 包含，含有；使卷入，使参与；牵涉，陷入，连累，卷入

模拟实景 I don't want to be *involved* in your quarrel. 我不想被牵扯到你们的争吵中去。

■ **occupation** [ˌɒkjʊ'peɪʃn] n. 工作，职业；（人）从事的活动，消遣；占领，占据

模拟实景 Could you please tell me your name and *occupation*? 你能告诉我一下你的名字和职业吗？

考点点评 四级真题曾考查过employment, career, occupation, profession几个词的辨析。employment指受雇于他人，以领取工资为生计且较为固定的工作；occupation是经常担任的工作，这种工作不一定有报酬。career意为"职业；事业"，经过训练且多指终生事业；profession作"职业"讲时，常指必须经过特殊性训练才可以胜任且具有专业性的工作，多指脑力劳动。

■ **pressure** ['preʃə(r)] n. 压力，压强；强制，压迫 vt. 对…施加压力（或影响）；说服

阅读短语 high blood pressure 高血压

模拟实景 We can do some sports to reduce *pressure* from work. 我们可以通过做一些运动来减少工作带来的压力。

■ **scrutiny** ['skruːtəni] n. 详细检查，仔细观察

模拟实景 After the expert's close *scrutiny*, this diamond was pronounced genuine. 经过专家的仔细鉴别，这颗钻石被宣布是真的。

考点点评 scrutiny在表示"仔细观察"时与observation是同义词。

■ **undertake** [ˌʌndə'teɪk] *vt.* 承担；着手做；同意，保证

模拟实景 This project was *undertaken* by ABC Company. 这个项目由ABC公司承担。

单词拓展 undertaking（*n.* 事业；任务）

■ **advantage** [əd'vɑːntɪdʒ] *n.* 优点；有利条件；利益，好处

阅读短语 have an advantage over 胜过，优于；take advantage of 利用

模拟实景 Could you please tell us what your *advantage* is? 你能说一下你的优点是什么吗?

■ **balance** ['bæləns] *n.* 平衡，均衡；天平，秤；结存，结欠 *vt.* 使平衡，使均衡；称；权衡，比较

阅读短语 balance between A and B A与B之间的平衡；be/hang in the balance（生命等）在危急状态中，（命运等）未定；off balance 不平衡

模拟实景 We must keep a *balance* between work and play. 我们必须在工作和娱乐之间保持平衡。

考点点评 四级真题考过equation, formula, balance, pattern的词义辨析。equation意为"相等"；formula指"公式"；balance意为"平衡"，pattern意为"式样"。如：Companies are struggling to find the right balance between supply and demand, but it is no easy task. （公司正努力寻找供需间合适的平衡点，但这不是一件轻而易举的事。）

■ **career** [kə'rɪə(r)] *n.* 生涯；职业；事业

模拟实景 It seems that Ann is not interested in her teaching *career*. 看起来安好像对她的教师职业不太感兴趣。

■ **electrical** [ɪ'lektrɪkl] *adj.* 电的；电气科学的；与电有关的

模拟实景 It's unbelievable that John is an *electrical* engineer. 约翰竟然是一位电气工程师，真令人难以置信。

考点点评 electric, electrical和electronic 这三个词虽词形词义相近，但用法却区别很大，electronic 意为"电子的，和电子有关的"；

electrical多用来形容与电有关的事物，被修饰的事物本身不带电；electric意为"电的，用电的，带电的"，指任何电动的或发电的装置，被修饰的物体本身可带电。

■ **engineering** [ˌendʒɪ'nɪərɪŋ] *n.* 工程（学）；工程师行业

(模拟实景) John's major in the university is civil *engineering*. 约翰上大学时学的专业是土木工程。

■ **equipment** [ɪ'kwɪpmənt] *n.* 设备，器械

(模拟实景) If you want to go camping, you must buy a tent and other camping *equipment*. 如果你想去野营，你一定要买帐篷和其他的野营设备。

(考点点评) 四级真题曾考过equipment, appliance, utility, facility的区别。appliance的意思是"器具，用具"，通常指用电来驱动的电器；utility多指"公共设施"；facility意为"设备"；equipment作"设备"讲时，常用单数形式。

■ **genius** ['dʒiːniəs] *n.* 天才，天赋；天才人物

(模拟实景) As we all know, Einstein is a great *genius*. 众所周知，爱因斯坦是一个伟大的天才。

■ **ideal** [aɪ'diːəl] *adj.* 理想的，完美的；想象的，空想的 *n.* 理想；理想的东西（或人）

(阅读短语) be ideal for... 适合…

(模拟实景) Linda does sports every day in order to achieve her *ideal* weight. 为了达到她的理想体重，琳达每天都做运动。

(单词拓展) idealist（*n.* 理想主义者 *adj.* 唯心主义的）；idealistic（*adj.* 唯心论的；理想主义者的）

■ **liberal** ['lɪbərəl] *adj.* 心胸宽大的；开明的；自由的，不受约束的；（指政治观点上的）自由主义的；慷慨的，大方的；人文教育的

(模拟实景) The education has become more *liberal* in many countries. 教育在许多国家都变得更自由了。

■ **reality** [rɪ'æləti] *n.* 现实，实际；真实

(阅读短语) in reality 实际上，事实上

模拟实景 I hope my dream can become a *reality*. 我希望我的梦想可以成为现实。

■ **shape** [ʃeɪp] *n.* 形状，外形；状况，状态 *vt.* 形成，使成形；决定…的进程（或发展方向）

阅读短语 in（good）shape 处于（良好）状况；shape up 发展顺利，表现良好；take shape 成形，形成

模拟实景 I really wonder how you can keep in such a good *shape*. 我真的很好奇你是如何保持如此好的身材的。

■ **struggle** ['strʌgl] *vi.* 奋斗，努力；斗争，搏斗 *n.* 斗争，搏斗；努力，奋斗

模拟实景 You must *struggle* to control your temper and keep calm. 你一定要努力控制自己的脾气并保持冷静。

考点点评 四级真题曾考查过struggle, campaign, battle, conflict这几个词的区别。其中struggle指"奋斗，努力"，这个词常用来形容个人的奋斗或努力；campaign指"战役或商业和政治活动等"；battle意为"战斗"；conflict则指"斗争，冲突"。

■ **typical** ['tɪpɪkl] *adj.* 典型的，代表性的

模拟实景 The professor gave us a *typical* example to explain that theory. 为了解释那个理论，教授给我们举了一个典型的例子。

■ **comparable** ['kɒmpərəbl] *adj.* 可比较的，类似的；比得上的；相似的，相当的

阅读短语 be comparable with/to 与…可比较的，比得上的

模拟实景 Her oral English is not bad, but it's hardly *comparable* with yours. 她的英语口语不错，但是很难和你的相比。

■ **explore** [ɪk'splɔː(r)] *v.* 勘探，勘查；仔细查阅；探索

模拟实景 Scientists have been *exploring* the unknown secrets in the world. 科学家一直在探索世界上的未知秘密。

单词拓展 explorer（*n.* 探险家）；exploration（*n.* 探索）；exploratory（*adj.* 探险的；探测的）

考点点评 explore作"探索"讲时后面所接的词比较宽泛，可以是具体的某个领域，还可以是抽象的某件事（如explore the issue）。如：探索缩减生产成本的策略（explore strategies for lowering production costs）。

- **independent** [ˌɪndɪ'pendənt] *adj.* 独立的，自主的；无偏见的，中立的；不相关的，无关的

  阅读短语 be independent of... 独立于…之外，不受…支配，与…无关，不依赖…的

  模拟实景 As a college student, we should learn to be *independent* of our parents. 作为一名大学生，我们应该学会独立，不要依赖父母。

- **interact** [ˌɪntər'ækt] *v.* 相互作用，相互影响

  模拟实景 The students *interact* closely with their teacher in class. 学生与老师在课堂上密切互动。

  单词拓展 interaction（*n.* 相互作用）；interactive（*adj.* 交互式的；相互合作的）

- **male** [meɪl] *adj.* 男的，雄性的，男性的 *n.* 男子；雄性动（植）物

  模拟实景 The biologist found that the *male* of this kind of animals had white tails and long ears. 生物学家发现这种动物的雄性长有白色的尾巴和长长的耳朵。

- **organize** ['ɔːgənaɪz] *v.* 组织，把…编组；使有条理

  模拟实景 The Students' Union *organized* a meeting to discuss the coming sports meeting. 学生会组织了一次会议来讨论即将举行的运动会。

- **participate** [pɑː'tɪsɪpeɪt] *vi.* 参与，参加

  模拟实景 Everyone could *participate* in this English contest. 每个人都可以参加这次英语竞赛。

  单词拓展 participation（*n.* 参与）；participator（*n.* 参与者）

  考点点评 四级真题曾考过specialize, participate, consist, involve的辨析。这四个词都可以接介词in，但意思却区别很大：specialize in意为"专攻"；participate in意为"参与"；consist in意为"在于"；involve in意为"涉及"。如：A special feature of education at MIT is the opportunity for students and faculty to participate together in research activities.（在麻省理工学院，教育的一个特别之处是向学生和老师提供一起参与研究活动的机会。）

■ **peer** [pɪə(r)] *n.* 同龄人；同等地位的人；贵族 *vi.* 仔细看；费力地看

阅读短语 peer at 凝视；peer through 费力地看

模拟实景 They *peered* through the mist, trying to find the way to get out of the forest. 他们透过迷雾费力张望，想找到走出森林的路。

■ **replace** [rɪ'pleɪs] *vt.* 代替，取代；更换，调换；把…放回原处

模拟实景 I will buy a new cup to *replace* the one I broke. 我会买个新杯子来替换我打碎的那个。

单词拓展 replacement（*n.* 代替；更换；归还）

考点点评 四级真题曾考查过exchange, trade, replace的词义辨析。exchange 指"交换"；trade侧重指"交易"；replace侧重指"代替，取代"。如：Many in the credit industry expect that credit cards will eventually replace paper money for almost every purchase.（信用行业的许多人都期望信用卡最终能在几乎每笔交易中取代纸币。）

■ **assume** [ə'sjuːm] *vt.* 假定，假设；承担；担任，就职；呈现

模拟实景 I *assume* you can speak fluent English for you have lived in England for 3 years. 我认为你可以讲流利的英语，因为你在英国生活了三年。

单词拓展 assumption（*n.* 假定；担任）

■ **basis** ['beɪsɪs] *n.* 基础；根据

阅读短语 on a...basis在…基础上；as a basis for作为…的基础

模拟实景 We should make decisions on the *basis* of adequate information. 我们应该基于充足的信息来做决定。

■ **consistent** [kən'sɪstənt] *adj.* 坚持的，一贯的；一致的，符合的

阅读短语 consistent policy 一贯的政策

模拟实景 What he said was not *consistent* with what he did at the party last Sunday. 上周日晚会上他言行不一。

单词拓展 consistency（*n.* 一致性；强度，硬度，浓稠度）；inconsistent（*adj.* 不一致的）；self-consistent（*adj.* 有条理的，首尾一致的）

■ **define** [dɪ'faɪn] *vt.* 给…下定义，解释；限定，规定

（模拟实景） It is difficult to *define* whether a man is rational or sentimental. 很难解释一个人是理性的还是感性的。

（单词拓展） redefine（*v.* 重新定义）

■ **flatter** ['flætə(r)] *vt.* 向…谄媚，奉承；使满意，使感到荣幸；使显得（比实际）好看；使（某优点）显得突出

（阅读短语） flatter oneself 自以为是，自鸣得意

（模拟实景） I feel greatly *flattered* to be invited to the dinner party. 能受邀参加晚宴我感到莫大的荣幸。

（单词拓展） flattery（*n.* 奉承，阿谀）

■ **lobby** ['lɒbi] *n.* （旅馆、戏院等的）大厅，休息室；院外活动集团；游说议员的团体 *v.* 向（议员等）进行游说（或疏通）

（模拟实景） The taxi driver waited for the foreign guest in the *lobby* of the hotel. 出租车司机在酒店大堂等待那位外国客人。

（单词拓展） lobbyist（*n.* 游说议员者，说客）

■ **obvious** ['ɒbviəs] *adj.* 显然的，明显的，显而易见的

（模拟实景） It was quite *obvious* that Tom was telling a lie. 很明显汤姆是在说谎。

（考点点评） obvious这个词了除可以表示"明显的"意思之外，还有"显而易见的"的含义，如四级真题中曾出现过obvious asset（显而易见的资产）和obvious rewards（显而易见的奖励）。

■ **politics** ['pɒlətɪks] *n.* 政治；政治学；政纲，政见

（模拟实景） These students didn't want to choose *politics* as their major. 这些学生不想选政治学作为他们的专业。

（单词拓展） political（*adj.* 政治的；政党的）

■ **promote** [prə'məʊt] *vt.* 促进，增进；发扬；提升，提拔；宣传，推销（商品等）

模拟实景 The young doctor was *promoted* to head of the surgical department. 这名年轻的医生被提拔为外科主任。

单词拓展 promoter（*n.* 发起人，创办人）；promotion（*n.* 提升；推销，宣传）

■ **pursue** [pə'sjuː] *vt.* 继续；从事；追赶，追踪；追求

模拟实景 Allen is *pursuing* his studies abroad at the University of Queensland. 艾伦出国到昆士兰大学继续深造。

考点点评 在四级考试中，pursue一词常出现在与职业生涯等相关的篇章中，其后常接career, interest等词，表示"从事某种职业"、"追求某种爱好"等。

■ **reward** [rɪ'wɔːd] *n.* 报答；奖赏；报酬，酬金 *vt.* 报答；酬谢；奖励

模拟实景 He worked hard but gained very little *rewards*. 他工作很努力但是得到的报酬却很少。

单词拓展 rewarding（*adj.* 有报酬的）

考点点评 四级真题中曾考查过benefit和reward这两个词的词义辨析。reward指给予人的奖励，有时也表示为某事所付出的酬金；而benefit是指通过正当手段得到的收益和好处。

■ **scene** [siːn] *n.* （戏剧的）一场，（电影、电视的）一个镜头，（小说等的）一节；场面；（戏剧、事件等发生的）地点，背景，现场；景色，景象；舞台；发脾气，吵闹

阅读短语 behind the scenes 在幕后，不公开的

模拟实景 The film contains some violent *scenes* which are restricted to minors. 这部电影里面含有一些暴力镜头，未成年人禁止观看。

■ **action** ['ækʃn] *n.* 行动；作用；功能；行为，所做的事；运转，工作

阅读短语 out of action出故障；被消灭；失去战斗力；take action采取行动；unintentional action无意识行为

模拟实景 The police must take some *actions* before the matter gets worse. 警方一定要在事情变得更糟之前采取一些措施。

单词拓展 actionable（*adj.* 可提起诉讼的）

■ **characteristic** [ˌkærəktə'rɪstɪk] *adj.* 特有的；典型的 *n.* 特性，特征

模拟实景 Honesty is a *characteristic* of most of the successful leaders. 诚实是大多数成功领导的典型特征。

单词拓展 characteristically（*adv.* 典型地；表示特性地）

- **chill** [tʃɪl] *vt.* 使变冷，使冷冻，使感到冷 *n.* 寒冷，寒气；风寒；寒战；恐惧

模拟实景 I do not like the *chill* in the night air in the mountain area. 我不喜欢山区夜里的冷空气。

- **combat** ['kɒmbæt] *n.* 战争，格斗 [kəm'bæt] *vt.* 与…斗争，与…战斗

模拟实景 The *combat* between good and evil will continue forever. 正义与邪恶之战将永远继续下去。

单词拓展 combatant（*n.* 参战者，战士）；combative（*adj.* 好斗的，斗志旺盛的）

考点点评 combat除了可以指人与人之间的战斗外，还可以用来表示"抗击（病毒）"等，如四级真题中就有这样一个句子：The university has launched a research center to develop new ways of combating bacteria which have become resistant to drug treatments.（这所大学已经成立了一个研究中心来开发抵抗细菌的新方法，因为这些细菌已经产生了耐药性。）

- **develop** [dɪ'veləp] *vt.* 发展，开发；制订，研制；成长；（逐渐）产生；（开始）患（病等）；详尽阐述；增强；显（影）*vi.* 生长，发育，形成；发展，扩展

阅读短语 developing countries 发展中国家

模拟实景 I'm looking for a new job which will enable me to *develop* my skills. 我正在寻找一份新工作以增强我的（工作）技能。

单词拓展 development（*n.* 发展）；undeveloped（*adj.* 欠发达的）

- **feature** ['fiːtʃə(r)] *n.* 特征，特色；[*pl.*] 面貌，相貌；特写；专题节目；故事片 *vt.* 以…为特色；由…主演

阅读短语 feature article 特稿，专题文章

模拟实景 An important *feature* of Van Gogh's paintings is their bright colors. 梵高画作的一个显著特点是其明快的颜色。

考点点评 四级真题曾考过feature, figure, sketch和image这几个词的辨析：在历年的四级真题中，feature侧重"特征；容貌"；figure指"人物；体形"；sketch指"素描"；image意为"图像；肖像"。

- **lung** [lʌŋ] *n.* 肺

模拟实景 The old man suffers from *lung* cancer, which is caused by smoking. 这位老人患了肺癌，是由吸烟引起的。

- **misery** ['mɪzəri] *n.* 痛苦，苦恼；悲惨的境遇；苦难

模拟实景 The severe earthquake brought *misery* to hundreds of thousands of people. 严重的地震使得数十万人陷入悲惨的境遇。

- **prescription** [prɪ'skrɪpʃn] *n.* 处方，药方；处方的药；开处方，开药方

阅读短语 prescription drug 处方药

模拟实景 This kind of anti-inflammatory medicine can be obtained by *prescription* only. 这种消炎药只有医生开了处方才可以拿到。

- **rare** [reə(r)] *adj.* 稀有的，罕见的；珍奇的；出类拔萃的；（空气等）稀薄的；（肉）煎得嫩的

模拟实景 The biologist devoted his whole life to the protection of *rare* animals. 这名生物学家倾其一生保护稀有动物。

单词拓展 rarefied（*adj.* 稀薄的）；rarity（*n.* 稀有）

考点点评 rare可用来形容实物表示"珍稀"，如rare species（稀有物种）、rare books（珍本），还可以用来形容occurrence等抽象名词。

- **severe** [sɪ'vɪə(r)] *adj.* 严重的；严厉的，严格的；严峻的，艰难的；朴素的，不加装饰的

阅读短语 severe winter 严冬

模拟实景 Some European countries are faced with *severe* economic problems. 一些欧洲国家面临着严峻的经济问题。

- **syndrome** ['sɪndrəum] *n.* 综合病症，综合症状；（某种条件下有共同特征的）一系列表现（事件、举动等）

模拟实景 This *syndrome* is associated with a lot of coughing. 这种综合征与大量咳嗽有关。

- **throat** [θrəut] *n.* 咽喉，嗓子

阅读短语 a sore throat 嗓子疼

模拟实景 The *throats* of these animals were cut by knives. 这些动物的喉咙被刀子割断了。

- **virus** ['vaɪrəs] *n.* 病毒；病毒性疾病

  模拟实景 There are a lot of people in this village infected with the AIDS *virus*. 这个村子里的好多人都感染了艾滋病病毒。

- **academic** [ˌækə'demɪk] *adj.* 学校的，学院的；学术的；纯理论的；不切实际的 *n.* 大学教师；学者

  阅读短语 academic achievements 学术成就

  模拟实景 This is a society that promotes *academic* freedom. 这是一个讲求学术自由的社会。

  单词拓展 academia（*n.* 学术界；学术环境）；academically（*adv.* 学术上，理论上）

- **childhood** ['tʃaɪldhʊd] *n.* 童年，幼年

  模拟实景 The writer has been writing poems since his *childhood*. 这位作家从童年起就已经开始写诗了。

- **comparison** [kəm'pærɪsn] *n.* 比较，对照；比拟，比喻

  阅读短语 in comparison with...与⋯⋯比较起来；by comparison相比之下

  模拟实景 We can tell beauty from ugliness by *comparison*. 通过比较我们可以区分美丽与丑陋。

- **concentration** [ˌkɒnsn'treɪʃn] *n.* 专注，专心；集中；浓缩；浓度

  模拟实景 This class needs a great deal of *concentration*. 这堂课要求学生注意力高度集中。

- **emphasis** ['emfəsɪs] *n.* 强调；重点

  阅读短语 put/lay/place emphasis on... 把重点放于⋯⋯上

  模拟实景 The course of oral English places *emphasis* on practical exercises. 英语口语课强调实际练习。

  单词拓展 emphasize/emphasise（*vt.* 强调）

- **function** ['fʌŋkʃn] *n.* 功能，职能；重大聚会（或宴会）；函数，随他物变化而变化的事物 *vi.* 工作；运行；起作用

  模拟实景 The machine is so complicated that each button has a different *function*. 这台机器太复杂了，每一个按钮都有不同的功能。

单词拓展 functional（*adj.* 功能的；实用的）

■ **increase** [ɪnˈkriːs] *vt.* 增加，增长；增强 [ˈɪnkriːs] *n.* 增加，增长；增强

阅读短语 on the increase 正在增加，不断增长

模拟实景 The foreign investment in that city has *increased* a lot this year. 今年，那座城市的外商投资大幅增长。// There was a steady *increase* in the supply of daily consumer goods. 日用消费品的供应保持稳定增长。

■ **kindergarten** [ˈkɪndəɡɑːtn] *n.* 幼儿园

模拟实景 There are many children in our community's *kindergarten*. 我们社区的幼儿园里有很多孩子。

■ **specific** [spəˈsɪfɪk] *adj.* 特有的，特定的；明确的，具体的 *n.* [*pl.*] 详情，细节

阅读短语 specific products 特定产品

模拟实景 Mr. Johnson did not give a *specific* time and place for our meeting. 约翰逊先生没有给出我们会面的明确的时间和地点。

单词拓展 specifically（*adv.* 特定地；明确地）

■ **continuous** [kənˈtɪnjʊəs] *adj.* 连续不断的；不断延伸的

模拟实景 Human needs a *continuous* supply of oxygen. 人类需要氧气的持续供给。

考点点评 四级真题曾考查过consistent, continuous和continual的辨析。consistent表示"一致的"，如"言行一致"就可以表示为：one's action is consistent with one's words；continuous 意为"连续不断的"，侧重中间无间断；considerate意为"考虑周到的"；continual则强调的是"时断时续"，中间也许会有中断。

■ **cope** [kəʊp] *vi.* （成功地）应付，（妥善地）处理

阅读短语 cope with 应对

模拟实景 Mary is able to *cope* with this problem. 玛丽能够处理这个问题。

■ **immune** [ɪˈmjuːn] *adj.* 免疫的；有免疫力的；不受影响的；免除的，豁免的

阅读短语 immune to... 不受…影响的；immune from 免除的

模拟实景 Most people who've had chicken pox once are *immune* to it for the rest of their lives. 大多数人在起过一次水痘后就对它产生免疫力了。

单词拓展 immunize（v. 使免疫）；autoimmune（adj. 自身免疫的）

■ **longevity** [lɒnˈdʒevəti] *n.* 长寿；<u>寿命</u>

模拟实景 The *longevity* of turtles are usually 100 years or 300 years or even about 1000 years. 乌龟的寿命通常是100年或者300年，最长的甚至约1000年。

■ **nerve** [nɜːv] *n.* <u>神经</u>；勇气，胆量

阅读短语 get on sb.'s nerves 惹得某人心烦；have nerve to 有勇气；lose one's nerve 失去勇气；nerve cell 神经细胞

模拟实景 It takes a lot of *nerve* to say "I love you" right out loud. 大声说出"我爱你"需要很多勇气。

单词拓展 nervous（adj. 紧张的；神经系统的）

■ **occasion** [əˈkeɪʒn] *n.* <u>时刻，场合</u>；重大（或特殊）活动，盛会；时机，机会；起因，理由 *vt.* 引起，致使

阅读短语 on occasion（s）有时，间或；take occasion to 借机

模拟实景 When Ada came to visit me, I was out shopping with my friends on that *occasion*. 埃达来拜访的时候，我正在外面和朋友们一起购物。

■ **occasional** [əˈkeɪʒənl] *adj.* <u>偶尔的，间或发生的</u>

模拟实景 Although we are good friends, we only have an *occasional* coffee together after shopping. 尽管我们是好朋友，但是我们只是偶尔逛完街后一起喝杯咖啡。

单词拓展 occasionally（adv. 偶尔，有时候）

■ **physician** [fɪˈzɪʃn] *n.* <u>内科医生；医师</u>

模拟实景 The *physician* prescribed Andrew some sleeping pills. 内科医生给安德鲁开了一些安眠药。

■ **prompt** [prɒmpt] *vt.* <u>促使，推动</u>；提示 *adj.* 敏捷的；<u>即时的</u> *n.* 提词，提示

模拟实景 If you want to buy this book online, *prompt* payment is requested. 如果你想网购这本书，必须即时付款。

单词拓展 promptness（*n.* 敏捷，迅速）

考点点评 四级真题曾考过prompt, encourage, provoke和anticipate的语义区别。prompt意为"促使，推动"；encourage指"鼓励"；anticipate意为"期望"；provoke意为"激起"。

■ **protective** [prə'tektɪv] *adj.* 保护的，防护的

模拟实景 Sun-cream provides a *protective* layer against the sun's harmful ultraviolet rays. 防晒霜形成了一个保护层，可以阻挡阳光中有害的紫外线。

■ **sustain** [sə'steɪn] *vt.* 保持，使持续下去；供养，维持（生命）等；支持，承受，支撑；经受，遭受

模拟实景 It is very pleased to see that the policies are able to *sustain* economic growth. 人们很高兴地发现这些经济政策能够维持经济增长。

单词拓展 self-sustaining（*adj.* 自给自足的）；sustainable（*adj.* 可持续的；足可支撑的）

■ **educate** ['edʒuːkeɪt] *vt.* 教育；培养；训练

模拟实景 Edison's mother *educated* Edison at home for about seven years. 爱迪生的妈妈在家教了他大约7年。

■ **educated** ['edʒuːkeɪtɪd] *adj.* 受过教育的，受过训练的

模拟实景 Peter is a well *educated* person which can be seen from his behavior. 从彼得的行为举止可以看出他是一个接受过良好教育的人。

■ **enhance** [ɪn'hɑːns] *v.* 提高，增强

模拟实景 The new mayor made many efforts to *enhance* his reputation. 新上任的市长做出了很多努力来提高他的名誉。

■ **impressive** [ɪm'presɪv] *adj.* 给人印象深刻的

模拟实景 It is an *impressive* wedding ceremony that all the guests are touched by the newly wedded couple. 那真是一场令人印象深刻的结婚典礼，所有的客人都被新婚夫妇感动了。

■ **income** ['ɪnkʌm] *n.* 收入，收益

阅读短语 income tax 收入税

模拟实景 Tourism accounts for 30% of the city's annual *income*. 旅游业收入占该城市年收入的30%。

■ **invest** [ɪn'vest] *vt.* 投资；投入（时间、精力等）；授予，赋予 *vi.* 投资；利用

阅读短语 invest with 赋予；invest in 投资；利用

模拟实景 The businessman *invested* most of his money in real estate. 这位商人将自己大部分的钱都投到了房地产上。

■ **investment** [ɪn'vestmənt] *n.* 投资，投资额；（时间、精力等的）投入

模拟实景 The young manager made an *investment* of about 5 million RMB in the new project. 这位年轻的经理投了大约500万元资金到新的项目中。

■ **neglect** [nɪ'glekt] *vt./n.* 忽视，忽略；疏忽，玩忽

模拟实景 The official was dismissed for *neglecting* his duty. 由于玩忽职守，那位官员被解雇了。

■ **unusual** [ʌn'juːʒʊəl] *adj.* 不平常的，少有的；独特的，与众不同的

模拟实景 It is not *unusual* for Tom to come home later than 12 o'clock. 12点后回家对汤姆来说一点也不稀奇。

■ **vicious** ['vɪʃəs] *adj.* 恶毒的；凶残的；邪恶的；有恶意的；剧烈的，严重的

阅读短语 vicious circle 恶性循环

模拟实景 The police arrested the *vicious* murderer a few days ago. 几天前，警方逮捕了那名凶残的谋杀犯。

■ **yield** [jiːld] *vi.* 屈服，顺从 *vt.* 生产，出产；让出，放弃 *n.* 产量，收益

阅读短语 yield to 屈服，让步

模拟实景 The general said to his soldiers: "We will never *yield* to invaders." 将军对他的士兵说："我们绝不会向侵略者屈服。"

■ **ambitious** [æm'bɪʃəs] *adj.* 有抱负的，雄心勃勃的；有野心的

模拟实景 Stephen was an *ambitious* young lawyer and he never succumbed to difficulties. 史蒂芬是一个雄心勃勃的年轻律师，他从来不会向困难屈服。

四级真题曾考过形近词arbitrary, aggressive, ambitious, abundant的辨析。arbitrary意为"任意的";aggressive意为"侵略性的";ambitious意为"雄心勃勃的",abundant意为"丰富的",其后常接介词in。四级真题曾考过这样一个句子:My brother's plans are very ambitious; he plans to master English, French and Spanish before he is sixteen. (我弟弟很有雄心,他计划在16岁前掌握英语、法语和西班牙语三门语言。)

■ **boom** [buːm] *n.* (营业等的) 激增,(经济等的) 繁荣;隆隆声,嗡嗡声 *vi.* 激增,繁荣,迅速发展;发出隆隆声

模拟实景 That poor country *boomed* when oil was discovered there. 那个贫穷的国家在发现石油后便繁荣起来了。

单词拓展 booming (*adj.* 兴旺的;繁荣的)

考点点评 boom后常接介词in,表示"在…方面激增",通常会连读,注意与booming相区别。

■ **communication** [kəˌmjuːnɪ'keɪʃn] *n.* 交流,交际;联系;通讯;[*pl.*] 通信(或交通)工具,交通

模拟实景 The small town has good *communications* with all parts of the province. 这个小镇到该省的所有地区都交通便利。

■ **convenience** [kən'viːniəns] *n.* 方便,便利;便利设施;方便的用具

模拟实景 The supermarket has a parking lot for the guests' *convenience*. 为了方便顾客,这家超市设有停车场。

单词拓展 inconvenience (*n.* 麻烦;不便)

■ **doubt** [daʊt] *n.* 疑惑,怀疑 *vt.* 怀疑,不相信

阅读短语 beyond (a) doubt 无疑地,确实地;in doubt 不能肯定的;可怀疑的;no doubt 很可能地,无疑地

模拟实景 I have some *doubts* about his ability to complete the task. 对于他是否有能力完成这项任务,我表示怀疑。

■ **evidence** ['evɪdəns] *n.* 证据,迹象

阅读短语 in evidence 可看见的,明显的,显眼的;give evidence for 提供证据,为…作证

模拟实景 Susan was released when the judge ruled there was no *evidence* against her. 由于没有证据,法官裁决苏珊无罪释放。

129

■ **indicate** ['ɪndɪkeɪt] *vt.* 标示，指示；表明；示意

(模拟实景) He *indicated* his willingness with his hands up high. 他高举双手表明他的意愿。

(单词拓展) indication（*n.* 指示；迹象）；indicative（*adj.* 指示的）；indicator（*n.* 指示器）

■ **private** ['praɪvət] *adj.* 私人的，个人的；秘密的；私下的；私立的，私营的 *n.* 士兵，列兵

(阅读短语) private life 私人生活；in private 在私下；秘密地

(模拟实景) I wish to have a *private* car in five years. 我希望5年后可以拥有一辆私家车。

(考点点评) 四级真题曾考过近义词private, individual, personal, own的辨析。personal强调属于或涉及本人，而非他人所能代表或代替的事物；private指"个人的，私人的"，表示与公共的或共有的相反，也含有明确的隐私之意，不愿或不应公之于众。individual意为"个体的，个人的"，区别于集体，常用作定语。

■ **signify** ['sɪgnɪfaɪ] *vt.* 表示…的意思；意味；预示

(模拟实景) His old father *signified* his consent with a nod. 他的老父亲点头表示同意。

(单词拓展) significant（*adj.* 意义重大的；有意义的）；significance（*n.* 意义；重要性）

■ **software** ['sɒftweə(r)] *n.* 软件

(模拟实景) I have to download a word-processing *software* to solve the problem. 为了解决这个问题，我需要下载一个文字处理软件。

■ **statistic** [stə'tɪstɪk] *n.* 统计数值，统计资料

(模拟实景) According to the *statistics*, the Frenchmen work shorter hours than workers in most other industrialized countries. 统计数据表明，法国人的工作时间要比大多数其他工业化国家短。

(单词拓展) statistician（*n.* 统计员，统计学家）

■ **acute** [ə'kjuːt] *adj.* 严重的，激烈的；敏锐的；（疾病）急性的；尖的，锐的

130

The problems of poverty and crime are particularly *acute* in rural areas in this country. 这个国家农村地区的贫困和犯罪问题尤其突出。

- **adjective** ['ædʒɪktɪv] *n.* 形容词

- **adverb** ['ædvɜːb] *n.* 副词

- **alphabet** ['ælfəbet] *n.* 字母表

- **approximate** [ə'prɒksɪmət] *adj.* 大概的，大约的，近似的 [ə'prɒksɪmeit] *vi.* 近似，接近 *vt.* 近似，接近；估计

  The student members in the club this year are expected to *approximate* 2,000. 今年这家俱乐部的学生会员预计接近2000人。

  approximation（*n.* 接近；近似值）

- **arithmetic** [əˈrɪθmətɪk] *n.* 算术，四则运算

- **cartoon** [kɑːˈtuːn] *n.* 漫画，幽默画；动画片
  - 模拟实景　*Tom and Jerry* is one of the most vivid *cartoons* I have ever seen. 《猫和老鼠》是我看过的最生动的动画片之一。
  - 单词拓展　cartoonist（*n.* 漫画家）

- **chap** [tʃæp] *n.* 小伙子；男人；家伙

- **circuit** [ˈsɜːkɪt] *n.* 电路，线路；环行；环行道

- **circular** [ˈsɜːkjələ(r)] *adj.* 圆形的，环行的；循环的，兜圈子的 *n.* 通知，通告

- **clause** [klɔːz] *n.* （法律文件等的）条款；从句，分句

- **cognitive** [ˈkɒgnətɪv] *adj.* 认知的，认识能力的
  - 模拟实景　The professor focused on the research of children's *cognitive* development. 这位教授着重研究儿童认知能力的发展。
  - 单词拓展　cognitively（*adv.* 认知地）

- **column** [ˈkɒləm] *n.* 柱，圆柱；纵队，直行；栏，专栏（文章）
  - 模拟实景　Sophia always reads the sports *column* in *China Daily*. 索菲娅总阅读《中国日报》的体育专栏。

- **condense** [kənˈdens] *v.* （使）冷凝，（使）凝结；浓缩，压缩，简缩
  - 单词拓展　condensation（*n.* 浓缩；凝结）

- **conjunction** [kənˈdʒʌŋkʃn] *n.* 结合，连接，联合；连（接）词

- **consideration** [kənˌsɪdəˈreɪʃn] *n.* 考虑，要考虑的事；体贴，关心

阅读短语 in consideration of 考虑到，由于；作为对…的酬报；take into consideration 考虑；give consideration to... 给…以考虑

模拟实景 Before answering this question please give careful *consideration* to it. 回答问题之前请仔细考虑一下。

■ **context** ['kɒntekst] *n.* 背景，环境；上下文，语境

模拟实景 Sometimes, you can tell the meaning of an unknown word from its *context*. 有时你可以根据上下文猜出某个生词的意思。

单词拓展 contextual（*adj.* 根据上下文的）

■ **contradiction** [ˌkɒntrə'dɪkʃn] *n.* 矛盾，不一致；否认，反驳

模拟实景 Your statements are in *contradiction* with your actions. 你的声明与你的行动相互矛盾。

■ **curriculum** [kə'rɪkjələm] *n.* 课程，（学校等的）全部课程

阅读短语 curriculum vitae（CV）简历

模拟实景 Professor Kang is busy preparing his English *curriculum* plan. 康教授正忙于准备他的英语课程计划。

■ **curve** [kɜːv] *n.* 曲线，弧线；弯曲部，弯曲处 *v.* （使）弯曲，（使）成曲线

模拟实景 The road *curved* around the river in this town. 这个城镇的这条路沿着小河转弯。

单词拓展 curvy（*adj.* 弯曲的）

■ **detailed** ['diːteɪld] *adj.* 详细的

模拟实景 Johnson gave me *detailed* instructions on how to get to that university. 约翰逊详细告诉了我如何到达那所大学。

■ **digest** [daɪ'dʒest] *vt.* 消化；吸收，领悟 ['daɪdʒest] *n.* 文摘

单词拓展 digestion（*n.* 消化，吸收）；digestible（*adj.* 易消化的；可吸收的）

■ **diligent** ['dɪlɪdʒənt] *adj.* 勤勉的，勤奋的

模拟实景 The lawyers were extremely *diligent* in getting ready for their cases. 这些律师在为他们的案子做准备时极其用功。

■ **distinction** [dɪ'stɪŋkʃn] *n.* 差别，不同；区分，辨别；优秀，杰出；荣誉，优待

模拟实景 There is no obvious *distinction* between Lucy and her twin sister. 露西和她的孪生妹妹（姐姐）之间没有什么明显的差别。

■ **distinctive** [dɪ'stɪŋktɪv] *adj.* 有特色的，与众不同的

模拟实景 This kind of flower has a strong *distinctive* fragrance. 这种花具有一股强烈的、与众不同的香味。

■ **editorial** [ˌedɪ'tɔːriəl] *adj.* 编辑的，编者的；社论的，社论式的 *n.* （报刊的）社论，重要评论

模拟实景 Kathy writes *editorials* for *China Daily*. 凯西为《中国日报》撰写社论。

■ **episode** ['epɪsəʊd] *n.* （一连串事件中的）一个事件；（剧本、小说等中的）插曲；连续剧的一集

模拟实景 My wedding ceremony is one of the funniest *episodes* in my life. 我的结婚典礼是我生命中最有趣的插曲之一。

■ **examination** [ɪgˌzæmɪ'neɪʃn] *n.* 考试，测试；检查，调查

模拟实景 The teacher gave us an *examination* in English reading comprehension. 老师对我们进行了英语阅读理解测试。

■ **geometry** [dʒi'ɒmətri] *n.* 几何（学）

单词拓展 geometric（*adj.* 几何的）

■ **ignorance** ['ɪgnərəns] *n.* 无知，愚昧

模拟实景 Where *ignorance* is bliss, it is folly to be wise. 难得糊涂。

■ **ignorant** ['ɪgnərənt] *adj.* 不知道的；无知的，愚昧的

阅读短语 be ignorant of 不知道

模拟实景 These children are *ignorant* but not stupid. 这些孩子很无知，但并不愚笨。

单词拓展 ignorance（*n.* 无知，愚昧）

- **illusion** [ɪ'luːʒn] *n.* 幻想，错误的观念；错觉，幻觉
  - (模拟实景) The manager is under the *illusion* that his prestige is high. 这位经理误以为他的威望很高。
  - (单词拓展) disillusioned（*adj.* 幻想破灭的）；illusive（*adj.* 错觉的，幻觉的）
  - (考点点评) 四级真题曾考过illusion, reputation, impression, reflection的词义辨析。illusion指"幻想"；reputation指"声誉"；impression指"印象"，常用在短语leave a good impression on sb.中，表示"给…留下好印象"；reflection意为"映像，倒影"。

- **imaginary** [ɪ'mædʒɪnəri] *adj.* 想象中的，假想的，虚构的

- **imaginative** [ɪ'mædʒɪnətɪv] *adj.* 富有想象力的，爱想象的
  - (模拟实景) The little boy has great *imaginative* powers. 这个小男孩极富想象力。

- **impatient** [ɪm'peɪʃnt] *adj.* 不耐烦的，急躁的；热切的，急切的

- **intellectual** [ˌɪntə'lektʃuəl] *adj.* 智力的；知识的 *n.* 知识分子
  - (模拟实景) We must pay attention to the protection of *intellectual* property. 我们必须注重知识产权的保护。

- **intelligence** [ɪn'telɪdʒəns] *n.* 智力，才智；理解力；情报，消息
  - (阅读短语) artificial intelligence人工智能
  - (模拟实景) Bill is obviously a man of very high *intelligence*. 比尔显然是个非常聪明的人。

- **intelligent** [ɪn'telɪdʒənt] *adj.* 聪明的，有才智的
  - (阅读短语) intelligent robot 智能机器人
  - (模拟实景) The lovely girl made a very *intelligent* comment on that topic. 这个可爱的女孩就那个话题作出了很有见地的评论。
  - (单词拓展) intelligence（*n.* 智力）
  - (考点点评) 四级真题曾考过identical, indispensable, intelligent, inevitable这几个词的词义辨析。identical意为"同一的"，常用在短语be identical to/with中，意思是"与……一致"；indispensable意为

"不可缺少的"，常与介词to搭配；intelligent指"聪明的"；inevitable意为"不可避免的"。

■ **interference** [ˌɪntəˈfɪərəns] *n.* 干涉，介入；阻碍，干扰

(模拟实景) Ann hates *interference* with her work. 安讨厌别人干涉她的工作。

■ **interpretation** [ɪnˌtɜːprɪˈteɪʃn] *n.* 解释，说明；表演；演奏；艺术处理；口译

(阅读短语) put/place an interpretation on 对…做出解释

(模拟实景) That King's death can be given more than one *interpretation*. 对于那位国王的死可以给出不止一种解释。

■ **laboratory** [ləˈbɒrətri] *n.* 实验室

(模拟实景) This is our language *laboratory* which was built last year. 这是我们去年建成的语言实验室。

■ **learning** [ˈlɜːnɪŋ] *n.* 知识，学问

■ **literacy** [ˈlɪtərəsi] *n.* 识字，读写能力

(单词拓展) illiteracy (*n.* 文盲)

■ **literature** [ˈlɪtrətʃə(r)] *n.* 文学；文学作品；文献，图书资料

■ **logic** [ˈlɒdʒɪk] *n.* 逻辑；逻辑学；逻辑性

■ **loop** [luːp] *n.* 圈，环，环状物；回路，循环 *v.* （使）成环，（使）成圈

■ **mathematical** [ˌmæθəˈmætɪkl] *adj.* 数学（上）的

■ **memorise/memorize** [ˈmeməraɪz] *vt.* 记住，熟记

■ **noun** [naʊn] *n.* 名词

■ **novel** [ˈnɒvl] *n.* （长篇）小说 *adj.* 新颖的，新奇的

(模拟实景) Keeping a rabbit in the backyard is a *novel* way of keeping the grass there short. 在后院里养只兔子是保持那里的草不疯长的新奇方法。

单词拓展 novelty（*n.* 新奇的事物；新鲜感）

■ **nursery** ['nɜːsəri] *n.* 托儿所，保育室；苗圃

阅读短语 nursery school 幼儿园

■ **nurture** ['nɜːtʃə(r)] *vt./n.* 养育；教养

■ **omit** [ə'mɪt] *vt.* 省略，删节；遗漏，疏忽

模拟实景 I hope that you'll be more careful in typing the letter. Don't *omit* anything. 我希望你在打信件时更加小心。不要漏掉任何东西。

■ **participant** [pɑː'tɪsɪpənt] *n.* 参加者，参与者

■ **plural** ['pluərəl] *adj.* 复数的 *n.* 复数

■ **preposition** [ˌprepə'zɪʃn] *n.* 介词

■ **pronoun** ['prəunaun] *n.* 代词

■ **proportional** [prəu'pɔːʃənəl] *adj.* 比例的，成比例的

■ **render** ['rendə(r)] *vt.* 使得，致使；给予，提供；翻译

模拟实景 This long sentence cannot be just literally *rendered*. 这个长句子不能仅仅直译。

单词拓展 rendering（*n.* 表现；描写）

■ **scholarship** ['skɒləʃɪp] *n.* 奖学金；学问，学识

■ **segregate** ['segrɪgeɪt] *vt.* 使隔离，使分开

模拟实景 The doctor *segregated* the child sick with SARS. 医生把患非典的孩子隔离了起来。

单词拓展 segregated（*adj.* 隔离的）

- **select** [sɪ'lekt] *vt.* 选择，挑选 *adj.* 精选的，挑选出来的；优等的，第一流的

  （单词拓展）selective（ *adj.* 选择的；选择性的）

- **selection** [sɪ'lekʃn] *n.* 选择，挑选；被挑选出来的人（或物），精选品；可供选择的东西

- **separate** ['sepərət] *adj.* 分离的，分开的；不同的，个别的 ['sepəreit] *vt.* 使分离，使分开；划分；区分，区别 *vi.* 分离，分开；分居

  （模拟实景）The two towns are *separated* by a river. 这两个小镇被一条河隔开了。

  （单词拓展）separable（ *adj.* 可分离的）

- **sequence** ['siːkwəns] *n.* 连续，一连串；次序，顺序；序列

- **series** ['sɪəriːz] *n.* 一系列，连续；丛书；（电视）连续剧

  （阅读短语）a series of 一系列的

- **simplify** ['sɪmplɪfaɪ] *vt.* 简化；使简明

  （模拟实景）The problem is extremely complicated, and hard to *simplify*. 这个问题非常复杂，并且很难简化。

- **specialist** ['speʃəlɪst] *n.* 专家 *adj.* 专业的

- **spectator** [spek'teɪtə(r)] *n.* 观众；旁观者

- **spelling** ['spelɪŋ] *n.* 拼写；拼法

- **sphere** [sfɪə(r)] *n.* 球（体）；范围，领域

  （单词拓展）spherical（ *adj.* 球状的）

- **subtract** [səb'trækt] *vt.* 减（去）

  （单词拓展）subtraction（ *n.* 减；减法）

- **theoretical** [ˌθɪə'retɪkl] *adj.* 理论（上）的

单词拓展 theoretically（*adv.* 理论上）

■ **translation** [træns'leɪʃn] *n.* 翻译，译；译文，译本

■ **triangle** ['traɪæŋgl] *n.* 三角；三角形

■ **uncover** [ʌn'kʌvə(r)] *vt.* 揭露，暴露；揭开…的盖子

模拟实景 The police have *uncovered* a plot to steal national museum. 警方破获了一起企图偷盗国家博物馆的阴谋案件。

■ **verb** [vɜːb] *n.* 动词

■ **vivid** ['vɪvɪd] *adj.* 生动的，栩栩如生的；鲜艳的

单词拓展 vividly（*adv.* 生动地，鲜明地）

■ **appeal** [ə'piːl] *n.* 呼吁，恳求；感染力，吸引力；申诉，上诉 *vi.* 呼吁，恳求；有吸引力，有感染力；上诉，申诉；诉诸，诉请裁决（或证实等） *vt.* 将…上诉，将…移交上级法院审理

翻译短语 appeal against... 向…上诉；appeal to sb. for help 向某人求助

模拟实景 Tina *appealed* to her parents for help to buy a new house. 蒂娜向父母求助买新房。

单词拓展 appealing（*adj.* 吸引人的；打动人心的）

考点点评 appeal to 意为"对…有吸引力"，如真题中出现过的appeal to housewives（对家庭主妇有吸引力）和appeal to educated people（对受过教育的人有吸引力）。

■ **convince** [kən'vɪns] *vt.* 使确信，使信服，说服

模拟实景 John tried to *convince* Mr. Smith by giving several examples. 约翰试图举几个实例来说服史密斯先生。

单词拓展 convincing（*adj.* 令人信服的）；unconvincing（*adj.* 不令人信服的）

■ **economy** [ɪ'kɒnəmi] *n.* 经济，经济制度，经济情况；省俭；充分利用

模拟实景 Our country's *economy* is developing rapidly. 我国的经济正在迅速发展。

单词拓展 economize（*vi.* 节俭）；economic［*adj.* 经济（学）的 *n.* [*pl.*] 经济学］；economical（*adj.* 经济的；节约的）

■ **gasoline** [ˈɡæsəliːn] *n.* 汽油

阅读短语 gasoline engine 汽油机；unleaded gasoline 无铅汽油

模拟实景 Our car is out of *gasoline*, so we need to find a gas station. 我们的车没油了，我们得去找个加油站。

■ **insurance** [ɪnˈʃʊərəns] *n.* 保险；保险费

模拟实景 Health *insurance* has became an important topic among us. 健康保险已经成了我们之间的一个重要话题。

■ **intend** [ɪnˈtend] *vt.* 想要，打算；打算使（成为），想让…做

阅读短语 intend to do sth. 意欲做…

模拟实景 Mary *intended* to go to the cinema this Friday. 玛丽打算这周五去看电影。

■ **justify** [ˈdʒʌstɪfaɪ] *vt.* 证明…正当（或有理），为…辩护

模拟实景 How can we *justify* our actions? 我们该如何来证明我们的行为是正当的？

单词拓展 justifiable（*adj.* 有理由的）

■ **loaf** [ləʊf] *n.* （一条）面包 *vi.* 游荡，闲逛

模拟实景 Jim usually has a *loaf* of bread and a glass of milk for breakfast. 吉姆早餐经常吃一条面包，喝一杯牛奶。

■ **motive** [ˈməʊtɪv] *n.* 动机，目的

模拟实景 Bob told me that his *motive* was to support his family. 鲍勃告诉我说他的目的就是要养家糊口。

■ **positive** [ˈpɒzətɪv] *adj.* 确实的，明确的；积极的，肯定的；正的，阳性的

模拟实景 We'd better become *positive* about our work. 我们最好能够积极看待工作。

■ **purchase** [ˈpɜːtʃəs] *vt.* 买，购买 *n.* 购买；购买的物品

模拟实景 Tom worked very hard in order to *purchase* a car. 为了买一辆车汤姆工作十分卖力。

■ **security** [sɪ'kjʊərəti] *n.* 安全，保障；抵押品；[*pl.*] 证券
模拟实景 The government attached more importance to the *security*. 政府高度重视安全问题。

■ **abroad** [ə'brɔːd] *adv.* 到（在）国外；在传播，在流传
阅读短语 go abroad 去国外
模拟实景 Anne plans to go *abroad* next week. 安妮计划下周出国。

■ **cable** ['keɪbl] *n.* 缆绳，钢索；电缆；（海底）电报 *vt.* 给…发电报，用电报传送
模拟实景 There is something wrong with the *cable* here. 这里的电缆出了点问题。

■ **employee** [ɪmplɔɪ'iː] *n.* 受雇者，雇员
模拟实景 Every *employee* is entitled to have health insurance. 每一名雇员都有权享有健康保险。

■ **global** ['gləʊbl] *adj.* 全球的，全世界的；总的，完整的
模拟实景 *Global* warming has become a serious issue for each country. 全球气温变暖对任何国家来说都已经成了一个严重的问题。// The main issue is how to help boost the *global* economy. 主要的问题是如何推动全球经济的发展。

■ **instance** ['ɪnstəns] *n.* 例子，实例
阅读短语 in the first instance 首先，起初；for instance 例如
模拟实景 The teacher gave the students some *instances* to explain this theory. 老师给学生举了几个例子来解释这个理论。
考点点评 instance常以短语for instance的形式出现，表示"例如"，相当于for example，如四级真题就考过这样一个句子：The Golf Channel, for instance, is watched by people who play golf.（例如，打高尔夫的人看高尔夫频道。）

■ **invention** [ɪn'venʃn] *n.* 发明；发明物；捏造，虚构；发明（或创造）的才能

模拟实景 This great *invention* makes our life more convenient. 这项伟大的发明使我们的生活更加便利了。

■ **lag** [læg] *vi.* 落后；拖延 *n.* 滞后；（时间上的）间隔

模拟实景 Tom *lagged* behind other competitors in the race. 汤姆在比赛中落后于其他选手。

■ **leadership** ['liːdəʃɪp] *n.* 领导；领导层

模拟实景 The small company gained market *leadership* by selling excellent products and providing decent services. 这家小公司通过销售优质商品和提供上乘的服务在市场上取得了领先的地位。

■ **portable** ['pɔːtəbl] *adj.* 便于携带的；手提式的

阅读短语 portable computer 手提电脑

模拟实景 Ann bought a *portable* typewriter last weekend. 安在上周末买了一台手提式打字机。

单词拓展 portability（*n.* 可携带；轻便）

■ **predict** [prɪ'dɪkt] *vt.* 预言，预测，预告

模拟实景 The fortune-teller *predicted* that John would become a singer. 那个算命者预言约翰会成为一名歌手。

单词拓展 predictable（*adj.* 可预言的，可预报的）；predictability（*n.* 可预言）；prediction（*n.* 预言，预报）

■ **radiation** [ˌreɪdi'eɪʃn] *n.* 放射物，辐射能；放射；辐射

模拟实景 This kind of *radiation* is harmful to people's health. 这种放射物对人们的健康有害。

■ **sophisticated** [sə'fɪstɪkeɪtɪd] *adj.* 老于世故的；精通的；精密的，尖端的；复杂的；高雅的，有教养的

模拟实景 Mr. Smith is a clever and *sophisticated* man. 史密斯先生是一个聪明且老练的人。

单词拓展 unsophisticated（*adj.* 不懂世故的，单纯的）；sophistication（*n.* 精致；复杂）

■ **survey** ['sɜːveɪ] *n.* 调查，勘察；测量，勘测；全面审视，概括论述 [sə'veɪ] *vt.* 调查，检视（建筑物等）；测量，测勘；全面审视，概括论述

(模拟实景) A recent *survey* shows that most people are dissatisfied with their salary. 最近的一项调查显示，大多数人对自己的工资都不满意。

(单词拓展) surveyor（*n.* 测量员）

■ **unparalleled** [ʌn'pærəleld] *adj.* 无比的；空前的

(模拟实景) This is really an *unparalleled* victory in history. 这真是一次史无前例的胜利。

■ **audience** ['ɔːdiəns] *n.* 听众；观众；读者

(模拟实景) The book *Gone with the Wind* has a large *audience*.《飘》这本书有着庞大的读者群。

(考点点评) 四级真题曾考过近义词observer, witness, audience, viewer的辨析。observer 表示 "观测者，观察员；遵守者"；witness 表示 "证人，目击者"；audience 表示 "听众；观众；读者"；viewer 表示 "电视观众；阅读器"。

■ **automobile** ['ɔːtəməbiːl] *n.* 汽车，机动车

(模拟实景) The exhibition of the *automobile* industry will be hold next Monday in Beijing. 下周一将在北京举行汽车行业展。

(单词拓展) automotive（*adj.* 汽车的）

■ **casual** ['kæʒuəl] *adj.* 漠不关心的，冷淡的；随便，非正式的；偶然的，碰巧的；临时的，不定期的

(模拟实景) I prefer *casual* clothes to business attire. 我喜欢休闲装胜过职业装。

■ **decline** [dɪ'klaɪn] *n.* 下降；衰退 *vi.* 下降，减少；衰退，衰落；谢绝，拒绝 *vt.* 谢绝，拒绝

(模拟实景) Car sales have *declined* a lot because of the economic crisis. 由于经济危机，汽车的销售量大幅下降。

(单词拓展) declining（*adj.* 下降的；衰退的）

(考点点评) decline在作名词 "下降" 讲时，其后常接介词in，相当于decrease, fall, drop。如四级真题曾考过这样一个句子：The decline in moral standards—which has long concerned social analysts—has at last captured the attention of average Americans. （道德水准的下降——长期以来一直令社会分析家担忧——最终引起了普通美国人的关注。）

■ **escape** [ɪ'skeɪp] *vi.* 逃跑，逃走；逸出，漏出 *vt.* 逃避，避开 *n.* 逃跑，逃避

(阅读短语) escape from 逃离，逃避

(模拟实景) The little girl climbed over the wall and *escaped*. 那个小女孩翻墙逃跑了。

■ **establish** [ɪ'stæblɪʃ] *vt.* 建立，创办，设立；确定，确立；证实

(模拟实景) Tina has *established* herself as the leading candidate in the election. 蒂娜在该次选举中处于领先地位。

(单词拓展) establishment（*n.* 建立）

■ **focus** ['fəʊkəs] *v.* （使）聚焦，（使）集中 *n.* 焦点，焦距，聚焦；（注意、活动等的）中心

(阅读短语) focus on 集中

(模拟实景) You need to *focus* more attention on your study. 你需要将更多的注意力放在学习上。

■ **rail** [reɪl] *n.* 栏杆，横杆；铁轨，轨道，铁路 *vi.* 抱怨；咒骂，严厉责备

(阅读短语) rail at/against 咒骂，严厉责备；抱怨；by rail 乘火车

(模拟实景) The *rail* service has to be improved. 必须提高铁路运输的服务质量。

■ **route** [ruːt] *n.* 路线，路程

（模拟实景）This is the shortest *route* from this village to that town. 这是从这个小村庄到那个城镇最近的路线。

■ **scenery** ['siːnəri] *n.* 风景，景色；舞台布景

（模拟实景）The *scenery* here is so beautiful that I want to live here. 这里的风景太美了，我都想住在这里了。

■ **transportation** [ˌtrænspɔːˈteɪʃn] *n.* 运输；运输系统；运输工具

（模拟实景）The plane is regarded as the quickest means of *transportation*. 飞机被认为是一种最快的交通工具。

■ **auction** ['ɔːkʃn] *n./vt.* 拍卖

（模拟实景）We are going to *auction* these pictures at this weekend. 我们将要在这周末拍卖这些画。

■ **competition** [ˌkɒmpəˈtɪʃn] *n.* 竞争，比赛

（模拟实景）Quality and price will be the most important factors in the fierce *competition*. 在激烈的竞争中，质量和价格将会是最重要的因素。

■ **competitive** [kəmˈpetətɪv] *adj.* 竞争的，比赛的；好竞争的，求胜心切的；（价格等）有竞争力的

（模拟实景）The kind of product is highly *competitive* when you do not take price into consideration. 如果不考虑价格的话，这种产品是很有竞争力的。

■ **constant** ['kɒnstənt] *adj.* 始终如一的，持久不变的；不断的，连续发生的；忠实的，忠诚的 *n.* 常数，恒量

（模拟实景）Even the outstanding football players need *constant* training. 即使是优秀的足球运动员也需要一直训练。

（单词拓展）constancy（*n.* 恒定不变）

考点点评 四级真题曾考过sufficient, constant, steady, plenty的区别。sufficient 意为"充分的"；constant 意为"持久不变的"，如：He found the constant media attention intolerable and decided to go abroad.（他觉得无法忍受媒体的持续关注，所以决定出国。）steady 意为"稳固的，稳定的"；plenty 意为"大量的"。

- **consult** [kən'sʌlt] vt. 请教；找…商量；查阅，查看 vi. 协商，商议

模拟实景 If you have some problems with your study, you should *consult* your teachers. 如果你在学习方面有什么问题的话，应该请教你的老师。

单词拓展 consultant（n. 顾问）；consultation（n. 请教；咨询）

考点点评 四级真题曾考过debate, consult, dispute, bargain的词义辨析。debate 意为"争论，辩论"，常和介词on/about/over连用；consult 意为"商量；请教"；dispute意为"争论"；bargain意为"议价"，常用在短语 bargain with sb. about sth.中。

- **emphasize/emphasise** ['emfəsaɪz] vt. 强调；加强…的语气

模拟实景 He made speeches all over the world to *emphasize* the necessity for preserving our natural resources. 他在世界各地做演讲，强调保护自然资源的必要性。

单词拓展 emphasis（n. 强调；重点）

- **ensure** [ɪn'ʃʊə(r)] vt. 保证，确保

模拟实景 You must *ensure* that you will be there on time. 你必须保证你会准时赶到那里。

考点点评 四级真题曾将该词与assure, require, request放在一起考查，require 意为"要求"；request意为"请求"；ensure和assure的意思比较接近，assure的宾语通常是人或人称代词，所以不能直接接that从句，而ensure则可以。

- **expose** [ɪk'spəʊz] vt. 暴露，显露；使处于…作用（或影响）之下；曝光；揭露，坦露

阅读短语 exposed to 暴露于…

模拟实景 His silly behavior *exposed* this plan directly. 他愚蠢的行为直接暴露了这次计划。

单词拓展 exposure（n. 暴露；曝光）

■ **passion** ['pæʃn] *n.* 激情，热情；酷爱

(模拟实景) My father has a great *passion* for football. 我父亲酷爱足球运动。

■ **revenge** [rɪ'vendʒ] *n.* 报复，报仇 *vt.* 为…报仇，报…之仇

(模拟实景) He killed that man to *revenge* his mother. 他杀死了那个人来为他的母亲报仇。

■ **slogan** ['sləʊgən] *n.* 标语；广告语

(模拟实景) Which is the most popular advertising *slogan* among these? 在这些广告标语中哪一条是最流行的呢?

■ **absolute** ['æbsəluːt] *adj.* 十足的，地道的；绝对的，完全的；不受任何限制（或约束）的

(模拟实景) In fact there is no *absolute* standard for beauty in our life. 事实上，生活中对美没有绝对的标准。

(考点点评) 四级真题曾考过absolute的副词形式absolutely：He is quite sure that it's absolutely impossible for him to fulfill the task within two days.（他非常确信自己完全不可能在两天内完成任务。）

■ **accelerate** [ək'seləreɪt] *v.* （使）加快，（使）增速

(模拟实景) My uncle stepped on the gas and *accelerated* the motorcycle. 叔叔加大油门，让摩托车加速行驶。

(单词拓展) acceleration（*n.* 加速）；accelerating（*adj.* 加速的；促进的）

(考点点评) 四级真题曾考过accelerate, relieve, worsen, improve这几个词的区别。accelerate意为"加速"；relieve意为"减轻"；worsen意为"恶化"；improve意为"提高"。

■ **accidental** [ˌæksɪ'dentl] *adj.* 意外的，偶然（发生）的

(模拟实景) Breaking the bowl was purely *accidental*; Mary did not mean to do it. 打碎碗纯粹是意外，玛丽不是故意的。

■ **accommodation** [əˌkɒmə'deɪʃn] *n.* [常pl.] 住处，膳宿；房屋

(模拟实景) Our government provided *accommodation* for the homeless after the earthquake. 地震后，政府为无家可归者提供膳宿。

- **advisable** [əd'vaɪzəbl] *adj.* 明智的，可取的；适当的

  阅读短语 be advisable to do sth. 做某事是明智的

  模拟实景 I think it is *advisable* to leave as soon as possible. 我认为尽快离开才是明智之举。

- **apparent** [ə'pærənt] *adj.* 显然的，清晰可见的；表面上的，貌似（真实）的；明显的

  模拟实景 It was *apparent* that Jane was very sick. 显然，简病得很重。

- **asset** ['æset] *n.* 有价值的人（或物）；长处，优点；[常*pl.*] 资产，财产

  阅读短语 fixed assets 固定资产

  模拟实景 The investment company has *assets* of over five million dollars. 这家投资公司有500多万美元的资产。

- **augment** [ɔːg'ment] *vt.* 扩大，增加；提高，增强

  模拟实景 My parents hit upon another idea to *augment* our income. 父母又想出了一个增加我们家庭收入的办法。

  单词拓展 augmentation（*n.* 增加）

- **bankrupt** ['bæŋkrʌpt] *adj.* 破产的；彻底缺乏的 *vt.* 使破产；使枯竭 *n.* 破产者

  单词拓展 bankruptcy（*n.* 破产）

- **bankruptcy** ['bæŋkrʌptsi] *n.* 破产

  模拟实景 The firm went into *bankruptcy* in this global economic crisis. 那家公司在这次全球经济危机中破产了。

- **base** [beɪs] *n.* 基，底座；基础，根据；总部，基地 *vt.* 把…建立在…的基础上

  阅读短语 be based on 建立在…的基础上

  模拟实景 The campers set up a *base* at the foot of the mountain. 野营者在山脚下扎营。

  单词拓展 university-based（*adj.* 以大学为基础的）

- **behave** [bɪ'heɪv] *vi.* 表现；举止端正；（机器等）运转；（对事物）作出反应 *vt.* 自我检点

  (模拟实景) The little girl *behaved* calmly in the face of danger. 这个小女孩面对危险表现得很镇定。

- **bend** [bend] *vi.* 俯身；弯曲；转弯 *vt.* 使弯曲；使转向；使（注意力、精力等）集中于 *n.* 弯曲（处）

  (阅读短语) bend over backwards 竭尽全力；bend one's effort 尽力

  (模拟实景) The old grandma *bent* down and kissed her grandson. 老祖母弯下身子亲了孙子一口。

- **bid** [bɪd] *n.* 企图，努力；喊价，出价；投标 *vi.* 喊价，出价；投标 *vt.* 出（价），喊（价）；祝，表示（祝福、祝贺、祝愿、欢迎等）；命令，吩咐

  (单词拓展) bidding（*n.* 吩咐，命令）；biddable（*adj.* 听话的，温顺的）

- **billion** ['bɪljən] *n.* 十亿

  (阅读短语) billions of 数十亿的

  (模拟实景) China's foreign exchange reserves climbed from 136.9 *billion* to 285.4 *billion* US dollars. 中国的外汇储备从1369亿美元增加到了2854亿美元。

- **blueprint** ['bluːprɪnt] *n.* 蓝图，设计图

  (模拟实景) The architecture showed us a *blueprint* of the skyscraper. 设计师给我们看了这幢摩天大楼的设计图。

- **bubble** ['bʌbl] *n.* 泡，气泡 *vi.* 冒泡，起泡；发出咯咯的笑声；发沸腾声；发噗噗声

  (模拟实景) The old kettle is *bubbling* on the fire. 炉火上的旧水壶正发出噗噗声。

- **calculator** ['kælkjʊleɪtə(r)] *n.* 计算器

  (阅读短语) pocket calculator 袖珍计算器

- **cash** [kæʃ] *n.* 钱，现款 *vt.* 把…兑现

  (阅读短语) cash down 用现金支付；cash in on 靠…赚钱，从…中捞到好处；

cold cash 现金；cash a check 兑换支票

模拟实景 I have no *cash*. Can I pay you by a check? 我没带现金，能否用支票付款？

- **cease** [siːs] *v./n.* 停止，终止

模拟实景 General De Gaulle ordered his troops to *cease* fire. 戴高乐将军命令军队停火。

考点点评 四级真题曾考过与cease相关的形容词ceaseless，注意以下几个词的区别：boundless意为"无边无际的"；limitless意为"无限的"；ceaseless 意为"不停的"。

- **circulate** ['sɜːkjəleɪt] *v.* （使）循环，（使）流通；（使）流传，散布，传播

- **commerce** ['kɒmɜːs] *n.* 商业；贸易

模拟实景 Our company's overseas *commerce* has increased a great deal during this quarter. 本季度我们公司的海外贸易大幅增长。

单词拓展 commercial [*adj.* 商业（性）的；贸易的]；commercialize（*vt.* 使商业化）

- **complicated** ['kɒmplɪkeɪtɪd] *adj.* 复杂的，难懂的；琢磨不透的

模拟实景 That question is a little *complicated* for the children. 那个问题对孩子们来说有点难。

单词拓展 uncomplicated（*adj.* 简单的）

- **compromise** ['kɒmprəmaɪz] *n.* 妥协；折中办法 *vi.* 妥协 *vt.* 妥协；放弃（原则、理想等）

模拟实景 A lean *compromise* is better than a fat lawsuit. 吃亏的和解胜过成功的诉讼。

- **connection/connexion** [kə'nekʃn] *n.* 联系；（因果）关系；连接（部分），衔接；[*pl.*] 熟人，关系（户）

阅读短语 make a connection with sb. 与某人建立联系；have a connection with 与…有关系

模拟实景 The company has *connections* with a lot of South Korea firms. 这家公司与很多韩国公司有业务往来。

- **constraint** [kən'streɪnt] *n.* 约束，限制；限制（或约束）性的事物

模拟实景 They decided to abandon this trip because of financial *constraints* 由于资金限制，他们决定放弃这次旅行。

- **continuity** [ˌkɒntɪ'njuːəti] *n.* 连续（性），持续（性）

模拟实景 There is some kind of *continuity* between the two paragraphs. 这两个段落之间有某种连续性。

单词拓展 discontinuity（*n.* 不连续；中断）

- **copper** ['kɒpə(r)] *n.* 铜；铜币

模拟实景 Jack had only a few *coppers* in his wallet. 杰克钱包里只有几个铜板。

- **copyright** ['kɒpiraɪt] *n.* 版权

模拟实景 The writer sold the *copyright* of the novel to a publisher. 这位作者把这本小说的版权卖给了一家出版商。

- **core** [kɔː(r)] *n.* 果心；核心，要点

阅读短语 to the core 透顶的，十足的；at the core of 在…的中心

模拟实景 Let's discuss the *core* of all the questions firstly. 我们首先讨论一下所有问题的核心。

- **correspond** [ˌkɒrə'spɒnd] *vi.* 相符合，成一致；相当，相类似；通信

阅读短语 correspond with 相符合，一致；correspond to 类似于，相当于

模拟实景 David assures me his actions will *correspond* with his words. 戴维向我保证他会言行一致。

单词拓展 corresponding（*adj.* 相应的；通讯的）；correspondence（*n.* 通信；符合）

- **debt** [det] *n.* 欠债，债务

阅读短语 in debt 欠债，负债；in sb.'s debt 欠某人的人情

模拟实景 Henry has a lot of old *debts* to pay every month. 亨利每个月都有许多旧债要还。

- **deceive** [dɪ'siːv] v. 欺骗，行骗
  - (模拟实景) He that once *deceives* is ever suspected. 骗人一次，受疑一世。
  - (单词拓展) deceptive（*adj.* 欺诈的，骗人的）

- **deliberate** [dɪ'lɪbərət] *adj.* 故意的，蓄意的；慎重的，深思熟虑的
  - *v.* 仔细考虑，思考
  - (模拟实景) Lily is *deliberating* whether or not to continue her study. 莉莉在考虑是否要继续学业。
  - (单词拓展) deliberateness（*n.* 故意；深思熟虑）；deliberation（*n.* 审议；仔细考虑）

- **desirable** [dɪ'zaɪərəbl] *adj.* 值得向往的，值得拥有的；可取的，有利的；理想的
  - (阅读短语) It's desirable that sb... / for sb. to do sth. 希望某人能…
  - (模拟实景) It is *desirable* that you can pass the exam this time. 希望你这次能通过考试。

- **duration** [djʊ'reɪʃn] *n.* 持续；持续期间
  - (模拟实景) The *duration* of the examination is three hours. 考试时间为三个小时。

- **enlarge** [ɪn'lɑːdʒ] *vt.* 扩大，扩充；放大
  - (模拟实景) Meg asked the photographer to *enlarge* her favorite photo. 梅格请摄影师把她最喜欢的照片放大。

- **evident** ['evɪdənt] *adj.* 明显的；明白的
  - (模拟实景) It is *evident* that Alice works very hard. 显然，艾丽斯工作很卖力。
  - (单词拓展) evidently（*adv.* 明显地）

- **execute** ['eksɪkjuːt] *vt.* 处死，处决；实施，执行；完成
  - (单词拓展) execution（*n.* 执行，实行）；executive（*adj.* 执行的；行政的；经营管理的 *n.* 执行者；经理；主管）

- **export** ['ekspɔːt] *n.* 出口（物），输出（品）[ɪk'spɔːt] *vt.* 出口，输出
  - (模拟实景) Our factory mainly *exports* products to our neighboring countries. 我们厂主要向邻国出口产品。

- **feasible** ['fiːzəbl] *adj.* 可行的；可用的

  （模拟实景） I'm convinced that his plan of building a bridge at that place is *feasible*. 我相信他在那个地方建桥的计划是可行的。

- **govern** ['gʌvn] *vt.* 统治，治理，管理；支配；影响

  （模拟实景） The small department in the company is now *governed* by the labor union. 公司的这个小部门现在由工会管理。

  （单词拓展） governing (*adj.* 控制的，管理的)；government (*n.* 政府)

- **gross** [grəʊs] *adj.* 总的，毛的；严重的，显著的；粗俗的，粗野的；臃肿的 *vt.* 获得…总收入（或毛利）

  （模拟实景） James made a *gross* mistake but refused to correct it. 詹姆斯犯了一个严重的错误，却拒绝改正。

- **headquarters** [,hed'kwɔːtəz] *n.* （机构、企业等的）总部；总店；司令部，指挥部

- **horizon** [hə'raɪzn] *n.* 地平线；[*pl.*] 眼界，见识

  （阅读短语） on the horizon 在地平线上；即将发生的；broaden one's horizon 开阔眼界

  （模拟实景） Finally, we saw a ship on the *horizon*. 终于，我们看到一条船出现在地平线上。

- **horizontal** [,hɒrɪ'zɒntl] *adj.* 地平的，水平的，横的

  （模拟实景） The flag also has thirteen red and white *horizontal* stripes. 旗上还有13条红白相间的横条纹。

- **index** ['ɪndeks] *n.* 索引；标志，表征；指数，指标 *vt.* 为…编索引，把…编入索引

  （模拟实景） A person's manner is often an *index* of his character. 一个人的举止常常反映他的性格。

- **indication** [,ɪndɪ'keɪʃn] *n.* 指示，表示；象征，迹象

  （模拟实景） There are *indications* that the stock market is changing. 有迹象显示股市正在发生变化。

- **indicative** [ɪn'dɪkətɪv] *adj.* 表示的；象征的；陈述的，直陈的 *n.* 陈述语气

  阅读短语 be indicative of 表示的，指示的，象征的

  模拟实景 Fever may be *indicative* of cold. 发烧可能表示感冒了。

- **indifferent** [ɪn'dɪfrənt] *adj.* 冷漠的，不积极的；不在乎的；一般的，（表现）平平的

  模拟实景 I'm quite *indifferent* to whether you come or not. 你来不来，我都无所谓。

  考点点评 在四级真题中考查作者态度的题目中，indifferent 表示"不在乎的，漠不关心的"。

- **indirect** [ˌɪndə'rekt] *adj.* 间接的，迂回的；不直截了当的，婉转的

  模拟实景 Bill took an *indirect* route to the national park. 比尔绕道去了国家公园。

- **industrialize** [ɪn'dʌstriəlaɪz] *v.* （使）工业化

- **inflation** [ɪn'fleɪʃn] *n.* 通货膨胀；（充气而引起的）膨胀

- **instal(l)ment** [ɪn'stɔːlmənt] *n.* 分期付款，分期交付；（分期连载的）部分

  模拟实景 Annie bought a house with mortgage and paid by monthly *installments*. 安妮贷款买了房，每月分期付款。

- **joint** [dʒɔɪnt] *adj.* 连接的；共同的，联合的 *n.* 关节；接头，接合处

  阅读短语 out of joint 脱臼；出了问题，处于混乱状态

  模拟实景 By our *joint* efforts we managed to complete the task on time. 通过共同努力，我们按时完成了任务。

  考点点评 四级的阅读真题中曾考过make joint efforts 这个短语，意思是"共同努力"。原句为：Countries such as India have made joint efforts to reduce birth rates.（很多国家，诸如印度，一道努力，来降低出生率。）

- **justice** ['dʒʌstɪs] *n.* 正义，公正；司法，法律制裁；法官，审判员

  阅读短语 bring to justice 把…交付审判，使归案受审；do justice to 公平地对待，公正地评判

Everyone, rich or poor, should be treated with *justice*. 无论贫穷还是富有，所有人都应受到公正对待。

■ **label** ['leɪbəl] *n.* 标签，标记；称号 *vt.* 贴标签于；把…称为

Jack has been given the *label* of "playboy" by his colleagues. 杰克被他的同事们戏称为"花花公子"。

■ **layout** ['leɪaʊt] *n.* 布局；安排；设计

The designer from Hong Kong will redo the book *layouts*. 这位来自香港的设计师会重新设计这本书的版式。

■ **limitation** [ˌlɪmɪ'teɪʃn] *n.* 限制，限度；[常*pl.*] 局限

Within these *limitations* you are free to do what you like. 在这些限度内，你喜欢做什么都行。

■ **limited** ['lɪmɪtɪd] *adj.* 有限的；受（…的）限制

be limited to 限于

My parents have *limited* money. 我父母的钱有限。

四级真题曾考过这样一个句子：Decades ago, there were only a limited number of drugs available.（几十年前，人们能使用的药物有限。）

■ **machinery** [mə'ʃiːnəri] *n.* [总称] 机器；机械

■ **manual** ['mænjʊəl] *adj.* 用手的；手工做的 *n.* 手册，指南

You should read the *manual* carefully before you use this new machine. 在使用这台新机器前，你应该仔细阅读使用手册。

四级真题曾考过短语manual labor，意为"体力劳动"，与其相对的是mental labor，意为"脑力劳动"。

■ **manufacture** [ˌmænjʊ'fæktʃə(r)] *vt.* （大量）制造，加工 *n.* （大量）制造；制造业；[*pl.*] 制造品，产品

manufactured（*adj.* 人造的）；manufacturer（*n.* 制造商）

■ **merchant** ['mɜːtʃənt] *n.* 商人

- **metric** ['metrɪk] *adj.* 公制的；米制的

- **moderate** ['mɒdərət] *adj.* 中等的，一般的；温和的，稳健的；有节制的，适度的 *v.* （使）缓和，（使）减轻 *n.* 持温和观点者

  模拟实景 Jack did what he could to *moderate* the sadness of his daughter. 杰克竭尽所能来减轻女儿的悲伤。

  单词拓展 moderation（*n.* 适度）

- **monetary** ['mʌnɪtri] *adj.* 钱的；金融的

- **notion** ['nəʊʃn] *n.* 概念；观念；意图，（怪）念头

- **nucleus** ['njuːkliəs] *n.* （原子）核；核心

- **obligation** [ˌɒblɪ'geɪʃn] *n.* 义务；责任

  模拟实景 If you have signed a contract, you are under *obligation* to pay them money. 如果你签署了合同，就有义务支付给他们钱。

- **observer** [əb'zɜːvə(r)] *n.* 观察者，观察员

- **obtain** [əb'teɪn] *vt.* 获得，得到 *vi.* 流行；存在

  考点点评 四级真题考查过acquire, obtain, derive, result的用法辨析。acquire和obtain都有"获得"的意思，acquire强调后天习得，而obtain指经过长时间的努力获得；derive和result都可以和from连用，但意思不同：derive from意为"源于"，result from意为"由…产生"。

- **occurrence** [ə'kʌrəns] *n.* 事件；发生；出现

- **premature** ['premətʃə(r)] *adj.* 比预期（或正常）时间早的；（做法等）不成熟的；仓促的

  模拟实景 Helen was a bit too *premature* in quitting her job. 海伦辞去工作的做法有点太草率了。

- **profile** ['prəʊfaɪl] *n.* （面部或头部的）侧面（像）；传略，人物简介；轮廓，形象；姿态，引人注目的状态 *vt.* 为…描绘（轮廓等）；写…的传略（或情况）

The old willow was *profiled* against the blue sky. 蓝天映衬出了那棵老柳树的轮廓。

- **profitable** ['prɒfɪtəbl] *adj.* 有利可图的；有益的

四级真题曾考过profitable用来修饰business，deal和price等词的用法，如at a profitable price（以一个有利可图的价格）。

- **promising** ['prɒmɪsɪŋ] *adj.* 有希望的，有前途的

- **prophetic** [prə'fetɪk] *adj.* 预言的

- **proposal** [prə'pəʊzl] *n.* 提议，建议；求婚

■ **prospective** [prə'spektɪv] *adj.* 预期的；可能的

（模拟实景）Pax is worried about *prospective* changes in the equity market. 帕克斯担心股市可能会发生变化。

■ **protest** ['prəʊtest] *n.* 抗议，反对 [prə'test] *v.* 抗议，反对

■ **quotation** [kwəʊ'teɪʃn] *n.* 引文，引语，语录；报价，牌价，行情

■ **realm** [relm] *n.* 界，范围；王国，国度

（阅读短语）in the realm of 在…的领域里

■ **receipt** [rɪ'siːt] *n.* 发票，收据；收到，接到；[*pl.*] 收入，进款

■ **recession** [rɪ'seʃn] *n.*（经济的）衰退；衰退期

（阅读短语）economic recession 经济衰退

（考点点评）四级真题曾考过rejection, restriction, retreat, recession的词义辨析。rejection意为"拒绝"；restriction意为"限制"；retreat意为"撤退"；recession 意为"衰退"，如：We should concentrate on sharply reducing interest rates to pull the economy out of recession.（我们应该集中精力大幅降低利率，以促使经济走出低谷。）

■ **reflection** [rɪ'flekʃn] *n.* 映象，倒影；反射，反映；非议；深思，反省

（模拟实景）After long *reflection* my parents decided to sell the house. 经过长时间的慎重考虑，我父母决定卖掉那所房子。

■ **reform** [rɪ'fɔːm] *vt.* 改革；改造 *vi.* 改正；改过自新 *n.* 改革；改造

（阅读短语）welfare reform 福利改革

（模拟实景）The new chairman gave some proposals to *reform* the Labor Party. 新任主席提出了一些改革工党的建议。

单词拓展 reformer（*n.* 改革者）；reformation（*n.* 改革）；reformatory（*n.* 管教所，教养所 *adj.* 改革的，革新的）；reformism（*n.* 改革主义）

■ **refresh** [rɪ'freʃ] *v.* （使）振作精神，（使）恢复活力

模拟实景 A glass of iced juice will *refresh* you in hot weather. 在炎热的天气里喝一杯冰镇果汁会让你恢复活力。

单词拓展 refreshment（*n.* 精力恢复；[*pl.*] 点心）

■ **restrict** [rɪ'strɪkt] *vt.* 限制；限定

模拟实景 Membership of this music club is *restricted* to students only. 该音乐俱乐部的成员仅限学生。

单词拓展 restriction（*n.* 限制，约束）；restrictive（*adj.* 限制性的）

■ **revenue** ['revənjuː] *n.* （尤指大宗的）收入，收益；（政府的）税收，岁入

■ **rival** ['raɪvl] *n.* 竞争对手，敌手；可与匹敌的人（或物）*adj.* 竞争的，对抗的 *vt.* 与…竞争；与…匹敌，比得上

模拟实景 Kathy had been to many places, but she said nothing could *rival* the beauty of Tibet. 凯西去过很多地方，但她说西藏的美无与伦比。

■ **sale** [seɪl] *n.* 卖，出售；廉价出售；[常*pl.*] 销售额

阅读短语 for sale 待售，供出售；on sale 廉价出售

■ **saturate** ['sætʃəreɪt] *vt.* 使湿透，浸透；使充满，使饱和

模拟实景 The air was *saturated* with the perfume of the lily. 空气中充满着百合的芳香。

单词拓展 saturated（*adj.* 饱和的；渗透的）

■ **sincere** [sɪn'sɪə(r)] *adj.* 诚挚的，真诚的，诚恳的

■ **smash** [smæʃ] *vt.* 粉碎，打烂；狠打，猛击；使破灭；使失败 *vi.* 碎裂，粉碎；猛撞，猛击 *n.* 破碎（声）；猛击，猛撞；轰动的演出，巨大的成功

模拟实景 Bill was so angry that he *smashed* his fist against the table. 比尔气得挥拳猛击桌子。

■ **smuggle** ['smʌgl] *vt.* 走私，非法私运；偷运，偷带

The person *smuggled* drugs into that maritime nation. 那个人将毒品走私到那个沿海国家。

smuggler（*n.* 走私者）

■ **sponsor** ['spɒnsə(r)] *n.* 发起者；主办者；赞助者 *vt.* 发起；主办；资助，赞助；支持

■ **stuff** [stʌf] *n.* 原料，东西 *vt.* 填进，填满；让…吃饱

Meg *stuffed* the suitcase with her clothes and books. 梅格把衣服和书塞进手提箱。

■ **surplus** ['sɜːpləs] *n.* 过剩，盈余 *adj.* 过剩的，多余的

■ **systematic(al)** [ˌsɪstə'mætɪk(l)] *adj.* 系统的；条理的

■ **versus** ['vɜːsəs] *prep.* 对；对抗；与…相对

Today's televised volleyball game is England *versus* Spain. 今天电视转播的排球赛是英格兰对抗西班牙。

■ **vulnerable** ['vʌlnərəbl] *adj.* 易受伤的；脆弱的；易受攻击的，难防御的

Mary looked so *vulnerable*. What's wrong with her? 玛丽看起来弱不禁风。她怎么了？

vulnerability（*n.* 易受攻击，弱点）

■ **warranty** ['wɒrənti] *n.* 担保书，保单

■ **wealthy** ['welθi] *adj.* 富裕的

■ **welfare** ['welfeə(r)] *n.* 福利；福利事业；幸福

welfare reform 福利改革

■ **aluminum** [ə'luːmɪnəm] *n.* 铝

Our all cooking utensils are made of *aluminum*. 我们所有的厨具都是铝制的。

■ **container** [kən'teɪnə(r)] *n.* 容器；集装箱

（模拟实景） Please pour some water into that big *container* first. 请往那个大容器里倒些水。

■ **deposit** [dɪ'pɒzɪt] *n.* 定金，押金；存款；沉积物；矿床，矿藏 *vt.* 存储，储蓄；使沉淀，使沉积；存放，寄存

（模拟实景） If you want to rent this room, you must pay a *deposit* first. 如果你想租这间屋子，必须先付定金。

（单词拓展） deposition （*n.* 沉积物；沉积作用）；depositor （*n.* 存款人）

（考点点评） 四级真题曾考过deposit, deal, fare这几个词的区别。deposit意为"定金，押金"，如：You can hire a bicycle in many places. Usually you'll have to pay a deposit.（在很多地方都可以租到自行车，通常要交押金。）deal意为"交易"；fare意为"费用"。

■ **discard** [dɪs'kɑːd] *vt.* 丢弃，抛弃 *n.* 被抛弃的人（或物）

（模拟实景） I bought a new pair of shoes, so I *discarded* the old ones. 我买了双新鞋，于是就把旧的扔掉了。

（考点点评） 四级真题曾考过形近词discard, dispose, disappear, discourage的辨析。这几个词都包含前缀dis-。discard意为"丢弃，抛弃"；dispose 意为"处理；安排"；disappear 意为"消失"；discourage意为"使气馁"。

■ **disposal** [dɪ'spəʊzl] *n.* 丢掉，清除；排列，布置

（模拟实景） The *disposal* of snow on the road is a tough job. 清除马路上的积雪是一项很艰难的工作。

■ **option** ['ɒpʃn] *n.* 选择；选择权，选择自由；（供）选择的事物（或人）；选修课

（模拟实景） You have no *option* but to work hard in order to pay off the loan from the bank. 为了还清银行的贷款，你别无选择，只能努力工作。

■ **plastic** ['plæstɪk] *n.* [常*pl.*] 塑料，塑料制品；信用卡 *adj.* 塑料（制）的；可塑的

（模拟实景） My mother put many goods into the *plastic* shopping bag. 妈妈往塑料购物袋里装了很多东西。

- **pollution** [pə'luːʃn] *n.* 污染；污染物

  阅读短语　environmental pollution 环境污染

  模拟实景　One of the main aspects of environmental *pollution* is air pollution. 环境污染的主要表现之一是空气污染。

  单词拓展　pollution-free（*adj.* 无污染的）

- **raw** [rɔː] *adj.* 自然状态的，未加工过的；未煮过的，生的；（数据等）未经分析（或调整）的；原始的；生疏无知的，未经训练的；（伤口等）露肉的，擦掉皮的

  阅读短语　in the raw 处在自然状态的；裸体的；raw material 原材料

  模拟实景　Kate's heel is *raw* because her shoe doesn't fit well. 因为鞋子不合脚，凯特的脚后跟磨破皮了。

- **refine** [rɪ'faɪn] *vt.* 精炼，精制，提纯；使优美，使文雅；使完善

  模拟实景　If you are going for an interview, you must *refine* your manners. 如果你要去面试，一定要举止优雅。

  单词拓展　refinement（*n.* 提炼；优雅；改进；精巧）；refiner（*n.* 精炼者）

- **soda** ['səʊdə] *n.* 汽水，苏打水；苏打，碳酸钠

  模拟实景　If ladies do not have any wine, they could have some *soda*. 如果女士们不喝葡萄酒，那她们可以喝些汽水。

- **trim** [trɪm] *vt.* 修剪，整修；削减，删减；装饰；使整齐 *adj.* 苗条的，修长的；整齐的，整洁的 *n.* 修剪，修整

  模拟实景　The barber is *trimming* his customer's hair carefully. 理发师正在仔细地给顾客理发。

- **actual** ['æktʃʊəl] *adj.* 事实上的，真实的

  模拟实景　The story reported in television was an *actual* happening. 电视里报道的故事确有其事。

- **authority** [ɔː'θɒrəti] *n.* 权力，管辖权；[*pl.*] 官方，当局，当权者；行政管理机构；权威，专家

  模拟实景　Professor Zhang is an *authority* on international private law. 张教授是一位国际私法权威专家。

■ **crisis** ['kraɪsɪs] *n.* 危机，危急关头；决定性时刻，关键阶段

〔模拟实景〕 The economic *crisis* will last for a long time. 经济危机将持续很长时间。

〔考点点评〕 四级真题曾考过crisis, precaution, emergency, urgency这几个词的词义辨析。crisis意为"危机"；precaution意为"预防"；emergency意为"紧急情况，突发事件"；urgency意为"紧急（的事）"，强调重要性。

■ **distress** [dɪ'stres] *n.* 痛苦，悲伤；忧虑；贫困，困苦；危难；不幸 *vt.* 使痛苦，使悲伤；使忧虑

〔模拟实景〕 Each family of that small town was in *distress*. 那个小镇上的每个家庭都很贫困。

■ **domestic** [də'mestɪk] *adj.* 本国的，国内的；家（庭）的，家用的；驯养的

〔模拟实景〕 We could read about both foreign and *domestic* news in *China Daily*. 读《中国日报》，我们能了解国内外新闻。

〔单词拓展〕 domesticate（*v.* 驯养，驯化）；domestication（*n.* 驯养，驯化）

■ **economic** [ˌiːkə'nɒmɪk] *adj.* 经济的，经济学的 *n.* [-s] 经济学；经济状况；经济因素；经济意义

〔模拟实景〕 Because of the *economic* crisis, thousands of people lost their jobs. 由于经济危机，成千上万的人失去了工作。

〔考点点评〕 economic和economical都在四级考试中出现过，很多考生会混淆这两个词，要注意economical在大多数情况下都指"节约的"。

■ **famine** ['fæmɪn] *n.* 饥荒

〔模拟实景〕 In Africa, thousands of people died of *famine* every year. 在非洲，每年都有成千上万的人死于饥荒。

■ **industrial** [ɪn'dʌstriəl] *adj.* 工业的；产业的

〔模拟实景〕 My grandfather is an *industrial* designer in an auto factory. 我的爷爷是一家汽车厂的工业设计师。

■ **legal** ['liːgl] *adj.* 法律（上）的；合法的，法定的

Mr. White was employed by a large company as the *legal* adviser. 怀特先生被一家大公司聘请为法律顾问。

■ **outcome** ['aʊtkʌm] *n.* 结果

If you are not satisfied with the *outcome*, you can try it once again. 如果你对结果不满意，可以再试一次。

■ **perspective** [pə'spektɪv] *n.* 视角，观点；远景，景观；透视画法，透视图；前景

Seen from this *perspective*, the situation is not the worst for us. 从这个角度来看，这种状况对我们来说并不是最糟糕的。

■ **petroleum** [pə'trəʊliəm] *n.* 石油

Many Middle Eastern countries are rich in *petroleum*. 许多中东国家盛产石油。

■ **scale** [skeɪl] *n.* 大小，规模；等级，级别；[*pl.*] 天平，磅秤；比例（尺）；刻度，标度；（鱼等的）鳞 *vt.* 称量；攀登

scale down 按比例缩减；on a...scale 在···规模上

Major energy companies say they are not yet ready to invest abroad on a large *scale*. 主要的能源公司称它们还没有准备好在国外大规模投资。

full-scale（ *adj.* 全方位的）；scaled（ *adj.* 有鳞的）

四级真题中曾考过scale, scope和span的词义辨析。scale意为"大小，规模"；scope意为"范围"；span意为"跨度"，如life span的意思是"寿命"。

■ **shortage** ['ʃɔːtɪdʒ] *n.* 不足，缺少

water shortage 缺水

Due to the *shortage* of teachers in this poor village, children have no opportunity to go to school. 在这个贫穷的小山村里，由于师资力量缺乏，孩子们没有机会上学。

■ **virtually** ['vɜːtʃʊəli] *adv.* 实际上，事实上；几乎

(模拟实景) That ink stain on my clothes has *virtually* disappeared. 我衣服上的墨水渍几乎已经消失了。

■ **widespread** ['waɪdspred] *adj.* 分布广的；普遍的

(模拟实景) Currently this new machine is in *widespread* use. 目前这种新机器被广泛使用。

■ **abandon** [ə'bændən] *vt.* 离弃，丢弃；遗弃，抛弃；放弃；放纵；纵情

(阅读短语) abandon oneself to 纵情于，沉溺于；with abandon 放纵地，放任地；纵情地

(模拟实景) The broken car was found *abandoned* under a bridge. 人们发现那辆损坏的汽车被扔在了桥下。

(单词拓展) abandoned（*adj.* 被抛弃的；废置的）；abandonment（*n.* 放弃；抛弃）

(考点点评) 四级真题曾考过abandon和desert的区别。这两个词都有"放弃"之意，abandon指完全、永远地放弃，尤指放弃原先的责任或义务；desert强调故意不履行自己的义务、责任或违背誓言等。

■ **auto** ['ɔːtəʊ] *n.* [口] 汽车

(模拟实景) The *auto* industry in China is developing fast. 中国的汽车行业正在快速发展。

■ **calculate** ['kælkjʊleɪt] *vt.* 计算，核算；估计，推测；计划，打算

(模拟实景) My mother always *calculates* the costs of my family very carefully. 我妈妈总是对家里的开支精打细算。

(单词拓展) calculation（*n.* 计算）；calculator（*n.* 计算器）；miscalculate（*v.* 算错）

■ **contact** ['kɒntækt] *n.* 接触，联系；交往；熟人，社会关系；（电路的）触点，接头 *vt.* 与…取得联系，与…接触

(阅读短语) keep in contact with 与…保持联系；lose contact with 与…失去联系

(模拟实景) If you have any problems, please *contact* our customer service team. 如果您有什么问题，请和我们的客服部门联系。

■ **destination** [ˌdestɪ'neɪʃn] *n.* 目的地，终点；目标，目的

阅读短语 arrive at/reach the destination 到达目的地

模拟实景 We must arrive at our *destination* before dark. 我们必须在天黑之前到达目的地。

■ **dial** ['daɪəl] *n.* 钟（或表）面；标度盘；拨号盘 *vt.* 拨（电话号码）；打电话给

模拟实景 Could you help me *dial* the telephone number of my teacher? 你能帮我拨一下我老师的电话吗？

■ **economical** [ˌiːkə'nɒmɪkl] *adj.* 节约的，经济实惠的

模拟实景 This *economical* method of heating will be accepted by most people. 这种经济实惠的取暖方式将会被大多数人所接受。

■ **exit** ['eksɪt] *n.* 出口，安全门；退出，退场 *vi.* 离开；退出

模拟实景 Please make your *exit* through the gate at the right side. 请大家从右边的大门出去。

■ **handle** ['hændl] *vt.* 处理，对待；操作；拿，触，摸 *n.* 柄，把手

模拟实景 You should know how to *handle* these people. 你应该知道如何对付这些人。

单词拓展 mishandle（*vt.* 错误地处理）

■ **highway** ['haɪweɪ] *n.* 公路；交通要道

模拟实景 People cannot stop their cars freely on the *highway*. 人们不能随意在公路上停车。

单词拓展 superhighway（*n.* 超级高速公路）

■ **leading** ['liːdɪŋ] *adj.* 最重要的，主要的；首位的，领衔的

模拟实景 John's father is one of the *leading* members of the committee. 约翰的爸爸是委员会的主要成员之一。

■ **pessimistic** [ˌpesɪ'mɪstɪk] *adj.* 悲观（主义）的

模拟实景 We should not be *pessimistic* about the future. 我们不应该对未来持悲观的态度。

■ **propose** [prəˈpəʊz] *v.* 提议，提出；提名，推荐；打算，计划；求婚

propose to do/doing 打算做某事；propose sb. for 推荐某人为…

James *proposed* to have a party this weekend. 詹姆斯打算这周末举行一个派对。

proposal（*n.* 提议，建议）

propose后可直接加动名词，这种用法四级真题中曾考过，如：Some people proposed building multi-storey underground grave yards. （一些人提议建多层地下墓地。）

■ **relax** [rɪˈlæks] *v.* 放松，（使）松弛；放宽，缓和

Massage is used to *relax* muscles, relieve stress and improve the circulation. 按摩可用于放松肌肉、减轻压力和促进血液循环。

relaxed（*adj.* 放松的；不严格的）；relaxation（*n.* 放松）

■ **solution** [səˈluːʃn] *n.* 解决；解答，解决办法；溶液

solution to …的解决方法

Can you give me a *solution* to this problem? 对于这个问题，你能给我一个解决办法吗?

■ **accumulate** [əˈkjuːmjəleɪt] *v.* 积累，积聚

The great mother *accumulated* a fortune for her daughter to study abroad. 这位伟大的母亲积累了一笔财富，供她的女儿出国留学之用。

accumulation（*n.* 积累；堆积物）

四级真题曾考查过近义词assemble, accumulate, pile的辨析。assemble 指"聚集"，常用来表示人聚集在某地；accumulate指"积累"，侧重指财富和经验的积累；pile 则意为"堆积；乱放"。

■ **dominant** [ˈdɒmɪnənt] *adj.* 占优势的；支配的，统治的；主要的；居高临下的，高耸的

Development was the *dominant* theme of this conference. 发展是这次会议的主要议题。

■ **environment** [ɪnˈvaɪrənmənt] *n.* 环境，周围状况；自然环境

Our *environment* changed a lot due to the global warming. 由于全球变暖，我们的自然环境发生了很多改变。

environmental （*adj.* 环境的）；environmentalist （*n.* 环境保护主义者）

■ **gas** [gæs] *n.* 气体；煤气；汽油；毒气 *vt.* 用毒气毒（死）；给（汽车）加油

模拟实景 A leak in the *gas* pipe caused a huge explosion in the plant. 气体管道泄露导致工厂里发生了严重的爆炸。

■ **introduction** [ˌɪntrə'dʌkʃn] *n.* 介绍；引进，传入；引言，导论

模拟实景 I gave a short self-*introduction* before the interview. 面试开始之前，我做了一个简短的自我介绍。

■ **journal** ['dʒɜːnl] *n.* 杂志，期刊；日志，日记

模拟实景 Linda writes on economics for a weekly *journal*. 琳达为一家周刊写经济专题。

单词拓展 journalism （*n.* 新闻业；新闻工作）；journalist （*n.* 新闻工作者）

■ **pollute** [pə'luːt] *vt.* 弄脏；污染；败坏

模拟实景 The fertilizers and pesticides *pollute* the environment seriously. 化肥和农药严重污染环境。

■ **reduction** [rɪ'dʌkʃn] *n.* 减少，缩小；下降，降低

模拟实景 Due to the policy of traffic control during Olympic Games, there was a *reduction* in traffic. 由于奥运期间车辆限行，交通量减少了。

■ **sample** ['sɑːmpl] *n.* 样品，样本 *vt.* 从…抽样（试验或调查）；品尝；体验

模拟实景 That doctor took a blood *sample* of the patient for test. 那名医生取了病人的血样进行检验。

单词拓展 sampling （*n.* 取样）

■ **source** [sɔːs] *n.* 源（泉）；发源地；来源，出处

模拟实景 Wages are the principal *source* of my income at the present stage. 现阶段，工资是我的主要收入来源。

考点点评 四级真题曾考过resource, source, storage, reserve的词义辨析。resource "资源" 和source "来源" 很容易被混淆，如：It is said that in some parts of the world, goats, rather than cows, serve as a vital source of milk. （据说在世界上的某些地方，羊奶是奶的主要来源，而不是牛奶。）storage意为 "贮存"；reserve意为 "储备"。

■ **abundance** [əˈbʌndəns] *n.* 大量，充足；丰富；富裕

阅读短语　in abundance 充足的；丰富的

模拟实景　There was an *abundance* of food and drink in the wedding reception. 婚宴上提供充足的食物和酒水。

■ **acre** [ˈeɪkə(r)] *n.* 英亩

模拟实景　The beautiful villa has at least one *acre* of lawn. 这座漂亮的别墅有至少一英亩的草坪。

■ **growth** [grəʊθ] *n.* 增长，增加；增长量；生长，发展；生长物

模拟实景　Some experts warned that the use of *growth* hormones to make chicken grow more quickly may result in a health hazard for us. 一些专家警告说，在鸡身上使用生长激素来加快鸡的成长，可能会给我们带来健康危害。

■ **partnership** [ˈpɑːtnəʃɪp] *n.* 合伙（关系）；合伙经营（的企业）；合伙人身份

模拟实景　The two partners decided to end their *partnership* with each other. 两位合伙人决定终止双方的合作。

■ **attribute** [əˈtrɪbjuːt] *vt.* 把…归因于；把（过错、责任等）归于
[ˈætrɪbjuːt] *n.* 属性，特性

阅读短语　attribute to 把…归因于

模拟实景　The actor *attributed* his good performance to the director. 这名演员将他的出色表演归功于导演。

单词拓展　attribution（*n.* 归属）；attributive（*adj.* 归属的；属性的 *n.* 定语）

■ **community** [kəˈmjuːnəti] *n.* 社区；社会；团体；界；（动植物的）群落

阅读短语　community center 社区活动中心；community home 青少年教养所

模拟实景　College students exchange views on *community* problems. 大学生们就社区问题交换了意见。

■ **conservation** [ˌkɒnsəˈveɪʃn] *n.* 保存；（对自然环境的）保护

阅读短语　energy conservation 能量守恒

模拟实景　There is a growing concern about wildlife *conservation*. 人们越来越关注野生动物的保护。

单词拓展　conservationist（*n.* 环保主义者）；conservatism（*n.* 保守主义）

■ **county** ['kaʊnti] *n.* 郡，县

(模拟实景) It takes about twenty minutes by car from the *county* to the city. 从县城到市里大约需要20分钟的车程。

■ **estate** [ɪ'steɪt] *n.* （有大片建筑物的）土地；住宅区；地产；财产；遗产；（在乡村的）大片私有土地；庄园，种植园

(模拟实景) Ivy has inherited an *estate* of one million dollars from her father. 艾维从父亲那里继承了100万美元的遗产。

■ **local** ['ləʊkl] *adj.* 地方性的，当地的；局部的；狭隘的 *n.* [常*pl.*] 当地人，本地人

(模拟实景) Cindy works as a nurse in a *local* hospital. 辛迪在当地一家医院当护士。

■ **secure** [sɪ'kjʊə(r)] *adj.* 安全的；可靠的；牢固的，稳固的；无忧虑的，安心的 *vt.* 得到，获得；使安全，保卫；拴牢

(模拟实景) The little girl should feel *secure* near his parents. 那个小女孩在父母的身边应该感觉很安全。

(单词拓展) security（*n.* 安全；保障）；securable（*adj.* 可得到的）

■ **threaten** ['θretn] *vt.* 威胁，恐吓；预示（危险）快要来临，是…的征兆 *vi.* 构成威胁；迫近，临近

(模拟实景) The robbers *threatened* the shopkeeper with a gun. 盗贼用枪威胁店主。

■ **advocate** ['ædvəkeɪt] *vt.* 拥护；提倡，主张 ['ædvəkət] *n.* 拥护者，提倡者；辩护者，律师；代言人

(模拟实景) The politician *advocates* reforming the political system. 这位政治家支持政治体制改革。

(单词拓展) advocacy（*n.* 拥护；支持）

(考点点评) advocate作动词"提倡"时后面可直接加名词或动名词，四级真题就考查过这一用法：Mr. Jones holds strong views against video games and advocates the closing of all recreation facilities for such games. （琼斯先生强烈反对视频游戏，并提倡关闭提供此类游戏的所有娱乐设施。）

■ **benefit** ['benɪfɪt] *n.* 好处，利益；恩惠；救济金，保险金 *vt.* 有益于 *vi.* 得益

(阅读短语) benefit from 从…受益；be of benefit to 对…有好处；for the benefit of 为了…的利益

(模拟实景) The new membership cards will be of great *benefit* to our customers. 新的会员卡会为我们的客户带来很大的好处。

■ **boost** [buːst] *vt.* 提高，使增长；推动；激励；为…做宣传 *n.* 提高，增长；推动；激励

(模拟实景) The good result *boosted* the team's confidence. 这个好结果增强了团队的信心。

(单词拓展) booster（*n.* 支持者）

■ **conduct** [kən'dʌkt] *vt.* 进行；管理；指挥；引导；传导（热、电等）；（行为）表现 ['kɒndʌkt] *n.* 举止，行为；管理（方法）；实施（方式）

(阅读短语) conduct oneself （行为）表现；a man of good conduct 行为端正的人；conduct an experiment 进行试验

(模拟实景) The usherette *conducted* members of the audience to their seats. 女引座员将观众带到他们各自的座位上。

(单词拓展) conduction（*n.* 传导）；conductor [*n.* （乐队）指挥；售票员]

■ **consumption** [kən'sʌmpʃn] *n.* 消耗（量），消费（量）；挥霍

(模拟实景) There's a great *consumption* of tomatoes during Tomato Festival in Spain. 西班牙每年的番茄节都会用掉大量的番茄。

■ **council** ['kaʊnsl] *n.* 委员会；理事会

(模拟实景) A resident nearby sent a letter to the *council* to complain about the noise. 附近的一位居民写了一封信给委员会，投诉噪音问题。

■ **crude** [kruːd] *adj.* 粗鲁的，粗俗的；天然的，未加工的；简陋的；粗糙的

(阅读短语) crude oil 原油

(模拟实景) The boy's *crude* manners offended all the visitors. 这个男孩的粗鲁举止惹怒了所有参观者。

考点点评 四级真题曾考过fresh, original, rude, crude的辨析。fresh意为"新鲜的"；original意为"原始的，最初的"；rude指态度行为等"粗鲁的"；crude指"天然的，未加工的"，如：Petrol is refined from the crude oil we take out of the ground. （汽油是从我们在地下开采的原油中提炼而来的。）

■ **decade** ['dekeɪd] *n.* 十年

模拟实景 Several *decades* have elapsed since my uncle graduated from the college. 叔叔大学毕业已经有数十年了。

■ **independence** [ˌɪndɪ'pendəns] *n.* 自主；自立

模拟实景 February 4th is *Independence* Day of Sri Lanka. 2月4日是斯里兰卡的独立日。

■ **output** ['aʊtpʊt] *n.* 产量；输出；输出功率 *vt.* 输出（信息、数据等）

模拟实景 The new technology will enable us to double our *output* of motorbike. 这项新技术将会使我们的摩托车产量加倍。

■ **range** [reɪndʒ] *n.* 一系列；幅度，范围；射程；距离；（山）脉；靶场，射击场 *vi.* （在某范围内）变动，变化；论及，涉及；漫游，徘徊；四处搜索 *vt.* 使排列成行

阅读短语 range over 论及，涉及；out of/beyond range 在射程外

模拟实景 The children whose ages *range* from 5 to 15 can get free park tickets on Children's Day. 在儿童节这天，5到15岁的孩子可以免费获得公园门票。

单词拓展 ranger（*n.* 护林员）

■ **refuge** ['refjuːdʒ] *n.* 庇护所，避难处；庇护

模拟实景 When the storm came，people took *refuge* in the small auditorium in the east of the village. 暴风雨来临时，人们都跑到村子东头的小礼堂避难。

■ **tax** [tæks] *n.* 税（款）；负担 *vt.* 对…征税；使负担重；指责，责备

模拟实景 It's everyone's duty to pay *taxes*. 缴税是每一个人的义务。

■ **aggressive** [ə'gresɪv] *adj.* 侵略的；挑衅的；敢作敢为的；积极进取的

模拟实景 If you are an *aggressive* young man, you can go far in our firm. 如果你是一个有进取心的青年，在我们公司你能大展宏图。

单词拓展 aggressiveness（*n.* 进取精神；攻击性）

■ **commitment** [kə'mɪtmənt] *n.* 承诺，保证；献身；承担的义务

模拟实景 You have to make a *commitment* before signing the contract. 在签署合同之前你需要做出承诺。

■ **conclusion** [kən'kluːʒn] *n.* 结论，推论；结尾；缔结；议定

模拟实景 The negotiation did not come to a *conclusion* until 2 p.m. 这次谈判直到下午两点才结束。

■ **debate** [dɪ'beɪt] *n./v.* 辩论，争论

模拟实景 The subject of the *debate* is whether we should judge a hero by victory. 辩论的题目是：是否应该以成败论英雄。

单词拓展 debatable（*adj.* 有争执的）

■ **limit** ['lɪmɪt] *n.* 限度；限制；限额；[*pl.*] 范围；极限，极点 *vt.* 限制，限定

模拟实景 I have set a *limit* on how much I can spend on clothes. 关于花多少钱买衣服，我给自己设定了一个限额。

考点点评 limit一词在四级考试中考到的最多的用法就是limit the use of sth., 常出现在与环境、人口相关的文章中，如：limit the use of disposable plastic bags（限制使用一次性塑料袋）。

■ **moral** ['mɒrəl] *adj.* 道德（上）的；有道德的 *n.* [*pl.*] 道德，品行；道德规范；寓意

阅读短语 moral sense 道德观念；moral standard 道德标准

模拟实景 She described her own *moral* dilemma in making the film. 她描述了自己在拍摄这部电影时面临的道德困境。

单词拓展 morality（*n.* 道德）；moralism（*n.* 道德主义）；moralistic（*adj.* 道德观念的）

■ **politician** [ˌpɒlə'tɪʃn] *n.* 政治家；政客

模拟实景 *Politicians* are busy, especially during the time of election. 政治家们都很忙，尤其是在选举期间。

- **potential** [pə'tenʃl] *adj.* 潜在的，可能的 *n.* 潜力，潜能

  模拟实景 This kind of training can develop your *potential* abilities. 这类训练可以开发你的潜能。

- **poverty** ['pɒvəti] *n.* 贫穷，贫困

  阅读短语 poverty issues 贫困问题；poverty rate 贫穷率

  模拟实景 According to World Bank figures, 41 percent of Brazilians lived in absolute *poverty*. 根据世界银行的统计数字，41%的巴西人生活在极度贫困之中。

- **solve** [sɒlv] *vt.* 解决；解答

  模拟实景 Lily *solved* the problem finally with the help of her friends. 在朋友们的帮助下，莉莉终于解决了这个问题。

  单词拓展 solution（*n.* 解决；解决办法）

- **target** ['tɑːgɪt] *n.* 靶；目标 *vt.* 瞄准

  模拟实景 My *target* at the present stage is to save a lot of money and then buy a car. 现阶段我的目标是存很多钱，然后买一辆小汽车。

  考点点评 四级真题曾考过target, field, scope, goal 这几个词的辨析。field 意为"领域"；scope意为"范围"；goal意为"目标"，往往指一种方向，或者要达到的状态；target也有"目标"之意，往往指一个具体的事物。

- **technology** [tek'nɒlədʒi] *n.* 工艺；技术

  模拟实景 We are living in the age of science and *technology*. 我们生活在科技时代。

  单词拓展 technological（*adj.* 科技的，技术的）

- **acceptance** [ək'septəns] *n.* 接受，接纳；同意，认可；逆来顺受

  模拟实景 Our plan of protecting the environment met with universal *acceptance*. 我们保护环境的计划受到了普遍赞同。

- **accountant** [ə'kaʊntənt] *n.* 会计人员，会计师

- **ambassador** [æm'bæsədə(r)] *n.* 大使；使节；（派驻国际组织的）代表

  模拟实景 John used to be the American *Ambassador* to France. 约翰过去是美国驻法国大使。

- **architecture** ['ɑːkɪtektʃə(r)] *n.* 建筑学；建筑业；建筑式样，建筑风格

  模拟实景 This is the most impressive *architecture* I've seen in the world. 这是我见过的世界上最令人印象深刻的建筑。

  单词拓展 architectural（*adj.* 建筑学的；建筑上的）

- **arrangement** [ə'reɪndʒmənt] *n.* [常*pl.*] 安排，准备工作；整理；布置

  模拟实景 Jane has already made *arrangements* for her weekend. 简已经为周末作了安排。

- **assembly** [ə'sembli] *n.* 立法机构，议会；集会；集会的人们；组装，装配

  模拟实景 The captain knows the *assembly* of the airplane parts. 机长懂得飞机部件的装配。

- **bark** [bɑːk] *vi.* （狗等）吠，叫 *n.* 吠声，叫声；树皮

  模拟实景 Our neighbour's dog *barks* at strangers. 我们邻居家的狗见到陌生人就叫。

- **border** ['bɔːdə(r)] *n.* 边，界线；边界，边境 *vt.* 给…加上边；围；邻接，毗连 *vi.* 近似，接近；接壤

  模拟实景 My hometown is near the *border* between China and DPRK. 我的家乡在中朝边界附近。

  考点点评 四级真题曾考过近义词interval, border, margin, edge 的辨析。interval 意为"间隔"；border 指"两国或地区的分界"；margin 指"书的页边缘，页边的空白"；edge 多指实物，如"桌子等的边缘"。

- **breeze** [briːz] *n.* 微风，轻风 *vi.* 飘然而行

- **butterfly** ['bʌtəflaɪ] *n.* 蝴蝶

■ **camel** ['kæml] *n.* 骆驼

■ **canal** [kə'næl] *n.* 运河；水渠

■ **carbon** ['kɑːbən] *n.* 碳

■ **cliff** [klɪf] *n.* 悬崖，峭壁

> **模拟实景** It really takes courage and strength to climb these *cliffs*. 攀登这些悬崖的确需要勇气和力量。

■ **collision** [kə'lɪʒn] *n.* 碰撞；冲突，抵触

> **模拟实景** The *collision* between the ship and iceberg was caused by dense fog. 船只与冰山相撞是由浓雾导致的。

■ **concrete** ['kɒnkriːt] *adj.* 实在的，具体的；混凝土的 *n.* 混凝土

> **模拟实景** My house is made from reinforced *concrete*. 我家的房屋是用钢筋混凝土建成的。

> **考点点评** concrete除了指"具体的"之外，还常指"混凝土"，在四级阅读真题中曾出现过。

■ **consultant** [kən'sʌltənt] *n.* 咨询师，顾问；会诊医师

■ **counsel** ['kaʊnsl] *n.* 律师，法律顾问；忠告，劝告 *vt.* 劝告；提议

> **模拟实景** Mr. Green acted as *counsel* for the defendant in the court. 格林先生在法庭上担任被告的律师。

■ **crust** [krʌst] *n.* 面包皮；硬外皮，外壳；地壳

■ **cycle** ['saɪkl] *n.* 自行车，摩托车；循环，周期 *vi.* 骑自行车，骑摩托车；循环

> **模拟实景** Eileen goes to school on her *cycle* every morning. 艾琳每天早上骑自行车上学。

> **单词拓展** cyclical (*adj.* 循环的，周期的)

■ **deputy** ['depjʊti] *n.* 副职，副手；代表，代理人

- **diverse** [daɪ'vɜːs] *adj.* 不同的，相异的；多种多样的

  模拟实景 Many *diverse* views have been presented at the meeting. 会上大家提出了许多不同的看法。

  考点点评 四级阅读真题中曾出现过diverse academic background，意为"不同的学术背景"，diverse还可以用来修饰species, location等。

- **drain** [dreɪn] *vt.* 排出，排干…的水；渐渐耗尽 *vi.* 慢慢流掉；减少 *n.* 消耗，耗尽；排水沟，排水道

  模拟实景 The cost of my education was a great *drain* on my parents' income. 我的教育费用占父母收入的很大一笔支出。

  单词拓展 drainage（*n.* 排水；排水装置）

- **drought** [draʊt] *n.* 干旱，旱灾

  模拟实景 The grains died of *drought* last summer. 去年夏天，由于干旱，谷物都枯死了。

- **dump** [dʌmp] *vt.* 倾卸，倾倒；倾销，抛售 *n.* 垃圾场

  模拟实景 This country *dumped* its surplus products into neighbour countries. 该国向邻国倾销剩余产品。

  单词拓展 dumpy（*adj.* 矮胖的；粗短的）

- **dusk** [dʌsk] *n.* 薄暮，黄昏

- **eagle** ['iːgl] *n.* 鹰

- **embassy** ['embəsi] *n.* 大使馆；大使馆全体成员

- **existence** [ɪg'zɪstəns] *n.* 存在；生存；生活（方式）

  阅读短语 come into existence 产生

  模拟实景 The teacher does not believe in the *existence* of aliens. 这位老师不相信有外星人存在。

  单词拓展 coexistence（*n.* 共存，共处）

- **external** [ɪk'stɜːnl] *adj.* 外部的；外表的

  模拟实景 This lotion is for *external* use only. 该洗液仅限外用。

■ **fireman** ['faɪəmən] *n.* 消防队员

模拟实景 It's reported that a brave *fireman* rescued the child yesterday. 据报道，昨天一位勇敢的消防队员救了那个孩子。

■ **germ** [dʒɜːm] *n.* 微生物，细菌；（事物发展的）初期，萌芽

模拟实景 The *germ* of a good idea came to Jack's mind. 杰克想出了一个好主意。

■ **giant** ['dʒaɪənt] *n.* 巨人；才智超群的人 *adj.* 巨大的

模拟实景 Our company is a *giant* in the computer industry. 我们公司是计算机行业的巨头。

■ **habitat** ['hæbɪtæt] *n.* （动物的）栖息地，住处

模拟实景 I prefer to see tigers in their natural *habitat*. 我更喜欢看生活在自然栖息地的老虎。

考点点评 habitat和habitant词形相近，注意区分。habitant的意思是"居住者"。

■ **handy** ['hændi] *adj.* 方便的；手边的；近便的；手巧的

模拟实景 Our company is close to our house, so it is quite *handy* for me. 我们公司离我们家很近，所以这对我来说很方便。

■ **hardship** ['hɑːdʃɪp] *n.* 艰难，困苦

模拟实景 There are full of *hardships* or trials on the way to success. 通往成功的路上充满了困难或者考验。

■ **harvest** ['hɑːvɪst] *n.* 收获，收成 *vt.* 收割，收获

阅读短语 harvesting machine 收割机

模拟实景 The farmer hired more workers for the grain *harvest*. 农民为了收割谷物雇用了更多工人。

■ **hay** [heɪ] *n.* 干草

■ **height** [haɪt] *n.* 高，身高；高度；[常*pl.*] 高处，高地；顶点

模拟实景 What's the *height* of Mount Qomolangma? 珠穆朗玛峰的高度是多少?

■ **helpless** ['helpləs] *adj.* <u>无助的，不能自立的</u>；无法抗拒的，不由自主的

模拟实景 Meg felt very *helpless* after the earthquake. 梅格在这次地震之后感到很无助。

■ **infinite** ['ɪnfɪnət] *adj.* <u>无限的，无边无际的</u>；极大的

模拟实景 It takes *infinite* patience to teach little children aged from 3 to 6. 教三到六岁的小孩需要极大的耐心。

考点点评 四级真题曾考过incapable, indispensable, insensible, infinite这几个词的词义辨析。incapable意为"无能力的"；indispensable意为"不可缺少的"；insensible意为"无知觉的"；infinite意为"无限的"。

■ **introduce** [ˌɪntrə'djuːs] *vt.* 介绍；<u>引进，传入</u>；提出（议案等）；使（初次）了解

阅读短语 introduce into 引入

模拟实景 It was my elder sister who *introduced* me to classical music. 是我姐姐让我了解了古典音乐。

单词拓展 introduction（*n.* 介绍）

■ **intrude** [ɪn'truːd] *vi.* 侵入；<u>打扰</u> *vt.* 把…强加于

模拟实景 That father tried to *intrude* his opinions on his son. 那位父亲想把自己的意愿强加给儿子。

单词拓展 intruder（*n.* 入侵者）；intrusion（*n.* 入侵）

■ **lightning** ['laɪtnɪŋ] *n.* 闪电

模拟实景 When I was young, I was afraid of thunder and *lightning*. 我小时候害怕雷声和闪电。

■ **locality** [ləʊ'kæləti] *n.* <u>地区；地点，位置</u>

■ **magnet** ['mægnət] *n.* <u>磁铁，磁体</u>；有吸引力的人（或事物）

单词拓展 magnetism（*n.* 磁力）；magnetize（*v.* 磁化）

- **modify** ['mɒdɪfaɪ] *vt.* 修改，更改；[语法学] 修饰

  模拟实景 We have to *modify* our plan according to the changes. 我们得根据变化来修改我们的计划。

  单词拓展 modification（*n.* 修改，更改）

- **nest** [nest] *n.* 巢，窝 *vi.* 筑巢

  模拟实景 The family got some swallows *nesting* under the eaves at that time. 那时候，有些燕子在这家人的屋檐下筑巢。

- **outer** ['aʊtə(r)] *adj.* 外面的，外表的；远离中心的，外层的

  阅读短语 outer space 太空，外层空间

- **outlet** ['aʊtlet] *n.* 出口，出路；（感情、精力等）发泄途径（或方法）

  模拟实景 These students need an *outlet* for their energy. 这些学生需要一种能消耗他们精力的途径。

- **outward** ['aʊtwəd] *adj.* 外表的，外面的 *adv.* [(s)] 向外

  阅读短语 outward appearance 外观

- **overcome** [,əʊvə'kʌm] *vt.* 战胜，克服；（感情上等）压倒，使受不了

  模拟实景 The learner of a second language has to *overcome* many difficulties. 第二语言学习者必须要克服许多困难。

- **overlook** [,əʊvə'lʊk] *vt.* 忽视，未注意到；宽恕，宽容；俯瞰，俯视

  模拟实景 My teacher was kind enough to *overlook* my rudeness. 我的老师很宽容，原谅了我的无礼。

- **phase** [feɪz] *n.* 阶段，时期；面，方面；（月）相，相位 *vt.* 分阶段实行，按计划进行

  阅读短语 phase in 逐步引入（或采用）；phase out 逐步停止使用

  模拟实景 Luckily grandma's cancer was discovered in an early *phase*. 幸运的是，祖母的癌症在早期就被发现了。

- **phenomenon** [fə'nɒmɪnən] *n.* 现象，迹象；非凡的人；特殊的事物

  单词拓展 phenomenal（*adj.* 显著的）

考点点评 四级真题曾考过该词：This strange phenomenon happens every five to eight years. （这一奇怪的现象每5到8年出现一次。）

■ **plantation** [plɑːnˈteɪʃn] *n.* 种植园；人造林

■ **pond** [pɒnd] *n.* 池塘

■ **railroad** [ˈreɪlrəʊd] *n.* 铁路 *vt.* 由铁路运输

■ **rainbow** [ˈreɪnbəʊ] *n.* 彩虹

模拟实景 The bird's wings were shimmering with the colors of the *rainbow*. 这只鸟的翅膀有着彩虹的颜色，闪闪发光。

■ **rear** [rɪə(r)] *n.* 后部，背面；后方 *adj.* 后部的，背后的；后方的 *vt.* 抚养；种植

阅读短语 bring up the rear 处在最后的位置，殿后

模拟实景 The *rear* of the garden is a piece of corn field. 花园的后部是一片玉米田。

■ **recreation** [ˌrekriˈeɪʃn] *n.* 娱乐活动，消遣

阅读短语 recreation facilities 娱乐设施

单词拓展 recreational（*adj.* 娱乐的，消遣的）

■ **recycle** [ˌriːˈsaɪkl] *vt.* 回收利用（废物等）

■ **region** [ˈriːdʒən] *n.* 地区，区域；范围，幅度

阅读短语 in the region of（数字）在…左右，接近；在…附近

单词拓展 regional（*adj.* 地区的，地域性的）；regionalism（*n.* 地方分权主义）；regionalization（*n.* 按地区安排）

■ **repetition** [ˌrepəˈtɪʃn] *n.* 重复，反复

■ **reproduce** [ˌriːprəˈdjuːs] *v.* 复制；使再生；繁殖，生殖

模拟实景 The wall lizards can *reproduce* lost part of their tails. 壁虎能使失去的部分尾巴再长出来。

单词拓展 reproduction（*n.* 繁殖；复制品）；reproductive（*adj.* 生殖的；再生的）

■ **reservoir** [ˈrezəvwɑː(r)] *n.* 水库，蓄水池；（知识、人才等的）储备，汇集

■ **restore** [rɪ'stɔ:(r)] *vt.* 恢复，修复，整修；归还，交还

（模拟实景）Mike's job is to *restore* our company to profitability. 迈克的工作是使我们公司恢复赢利。

（单词拓展）restoration （*n.* 恢复，修复）

■ **ridge** [rɪdʒ] *n.* 脊，山脊；分水岭；屋脊；田埂

■ **saddle** ['sædl] *n.* （马）鞍，鞍状物；（自行车）车座 *vt.* 给…装鞍；使承担任务

（阅读短语）in the saddle 在职，掌权

（模拟实景）John was *saddled* with the whole project. 约翰负责整个项目。

■ **silicon** ['sɪlɪkən] *n.* 硅

■ **slope** [sləʊp] *n.* 斜坡，斜面；倾斜；斜度 *v.* （使）倾斜

（单词拓展）sloping （*adj.* 倾斜的，有坡度的）

■ **spider** ['spaɪdə(r)] *n.* 蜘蛛

■ **spray** [spreɪ] *v.* 喷；（使）溅洒 *n.* 浪花；飞沫；喷雾

（模拟实景）I left my coat by the sea and it got covered with *spray*. 我把外套落在了海边，浪花把它整个打湿了。

■ **stability** [stə'bɪləti] *n.* 稳定，稳固

（单词拓展）instability （*n.* 不稳定性）

（考点点评）stability对应的形容词是stable，意思是"稳定的"，曾在四级考试的选词填空题中出现过。

■ **steep** [sti:p] *adj.* 陡的，陡峭的；过分的，不合理的；（升、降）急骤的 *vt.* 浸泡；沉浸

（模拟实景）People were discontented with the *steep* rise in food prices. 人们对食品价格飞涨感到不满。

■ **stem** [stem] *n.* 茎，干 *vi.* 起源 *vt.* 堵住

（阅读短语）stem from 起源于，来自

■ **stream** [striːm] *n.* 小河，溪流；流；一连串 *v.*（使）流出，涌出；把…
按能力分班

■ **stripe** [straɪp] *n.* 条纹

■ **surroundings** [sə'raʊndɪŋz] *n.* 周围的事物，环境

（考点点评）surroundings的同义词是environment，四级考试曾考过，考生要
注意灵活运用。

■ **swallow** ['swɒləʊ] *n.* 燕子；吞，咽 *vt.* 吞，咽；轻信，轻易接受；忍受，
使不流露 *vi.* 吞，咽；（以吞咽动作）抑制强烈的感情

（阅读短语）swallow up 吞没，淹没

（模拟实景）Alice *swallowed* the hardships and kept on working. 艾丽斯忍受着
艰难困苦继续工作。

■ **swift** [swɪft] *adj.* 快的，反应快的；迅速的，敏捷的

（模拟实景）I noticed a *swift* change of expression in the actor's face. 我注意到表
演者脸上的表情迅速地变了一下。

（单词拓展）swiftly（*adv.* 很快地）；swiftness（*n.* 迅速，快）

■ **territory** ['terətri] *n.* 领土，版图；领域，范围

■ **thirst** [θɜːst] *n.* 渴，干渴；渴望，渴求 *vi.* 渴望，渴求

（阅读短语）thirst after/for 渴望，渴求

（模拟实景）Hebe *thirsted* for a drink of cold water in such a hot day. 在如此炎热
的天气里，赫柏渴望能喝一口冰水。

（单词拓展）thirsty（*adj.* 口渴的）

■ **thunder** ['θʌndə(r)] *n.* 雷，雷声；雷鸣般的响声，轰隆声 *vi.* 打雷；轰隆
响；大声喊，吼

（模拟实景）The faculty *thundered* against cheating on exams. 全体教员大声疾
呼，反对考试作弊。

thunderstorm（*n.* 雷暴，雷雨）；thundercloud（*n.* 雷雨云）

■ **tragedy** ['trædʒədi] *n.* 惨剧，灾难；悲剧（艺术）

考点点评 四级考试曾考过tragedy, vacuum, question, barrier 这几个词的词义辨析。tragedy 意为"惨剧"；vacuum 意为"真空"；question 意为"问题"；barrier 意为"障碍"。

■ **trap** [træp] *n.* 陷阱，捕捉器；圈套，诡计；困境 *vt.* 设陷阱捕捉；诱骗，使中圈套，使陷入困境

模拟实景 To break out of the poverty *trap* farmers need help from our government. 为了摆脱贫困的处境，农民需要我们政府的帮助。

■ **trick** [trɪk] *n.* 诡计，花招；窍门，诀窍；戏法，把戏 *vt.* 欺诈，哄骗

模拟实景 Magicians often perform *tricks* such as playing cards. 魔术师们常常表演玩纸牌的戏法。

单词拓展 tricky（*adj.* 不易处理的，需要技巧的）

■ **troublesome** ['trʌblsəm] *adj.* 令人烦恼的；麻烦的

考点点评 四级阅读曾考查过该词。以下几个词考生也应掌握：labor-saving "省力的"；rewarding "有益的"；expensive "昂贵的"。

■ **uncertainty** [ʌn'sɜːtnti] *n.* 不确定，无常

■ **upset** [ʌp'set] *vt.* 使心烦意乱，使不适；打乱，搅乱；打翻，弄翻 *n.* 翻倒；不安；（肠胃等）不适 *adj.* 心烦的，苦恼的；（肠胃等）不适的

模拟实景 Losing the book that she borrowed from her friend *upset* Ann completely. 安把从朋友那儿借来的书弄丢了，这使她心烦意乱。

单词拓展 upsetting（*adj.* 令人心烦意乱的）

考点点评 四级真题曾考过一些表示情绪的词：encouraging "鼓励的，促进的"；disappointing "令人失望的"；surprising "令人惊讶的"；delighted "高兴的"；satisfied "满意的"；amused "被逗乐的"；angry "生气的"。

■ **vehicle** ['viːəkl] *n.* 交通工具，车辆；传播媒介，（传达思想的）工具

■ **venture** ['ventʃə(r)] *n.* 冒险，冒险行动；商业冒险 *vi.* 冒险，冒险行事 *vt.* 敢于做；大胆提出；拿…冒险，冒…的险

■ **veteran** ['vetərən] *n.* 老兵；经验丰富的人，老手

■ **volcano** [vɒl'keɪnəʊ] *n.* 火山

单词拓展 volcanic（*adj.* 火山的）；volcanism（*n.* 火山作用）

■ **waken** ['weɪkən] *vi.* 醒来 *vt.* 唤醒

阅读短语 waken sb.'s desire to do sth. 唤醒某人做某事的欲望

■ **wander** ['wɒndə(r)] *vi.* 漫游，漫步；偏离正道；走神，（神志）恍惚

模拟实景 The plane *wandered* from its course in the dense fog. 飞机在大雾中偏离了航道。

考点点评 四级真题曾考过以下两个词的区别：wander"漫游，漫步"；wonder"惊奇，想知道"。考生要注意掌握。

■ **wardrobe** ['wɔːdrəʊb] *n.* 衣柜；（个人的）全部衣物

■ **whale** [weɪl] *n.* 鲸

■ **administration** [əd,mɪnɪ'streɪʃn] *n.* 管理，经营；管理部门，政府；实行，执行

模拟实景 The *administration* of a big company requires a lot of skills. 管理一个大公司需要很多技巧。

■ **approval** [ə'pruːvl] *n.* 赞成，同意；批准，认可

阅读短语 on approval 供试用的，包退换的；give approval to 批准

模拟实景 The two children went to the party with their parents' *approval*. 这两个孩子在父母的同意下去参加了聚会。

考点点评 四级真题曾考过：Being ignorant of the law is not accepted as an _____ for breaking the law.

A）excuse　　B）intention　　C）option　　　D）approval

答案是A。全句意为：无视法律不能成为违法的借口。

■ **bachelor** ['bætʃələ(r)] *n.* 单身男子，单身汉；学士，学士学位

模拟实景 He graduated from the university as a *Bachelor* of Laws. 他大学毕业了，取得了法学学士学位。

- **cite** [saɪt] *v.* 引用，引证；列举，举例说明；传唤，传讯；表彰，嘉奖

模拟实景 Kate was *cited* for her devotion to disabled people. 凯特因对残疾人做出的奉献而受到了表彰。

考点点评 四级阅读真题中出现过这样一个句子：Why are America's kids so stressed? The report cites two main causes...（为什么美国的小孩压力会这么大呢？报道中列举了两个主要原因…）这里的cite相当于quote，表示"举例说明"。

- **command** [kə'mɑːnd] *n.* 命令，指示；指挥，控制；掌握，运用能力 *vt.* 命令；指挥；拥有，掌握；值得，应得；俯临，俯瞰

模拟实景 Mary do not have a good *command* of spoken Chinese. 玛丽的汉语说得并不好。

单词拓展 commandant/commander（*n.* 司令官，指挥官）；commandment（*n.* 戒律，命令）；commandress（*n.* 女司令员，女指挥官）

考点点评 四级真题曾考过command和require的辨析，command和require意思相近，但require的语气弱一些；command后接的从句常用虚拟语气，谓语用should加动词原形，should可以省略。

- **erosion** [ɪ'rəʊʒən] *n.* 腐蚀，侵蚀；削弱，减少

模拟实景 The cement petrified after many years' *erosion*. 经过多年的侵蚀，水泥石化了。

- **impact** ['ɪmpækt] *n./v.* 影响，作用；冲击，碰撞

模拟实景 This film made a great *impact* on people all over the world. 这部电影对全世界人民都产生了很大的影响。

- **plus** [plʌs] *prep.* 加，加上 *n.* 加号，正号；有利因素 *adj.* 表示加的，正的

模拟实景 The work of a teacher requires patience *plus* experience. 教师的工作需要耐心，还需要经验。

- **seek** [siːk] *vt.* 寻找，追求；征求（意见），寻求（帮助）；试图，设法

阅读短语 seek out 挑出；寻求（帮助）

模拟实景 After they graduate from university, college students will try to *seek* employment. 大学生毕业之后，他们就要努力找工作了。

单词拓展 seeker（*n.* 寻找者，探索者）

考点点评 四级真题曾考过seek, inquire, search, consult这几个词的词义辨析。inquire 意为"询问，调查"，常和介词into搭配；search 意为"搜索"，常和介词for连用；consult意为"请教，参考"。

■ **talent** ['tælənt] *n.* 天资，才能；人才

模拟实景 When Rony was a boy, he had the *talent* for sporting. 当罗尼还是个小男孩的时候，就显露出了运动天赋。

单词拓展 talented（*adj.* 有才能的；天才的）

■ **thorough** ['θʌrə] *adj.* 彻底的，完全的；仔细周到的；认真的

模拟实景 You must ask your father to take a *thorough* check. 你必须让你父亲做一次彻底的检查。

单词拓展 thoroughly（*adv.* 十分，彻底地）

■ **appropriate** [ə'prəupriət] *adj.* 适当的，恰当的 *vt.* 私占，挪用；拨出（款项等）供专用

模拟实景 It is not *appropriate* for you to resign now. 你现在辞职不合适。

单词拓展 appropriation（*n.* 拨款；挪用公款）；inappropriate（*adj.* 不适当的）

■ **automatic** [ˌɔːtə'mætɪk] *adj.* 自动的，机械的；不加思索的，无意识的；必然的，自然的 *n.* 自动手枪（或步枪）；有自动装置的汽车

模拟实景 The manager of this company was killed by a man with an *automatic* rifle. 这个公司的经理是被一个持自动步枪的男人杀害的。

■ **chip** [tʃɪp] *n.* 屑，碎片；[常*pl.*] 炸土豆条（或片）；（集成电路）芯片；缺口，瑕疵；（做赌注用的）圆形筹码 *vt.* 削（或凿）下（屑或碎片）

模拟实景 Every time I go to KFC, I will buy a bag of *chips*. It's my favourate food. 每次去肯德基，我都会买一包薯条，那是我最喜欢的食物。

单词拓展 chippy（*adj.* 碎片的）

■ **demonstrate** ['demənstreɪt] *vt.* 论证，证明；说明，演示；显示，表露 *vi.* 举行示威游行（或集会）

模拟实景 The good result of the final exam *demonstrates* the importance of hard working. 期末考试的优异成绩证明了努力学习的重要性。

单词拓展 demonstration *n.* 示威；（教学）示范

- **deserve** [dɪ'zɜːv] *vt.* 应受，应得，值得

  模拟实景 John has been working all evening and he *deserves* a rest. 约翰整个晚上都在工作，他也该休息一会儿了。

  单词拓展 deserved（*adj.* 应得的）；undeserved（*adj.* 不应得的）

  考点点评 deserve, reserve, preserve都是四级考试中的高频词汇，deserve意为"应受，应得"；reserve意为"储备，保存；预订"；preserve意为"保护，保存"。

- **influence** ['ɪnflʊəns] *n.* 影响，影响力；产生影响力的人（或事物）；势力，权势 *vt.* 影响

  阅读短语 influence on/upon... 影响…；under the influence of... 在…的影响下，受…的影响；exert influence on 对…产生影响

  模拟实景 Don't let your parents *influence* your own decision. 不要让你的父母影响你自己的决定。

- **interaction** [ˌɪntər'ækʃn] *n.* 相互作用，相互影响；互动

  模拟实景 There's not enough *interaction* between teachers and students. 教师和学生之间并没有足够的互动。

  考点点评 四级真题曾考过involvement, interaction, association, communication这几个词的词义辨析。involvement 意为"包含"；interaction意为"相互作用"；association 意为"联合，结交"；communication 意为"交流"。

- **negotiate** [nɪ'ɡəʊʃieɪt] *vt.* 洽谈，协商；谈判；成功越过（或绕过）*vi.* 协商，谈判

  模拟实景 I have decided to *negotiate* with my boss about my salary. 我已经决定就我的薪水问题和老板协商。

  单词拓展 negotiation（*n.* 商议，谈判）；negotiator（*n.* 谈判者，商谈者）

- **salary** ['sæləri] *n.* 薪金，薪水

  模拟实景 John's *salary* will be 30,000 a year, with annual increments of 2,000. 约翰年薪将会是30000元，每年2000元的涨幅。

- **significant** [sɪɡ'nɪfɪkənt] *adj.* 相当数量的；重要的，意义重大的；意味深长的

模拟实景 More and more people realize that study is *significant* in today's world. 当今世界，越来越多的人意识到了学习的重要性。

■ acquire [əˈkwaɪə(r)] *vt.* 取得，获得

阅读短语 acquire skills 掌握技能

模拟实景 The national museum has just *acquired* a famous painting by Van Gogh. 国家博物馆刚刚获得一幅梵高的名画。

单词拓展 acquisition（*n.* 获得，习得）; acquisitive（*adj.* 渴望得到的; 贪得无厌的）

■ ban [bæn] *vt.* 取缔，查禁; 禁止 *n.* 禁止; 禁令

阅读短语 ban from... 禁止…

模拟实景 Chinese government *bans* private ownership of firearms. 中国政府禁止私人拥有枪支。

■ bomb [bɒm] *n.* 炸弹 *vt.* 轰炸，投弹于

阅读短语 hydrogen bomb 氢弹

模拟实景 Terrorists made an attempt to *bomb* the airplane but failed. 恐怖分子试图轰炸飞机，但是失败了。

■ cabinet [ˈkæbɪnət] *n.* 内阁; 贮藏橱，陈列柜

模拟实景 There is no space in my office for another filing *cabinet*. 我的办公室里没地方再放一个档案柜了。

■ fatal [ˈfeɪtl] *adj.* 致命的，毁灭性的; 重大的，决定性的

模拟实景 The infectious disease is *fatal* in all cases. 不论从哪方面来说，这种传染病都是致命的。

■ fuse [fjuːz] *n.* 保险丝，熔丝; 导火线，导火索 *v.* 熔合，合并; （使）因保险丝熔断而中断工作

模拟实景 I *fused* all the electric appliances by using electric heating jug. 由于我使用了电热壶，所有家电因保险丝熔断而不能工作。

单词拓展 fusion（*n.* 熔化; 核聚变）

■ hydrogen [ˈhaɪdrədʒən] *n.* 氢

阅读短语 hydrogen bomb 氢弹

Water is composed of the elements of *hydrogen* and oxygen. 水是由氢元素和氧元素组成的。

■ **legislation** [ˌledʒɪs'leɪʃn] *n.* <u>法律，法规；立法，法律的制定（或通过）</u>

There should be a new *legislation* to protect children. 应该有新的立法来保护儿童。

■ **progressive** [prə'gresɪv] *adj.* <u>进步的，先进的</u>；开明的；前进的，渐进的；（动词）进行时的

Jack London is the most *progressive* writer of his time. 杰克·伦敦是他那个时代思想最先进的作家。

progressively（*adv.* 逐渐地）

■ **protection** [prə'tekʃn] *n.* <u>保护，防护</u>

People are more and more concerned about the *protection* of the environment. 人们越来越关注环境保护问题。

■ **reporter** [rɪ'pɔːtə(r)] *n.* 记者

Selena became a *reporter* for *Vogue* when she was only 22 years old. 塞莱娜在年仅22岁时就成为了《时尚》杂志的记者。

■ **reveal** [rɪ'viːl] *vt.* 揭露，泄露；展现，显示

The car washer *revealed* that he had been in prison twice before. 洗车工泄露了他之前的两次入狱经历。

四级真题曾考过reveal, discover, display, exhibit这几个词的词义辨析。reveal意为"揭露，泄露"；discover意为"发现"；display意为"陈列"，指展出某物使人们参观；exhibit的用法比较正式，一般指"（画展等的）展览"。

■ **weapon** ['wepən] *n.* 武器，兵器

nuclear weapon 核武器

The police are still looking for the murder *weapon*. 警方还在寻找凶杀案中使用的武器。

■ **analysis** [ə'næləsɪs] *n.* <u>分析；分析报告</u>；分解；解析

The teacher was very pleased with your *analysis* of the topic. 你对这个话题的分析令老师非常满意。

■ **anchor** ['æŋkə(r)] *n.* 锚；给人安全感之物（或人） *vt.* 抛（锚），泊（船）；把…系住，使固定；担任（电视节目等的）主持人 *vi.* 抛锚，停泊；固定，扎根

模拟实景 Linda *anchors* a 30-minute news show at night. 琳达主持一档30分钟的晚间新闻节目。

■ **annoy** [ə'nɔɪ] *vt.* 使恼怒，使烦恼；打扰，干扰

模拟实景 I was *annoyed* with Sam for being so rude to me. 我因萨姆对我如此粗暴无礼而生他的气。

单词拓展 annoyance （*n.* 烦恼；令人烦恼的事）

■ **applicant** ['æplɪkənt] *n.* 申请人

模拟实景 There were ten *applicants* for the position of editor. 有10个人申请编辑职位。

■ **appraisal** [ə'preɪzl] *n.* 估计；估价；评价

模拟实景 The collector made an *appraisal* of $1000 on the stamp. 收藏家对这枚邮票的估价是1000美元。

■ **appreciation** [ə,priːʃɪ'eɪʃn] *n.* 感激；欣赏；评价；鉴别

模拟实景 As I grew older, my *appreciation* of music grew. 随着年龄的增长，我的音乐鉴赏力也提高了。

■ **attorney** [ə'tɜːni] *n.* 律师；（业务或法律事务上）代理人

阅读短语 district attorney （美国）联邦地方检察官

模拟实景 Through his hard work, Henry became a prominent *attorney*. 经过不懈努力，亨利成了一位有名的律师。

■ **carpenter** ['kɑːpəntə(r)] *n.* 木工，木匠

模拟实景 My uncle was a *carpenter* when he was young. 我叔叔年轻时是个木匠。

■ **carriage** ['kærɪdʒ] *n.* （火车）客车车厢；四轮马车；运费

模拟实景 Jack and his friends went to London by *carriage*. 杰克和他的朋友乘

191

四轮马车去了伦敦。

■ **carrier** ['kæriə(r)] *n.* 运输公司；运输工具；搬运人；带菌者；（自行车）载重架

（模拟实景） The commercial *carrier* in the district is doing a lively business. 该区的那家商务运输公司业务正繁忙。

■ **clarify** ['klærəfaɪ] *vt.* 澄清，阐明

（模拟实景） The professor's explanation *clarified* the puzzling problem. 教授的解释澄清了那个令人困惑的问题。

（单词拓展） clarification（*n.* 澄清，阐明）

■ **contented** [kən'tentɪd] *adj.* 满意的；满足的

（模拟实景） My English teacher gave me a *contented* smile for my fluent answering. 我的英语老师对我的流利回答报以满意的微笑。

（单词拓展） discontented（*adj.* 不满意的）

■ **determination** [dɪ,tɜːmɪ'neɪʃn] *n.* 决心，决定；确定；测定

（模拟实景） Madame Curie had the *determination* to overcome all the obstacles to success. 居里夫人有决心克服通往成功路上的一切障碍。

■ **employer** [ɪm'plɔɪə(r)] *n.* 雇佣者，雇主

（模拟实景） Bill's *employer* has increased Bill's salary to $3000 one month. 比尔的雇主把比尔的工资涨到了每月3000美元。

■ **endurance** [ɪn'djʊərəns] *n.* 忍耐力，耐久（性）

（模拟实景） Alice came to the end of her *endurance*, so she broke up with her boyfriend. 艾丽斯忍无可忍，所以她和男友分手了。

■ **energetic** [,enə'dʒetɪk] *adj.* 精力充沛的，充满活力的

（模拟实景） Everybody says that Eileen is an alert and *energetic* person. 大家都说艾琳是一个灵敏的、精力充沛的人。

■ **enquiry/inquiry** [ɪn'kwaɪəri] *n.* 打听，询问；调查

（模拟实景） I make *enquiries* from my colleagues about the May Day holiday. 我向同事询问五一放假的事。

■ **forbid** [fə'bɪd] *vt.* 不许，禁止

(模拟实景) The new rule *forbids* smoking at working hours. 新规章禁止在上班时间抽烟。

(考点点评) 四级真题曾考过withdraw, forbid, interrupt, object的词义辨析。withdraw 意为"撤退"；forbid 意为"禁止"；interrupt 意为"打断"；object 意为"反对"。如：Brazil's constitution forbids the military use of nuclear energy. （巴西宪法禁止在军事上使用核能。）

■ **format** ['fɔːmæt] *n.* 设计，安排；电视节目的总安排（或计划）；格式，版式 *vt.* 使格式化

(模拟实景) Jane is in charge of laying out the *format* of a television program. 简负责策划一档电视节目。

(单词拓展) formation（*n.* 构成）；formative（*adj.* 格式化的；形式的；有重大影响的）

■ **freelance** ['friːlɑːns] *adj.* 自由职业者的 *v.* 从事自由职业

(模拟实景) Linda *freelances* as a photographer. 琳达是个自由摄影师。

■ **hatred** ['heɪtrɪd] *n.* 憎恶，憎恨；仇恨

(模拟实景) Our neighbour's son looked at me with *hatred*. 我们邻居家的儿子用充满仇恨的眼光看着我。

■ **hazard** ['hæzəd] *n.* 危险；公害 *vt.* 冒险做出（或提出）；冒…风险

(模拟实景) My grandpa's life was full of *hazards*. 我祖父的一生充满了冒险。

(单词拓展) hazardous（*adj.* 危险的；冒险的）

■ **headquarters** [ˌhed'kwɔːtəz] *n.* （机构、企业等的）总部；指挥部

(模拟实景) The *headquarters* of our company is in Paris. 我们公司的总部设在巴黎。

■ **heel** [hiːl] *n.* 脚后跟，踵；（鞋、袜等的）后跟；[*pl.*] 女高跟鞋

(阅读短语) high-heeled shoes 高跟鞋

(模拟实景) Kathy prefers to wear *heels* on dinner parties. 在晚宴上，凯西更喜欢穿高跟鞋。

■ **imperative** [ɪm'perətɪv] *adj.* 必要的；紧急的；命令的 *n.* 必要的事，必

须完成的事；祈使语气（动词）

(模拟实景) It is absolutely *imperative* that we finish this task by next week. 我们必须在下周之间完成这项任务。

- **lay-off** ['leɪɒf] *n.* （尤指临时）解雇

(模拟实景) The recent global economic crisis has led to massive *layoffs*. 最近的全球经济危机已经导致大量失业。

- **misunderstand** [ˌmɪsʌndə'stænd] *vt.* 误解，误会

- **objective** [əb'dʒektɪv] *n.* 目标，目的 *adj.* 客观的，不带偏见的

(模拟实景) These figures give an *objective* indicator of changing trends in people's life consumption. 这些数据客观地显示出人们生活消费方式的变化趋势。

(单词拓展) objectivity（ *n.* 客观性）

(考点点评) 四级阅读真题曾考过该词。其反义词是subjective（ *adj.* 主观的）。

- **optimum** ['ɒptɪməm] *adj.* 最合适的，最佳的

- **pension** ['penʃn] *n.* 养老金，抚恤金 *vt.* 发给…养老金（或退休金、抚恤金等）

(模拟实景) The government *pensioned* the old man for his years of hardworking. 政府为这位辛勤工作多年的老人发放了养老金。

(单词拓展) pensionable（ *adj.* 可领养老金的）；pensioner（ *n.* 领养老金的人）

- **perceive** [pə'siːv] *vt.* 感知，感觉，察觉；认识到，意识到；理解

(模拟实景) George gradually *perceived* that his wife had been right. 乔治渐渐地认识到他妻子一直是对的。

- **permission** [pə'mɪʃn] *n.* 允许，许可，准许

(阅读短语) without permission 未经允许

- **priority** [praɪ'ɒrəti] *n.* 优先（权）；重点；优先考虑的事

- **psychiatrist** [saɪ'kaɪətrɪst] *n.* 精神科医生，精神病专家

■ **recommendation** [ˌrekəmen'deɪʃn] *n.* 推荐；推荐信；建议，劝告；优点，可取之处

■ **reconcile** ['rekənsaɪl] *vt.* 使协调；使和解；使顺从（于），使甘心（于）

阅读短语 reconcile to... 使顺从于…

模拟实景 After each quarrel Mark and his twin brother are soon *reconciled*. 每次吵架之后，马克和他的双胞胎弟弟很快就会和好如初。

■ **recruit** [rɪ'kruːt] *vt.* 招募（新兵）；吸收（新成员）*n.* 新兵；新成员

模拟实景 Our English club has *recruited* 40 new members this semester. 这学期我们英语俱乐部吸收了40名新会员。

单词拓展 recruitment（*n.* 招聘；吸收新成员）

■ **referee** [ˌrefə'riː] *n.* 裁判员；证明人；推荐人；仲裁者，调解者 *v.* 当裁判

■ **representative** [ˌreprɪ'zentətɪv] *n.* 代表，代理人 *adj.* 有代表性的，典型的

阅读短语 representative of... …的典型

■ **response** [rɪ'spɒns] *n.* 回答，答复；反应，响应

阅读短语 in response to... 作为对…的反应

单词拓展 responsive（*adj.* 响应的）

■ **retiree** [rɪˌtaɪə'riː] *n.* 退休人员

■ **skilled** [skɪld] *adj.* 熟练的；有技能的

■ **slip** [slɪp] *v.* 滑（倒），滑落；溜走；下降，跌落；悄悄放进 *n.* 疏漏，差错

阅读短语 give...the slip 避开，甩掉；let sth. slip 错过（机会等）；泄露；slip up 失误，出差错

模拟实景 The address of your house has *slipped* my mind. 我忘记你家的地址了。

单词拓展 slipper（*n.* 拖鞋）；slippery（*adj.* 光滑的）；slippage（*n.* 滑动；下降）

■ **strain** [streɪn] *n.* 拉紧，绷紧；<u>过劳，极度紧张</u>；张力；扭伤，拉伤；[常 *pl.*] 旋律，曲调；品种，品系；气质，个性特点 *vt.* 扭伤，拉伤；尽力使用，使紧张；拉紧，绷紧 *vi.* 尽力，努力

[阅读短语] mental strain 精神紧张

[模拟实景] John *strained* to finish writing the English essay within a week. 约翰尽力在一周内写完英语论文。

[考点点评] 四级真题曾考过近义词tension, strain, stress, intensity的词义辨析。tension意为"紧张，不安"，常指人际关系、局势的紧张；strain指精神极度紧张；stress意为"压力，（精神或肉体的）紧张"；intensity意为"强烈；强度"。

■ **strategic** [strə'tiːdʒɪk] *adj.* 对全局有重要意义的，关键的；<u>战略上的</u>

■ **subordinate** [sə'bɔːdɪnət] *adj.* 下级的，级别低的；<u>次要的，从属的</u> *n.* 部属，下级 [sə'bɔːdɪneɪt] *vt.* 使处于次要地位，使从属于

[阅读短语] subordinate to... 服从…，从属于…

[模拟实景] This general treats his *subordinates* kindly. 这位将军对待下级和蔼可亲。

[考点点评] 四级真题曾考过influential, inferior, superior, subordinate这几个词的词义辨析。influential意为"有影响的"，和介词in搭配；inferior意为"下级的"，superior意为"上级的"，subordinate意为"次要的"，这三个词常和介词to搭配。

■ **summarise/summarize** ['sʌməraɪz] *vt.* 概括，总结

■ **suspicion** [sə'spɪʃn] *n.* <u>怀疑，疑心</u>；一点儿，少量

■ **suspicious** [sə'spɪʃəs] *adj.* 猜疑的，疑心的；可疑的；表示怀疑的

[阅读短语] be suspicious of... 怀疑…

[模拟实景] I'm *suspicious* of the strange neighbour's intentions. 我对那个古怪的邻居的意图表示怀疑。

[单词拓展] suspiciously（*adv.* 可疑地）

- **temper** ['tempə(r)] *n.* 脾气，情绪；怒火；韧度 *vt.* 调和，使缓和；使（金属）回火

  lose one's temper 发脾气；control one's temper 克制着不发脾气

  You must learn to control your *temper*. 你必须学会控制你的脾气。

  short-tempered（*adj.* 脾气坏的，易怒的）

- **temptation** [temp'teɪʃn] *n.* 诱惑，引诱

- **tendency** ['tendənsi] *n.* 趋向，趋势

- **ultimate** ['ʌltɪmət] *adj.* 极端的；最高的；最后的，最终的 *n.* 终极，极限

  the ultimate goal 最终目标

  After many defeats, this volleyball team got the *ultimate* victory in the end. 在多次失败之后，这支排球队赢得了最终的胜利。

  ultimately（*adv.* 最后，终于）

- **unavoidable** [ˌʌnə'vɔɪdəbl] *adj.* 不可避免的

  四级真题中曾出现过以下几个词：unthinkable "不可思议的"；insolvable "不能解决的"；irreversible "不能取消的"。这几个词都有否定前缀，常见的否定前缀有：un-, dis-, in-, im-, il-, ir-, mis-, non-, de-, anti-, counter-等。

- **understanding** [ˌʌndə'stændɪŋ] *n.* 谅解，（非正式）协议；理解（力）；相互理解，融洽 *adj.* 体谅的，宽容的

- **uneasy** [ˌʌn'iːzi] *adj.* 心神不安的，忧虑的

  Helen was *uneasy* about tomorrow's interview. 海伦对明天的面试感到不安。

- **verify** ['verɪfaɪ] *vt.* 核实，查对；证明，证实

  Please *verify* that there is sufficient memory available before loading the program. 下载本程序之前，请先确认有足够的内存可用。

  verification（*n.* 确认）

- **civilian** [sɪ'vɪliən] *n.* 平民，百姓 *adj.* 民用的，百姓的

  〔模拟实景〕 A lot of innocent *civilians* were injured in the gunfight. 在枪战中许多无辜的平民受伤了。

- **commercial** [kə'mɜːʃl] *adj.* 商业的，商务的；商品化的，商业性的 *n.* 商业广告

  〔模拟实景〕 Shanghai is a big *commercial* city. 上海是一个大型商业城市。

- **creature** ['kriːtʃə(r)] *n.* 生物，动物；人；创造物，产物

  〔模拟实景〕 The dragon is a strange-looking *creature* in the legend. 传说中龙是一种模样古怪的动物。

- **delight** [dɪ'laɪt] *n.* 快乐，高兴；使人高兴的东西（或人）*vt.* 使高兴，使欣喜 *vi.* 感到高兴（或快乐）

  〔阅读短语〕 take (a) delight in 以…为乐

  〔模拟实景〕 My mother takes great *delight* in helping others. 我妈妈特别喜欢帮助别人。

  〔单词拓展〕 delighted（*adj.* 欣喜的）；delightful（*adj.* 令人愉快的）

- **frequency** ['friːkwənsi] *n.* 次数，频率；经常发生，频繁

  〔模拟实景〕 Fatal road accidents have decreased in *frequency* over recent years. 近年来致命交通事故的发生率已经下降。

  〔单词拓展〕 low-frequency（*adj.* 低频率的）

- **layer** ['leɪə(r)] *n.* 层，层次

  〔模拟实景〕 His words have several *layers* of meaning. 他的话有好几层含义。

- **navy** ['neɪvi] *n.* 海军

  〔模拟实景〕 The young man joined the *navy* after he graduated from university. 这个年轻人大学毕业后加入了海军。

- **network** ['netwɜːk] *n.* 网状物；广播网，电视网；（电信与计算机）网络，网状系统

  〔模拟实景〕 Please check whether the *network* connection of your computer is normal. 请检查你电脑的网络连接是否正常。

■ **species** ['spi:ʃi:z] *n.* 种，类

阅读短语 endangered species 濒危物种

模拟实景 Everyone should try his best to protect endangered *species*. 每个人都应该尽力去保护濒危物种。

■ **track** [træk] *n.* 小路，小径，路径；进程；跑道；（铁路）轨道；足迹，车辙，踪迹 *vt.* 跟踪，追踪

阅读短语 keep track of... 与…保持联系；lose track of... 失去与…的联系，不能跟上…的进展

模拟实景 The policeman was ordered to keep *track* of that strange man. 这名警察被命令去跟踪那名奇怪的男子。

单词拓展 tracker（*n.* 追踪者）；trackless（*adj.* 无踪迹的）

考点点评 四级真题中曾考过spot, point, track, trace这几个词的词义辨析。spot "污点"，point "点"，trace "痕迹，踪迹"，track "小路，足迹"。

■ **visual** ['vɪʒuəl] *adj.* 视觉的；看得见的

模拟实景 Our teacher's teaching method is effective and she uses a lot of *visual* aids. 我们老师的教学方法很有效，她使用大量的视觉教具进行教学。

单词拓展 visualize（*vt.* 想象，设想）

■ **acknowledge** [ək'nɒlɪdʒ] *vt.* 承认，承认…的权威（或主张）；告知收到，确认；对…表示感谢，报偿

模拟实景 The head of the factory refused to *acknowledge* the need for reform. 这家工厂的厂长拒绝承认需要改革。

单词拓展 acknowledgement（*n.* 承认）

■ **annual** ['ænjuəl] *adj.* 每年的，一年一次的 *n.* 年报，年刊，年鉴；一年生的植物

阅读短语 annual report 年度报告

模拟实景 The restaurant has an *annual* turnover of one million yuan. 这家餐馆的年营业额为100万元。

■ **belief** [bɪ'li:f] *n.* 相信，信任；信念，信仰；想法

阅读短语 religious belief 宗教信仰；in the belief that 希望

The foreigner hadn't much *belief* in doctors of traditional Chinese medicine. 那个外国人不太相信传统中医。

■ **compete** [kəm'piːt] *vi.* 竞争，比赛

compete in... 在…方面竞争；compete with (against)... 与…进行竞争；compete for... 为了…而竞争

Four companies are *competing* for the order at the same time. 有四家公司同时在争这笔订单。

competition（*n.* 竞争，比赛）；competitive [*adj.* 竞争的；（价格等）有竞争力的]；competent（*adj.* 能干的）；competitor（*n.* 竞争者，对手）

■ **concept** ['kɒnsept] *n.* 概念；思想

It's very difficult to define the *concept* of beauty. 美这个概念很难定义。

conceptual（*adj.* 概念上的）

■ **crucial** ['kruːʃl] *adj.* 至关重要的，决定性的

crucial factor 决定性因素

The results of the board meeting are *crucial* to the future of our firm. 董事会的讨论结果对我们公司的将来起着决定性的作用。

■ **culture** ['kʌltʃə(r)] *n.* 文化，文明；教养，教育；培养，培植；培养菌

I love working abroad and meeting people from different *cultures*. 我喜欢在国外工作，结识有着不同文化背景的人。

■ **curl** [kɜːl] *n.*（一绺）鬈发；卷曲，卷曲物 *vt.* 卷，（使）卷曲 *vi.* 变鬈；卷曲，扭曲；（烟）缭绕，盘绕

curl up 卷起；撅起（嘴唇等）；（使）蜷曲

The lovely Russian girl has beautiful golden *curls*. 那个可爱的俄罗斯女孩有一头漂亮的金色卷发。

■ **enterprise** ['entəpraɪz] *n.*（艰巨的）事业；计划；事业心，进取心；企业（或事业）单位，公司

Abbott is a young man with *enterprise* and creativity that we are looking for. 阿博特正是我们所要找的那种有进取精神和创造力的年轻人。

- **facilitate** [fə'sɪlɪteɪt] *vt.* 使…变得（更）容易，使便利
  - **模拟实景** Computers can be used to *facilitate* calculating. 计算机可以使计算变得更加简便。

- **innovative** ['ɪnəveɪtɪv] *adj.* 革新的，新颖的；创新的，富有革新精神的
  - **模拟实景** Helen is an imaginative and *innovative* manager. 海伦是一位富有想象力和创新精神的经理。

- **link** [lɪŋk] *v.* 连接；联系 *n.* 环节；联系，纽带
  - **模拟实景** The new bridge will *link* the two villages. 这座新桥会把这两个村子连接起来。

- **perception** [pə'sepʃn] *n.* 感知（能力），觉察（力）；认识，观念
  - **模拟实景** It is difficult to change the public's *perception* that money is everything. 很难改变公众所持有的金钱就是一切的观念。

- **profit** ['prɒfɪt] *n.* 利润，收益；益处 *vt.* 有益于，有利于 *vi.* 得益
  - **阅读短语** profit by/from... 从…中得益
  - **模拟实景** Sam made a *profit* of five thousand yuan by doing a part time job for a publishing house. 萨姆为一家出版社做兼职赚了5000元。

- **swing** [swɪŋ] *v.* （使）摇摆，（使）摇荡；（使）旋转；（使）突然转向 *n.* 波动，摆动，摇摆；秋千
  - **阅读短语** in full swing 十分活跃；正在全力进行中
  - **模拟实景** My little nephew likes playing on the *swings* in the park. 我的小侄子喜欢在公园里荡秋千。

- **adequate** ['ædɪkwət] *adj.* 充足的，足够的；适当的；胜任的
  - **模拟实景** The couple's earnings are *adequate* to their daily necessaries. 这对夫妇赚的钱足够他们的日常生活所需了。
  - **单词拓展** adequacy（*n.* 足够，充分）
  - **考点点评** 四级真题曾考过accurate, urgent, excessive, adequate这几个词的词义辨析。adequate意为"充足的，足够的"，如By law, when one makes a large purchase, he should have adequate opportunity to change his mind.（依据法律，当一个人进行大量采购时，他应该有足够

的机会去改变其想法。）accurate "准确的"；urgent "紧迫的，紧急的"；excessive "过多的"。

■ **challenge** ['tʃæləndʒ] *n.* 艰巨的任务；怀疑，质问；挑战，邀请比赛
vt. 反对，公然反抗；向…挑战；对…质疑，对…怀疑

阅读短语 pose a challenge to... 向…提出挑战

模拟实景 It is a real great *challenge* to build a road that penetrates the mountain. 修一条穿通山脉的路真是一个很大的挑战。

单词拓展 challenger（*n.* 挑战者）；challenging（*adj.* 挑战的）

■ **corporate** ['kɔːpərət] *adj.* 法人团体的，公司的；全体的，共同的

模拟实景 The university is a *corporate* body made up of several different colleges. 大学是一个由几个不同的学院组成的共同体。

单词拓展 corporation（*n.* 公司；社团）

■ **creativity** [,kriːeɪ'tɪvəti] *n.* 创造力；创造

模拟实景 Writers are complained about lacking of *creativity* in the ideas. 人们抱怨作家的想法缺乏创造力。

■ **current** ['kʌrənt] *adj.* 现时的，当前的；流行的，流传的 *n.*（空气、水、电等的）流；潮流；趋势，倾向

阅读短语 ocean currents 洋流；electrical currents 电流

模拟实景 Our *current* methods for car production are too expensive. 目前，我国生产汽车的方法费用太高。

单词拓展 concurrent（*adj.* 同时发生的）；currency（*n.* 流通；货币）

考点点评 四级真题曾考过current, initial, modern, primitive这几个词的词义辨析。current意为 "当前的"，如People's expectations about the future may have more influence on their sense of well-being than their current state does.（人们对未来的期望比他们当前的状况更影响其幸福感。）initial "最初的"，modern "现代的"，primitive "原始的"。

■ **differ** ['dɪfə(r)] *vi.* 不同，相异；（在意见方面）发生分歧

阅读短语 differ from sb./sth. 与…不同；differ in sth. 在…方面不同

模拟实景 People *differ* from one another in their characters and abilities. 人与人在性格和才能方面是不一样的。

■ **guideline** ['gaɪdlaɪn] n. [常pl.] 指导方针，准则

模拟实景 Thanks to the good government *guidelines*, people can live a happy life. 幸亏有政府的好方针，人民才能过上幸福生活。

■ **hunt** [hʌnt] n./v. 打猎，猎取；搜寻，寻找；驱逐，追捕

阅读短语 hunt down... 对…穷追直至捕获，追捕到；go hunting 打猎；hunt for... 寻找…；job hunting 求职

模拟实景 November is a good time to *hunt* deer in the northeast. 在东北，11月是猎鹿的好时节。

单词拓展 hunter（n. 猎人）

■ **initiative** [ɪ'nɪʃətɪv] n. 主动性，首创精神；主动的行动，倡议；主动权

阅读短语 on one's (own) initiative 主动地；take the initiative 采取主动；带头

模拟实景 Charles is so shy that he does not take the *initiative* to make friends with others. 查尔斯很害羞，他一般不会主动与他人交朋友。

■ **personnel** [ˌpɜːsə'nel] n. [总称] 人员，员工；人事部门

阅读短语 personnel manager 人事经理

模拟实景 The *personnel* department will provide you the information on benefits. 人事部门将会给你提供福利方面的信息。

■ **preference** ['prefərəns] n. 喜爱，偏爱；优先（权）；偏爱的事物（或人）

模拟实景 Teachers should not show *preference* for any one of their students. 教师不应该对任何一个学生表现出偏心。

■ **qualification** [ˌkwɒlɪfɪ'keɪʃn] n. 资格，资格证明，合格证书；限制，限定，限定性条件

模拟实景 Applicants for the foreign company should have a TOEFL *qualification* and 2-3 years' working experience. 这家外企的应聘者需要有托福证书以及两到三年的工作经验。

■ **requirement** [rɪ'kwaɪəmənt] n. 要求，必要条件；需要，需要的东西

模拟实景 What is the minimum entrance *requirement* for this course? 参加这一课程的最低要求是什么？

■ **responsibility** [rɪˌspɒnsə'bɪləti] *n.* 责任；职责，义务；负责

(阅读短语) sense of responsibility 责任心

(模拟实景) The young manager didn't feel ready to take on new *responsibilities*. 这位年轻的经理还没有做好准备承担新的责任。

■ **resume** [rɪ'zjuːm] *vt.* （中断后）重新开始，恢复 ['rezjuːmeɪ] *n.* 摘要，概要；简历，履历

(模拟实景) She *resumed* her career after an interval of six years. 她在中断工作六年后重新就业。

(单词拓展) resumption （*n.* 重新开始）

(考点点评) resume在四级考试中常作名词意为"简历，履历"。这里再介绍一些在四级中考过的和job hunting相关的表达：online job search "在线求职"；job seeker "求职者"；personal information "个人信息"。

■ **search** [sɜːtʃ] *vt./n.* 搜索，寻找

(阅读短语) in search of 寻找，寻求

(模拟实景) The room was thoroughly *searched*, but nothing was found. 这个房间已经被彻底搜查过了，但是什么也没找到。

■ **title** ['taɪtl] *n.* 标题，题目；称号，头衔；爵位；权利，权益

(模拟实景) Few people knew that the present Earl inherited the *title* from his father. 极少有人知道，现在这位伯爵是从他父亲那里继承的爵位。

■ **variation** [ˌveərɪ'eɪʃn] *n.* 变化，变动；变体，变种；变奏（曲）

(模拟实景) There is a great deal of *variation* in the structure of the company this year. 今年公司的结构有很大的变动。

■ **accuracy** ['ækjərəsi] *n.* 准确（性），精确（性）

(阅读短语) with accuracy 准确地

(模拟实景) *Accuracy* is more important than speed for this job. 对于这份工作而言，准确性比速度更重要。

(单词拓展) accurate （*adj.* 准确的）；accurately （*adv.* 准确地）；inaccuracy （*n.* 不准确）

■ **astronaut** ['æstrənɔːt] *n.* 宇航员

(模拟实景) It is known that Neil Armstrong is the first *astronaut* to walk on the moon. 众所周知，尼尔·阿姆斯特朗是第一位在月球漫步的宇航员。

■ **atom** ['ætəm] *n.* 原子；微粒；微量

(模拟实景) A molecule of water is the combination of two *atoms* of hydrogen and one *atom* of oxygen. 一个水分子是由两个氢原子和一个氧原子组成的。

■ **atomic** [ə'tɒmɪk] *adj.* （关于）原子的；原子能的，原子武器的

(模拟实景) Some people think *atomic* energy will be widely used around the world. 一些人认为原子能将在世界范围内得到广泛使用。

■ **audio** ['ɔːdiəu] *adj.* 听觉的；声音的

■ **aviation** [ˌeɪvɪ'eɪʃn] *n.* 航空；航空学；飞机制造业

(模拟实景) The *aviation* is a complicate subject. 航空学是一门复杂的学科。

■ **chart** [tʃɑːt] *n.* 图，图表；航图，海图 *vt.* 用图表表示；在图上表示

(模拟实景) The *chart* showed our industrial economy's rapid growth in recent years. 这个图表显示了近年来我国工业经济的迅速发展。

(单词拓展) uncharted（*adj.* 图上未标明的）

■ **combination** [ˌkɒmbɪ'neɪʃn] *n.* 结合（体），联合（体）；化合

■ **deaf** [def] *adj.* 聋的；不愿听的，装聋的

(阅读短语) be deaf to warning/advice 不听警告/劝告；turn a deaf ear to... 对…置若罔闻

(模拟实景) None is so *deaf* as those that won't hear. 不肯倾听别人意见的人是最聋的人。

■ **detection** [dɪ'tekʃn] *n.* 察觉，发觉；侦查，探测

(阅读短语) detection system 侦查系统

(模拟实景) The *detection* of illegal activities is not always easy. 侦查非法活动并非总是易事。

■ **disorder** [dɪs'ɔ:də(r)] *n.* 混乱；凌乱；骚乱，动乱；（身心、机能的）失调，病

(模拟实景) Policemen were called out to put an end to the *disorder*. 警察被召来平息骚乱。

(单词拓展) disorderly（*adj.* 混乱的，无秩序的）

■ **distinct** [dɪs'tɪŋkt] *adj.* 有区别的，不同的；清楚的，清晰的；明确的，显著的

(模拟实景) The teacher said that you should make your writing *distinct*. 老师说你应该把字写清楚。

(单词拓展) distinction（*n.* 差别；特性）；distinctive（*adj.* 与众不同的）

■ **electron** [ɪ'lektrɒn] *n.* 电子

(单词拓展) electronic（*adj.* 电子的）；electronics（*n.* 电子学）

■ **equality** [iː'kwɒləti] *n.* 相等，平等

(模拟实景) Don't you believe in *equality* between men and women? 难道你不相信男女平等吗？

■ **experimental** [ɪkˌsperɪ'mentl] *adj.* 实验（性）的，试验（性）的

(模拟实景) This surgeon stresses that this kind of treatment is still *experimental*. 这位外科医生强调，这种治疗方法还只是试验性的。

■ **failure** ['feɪljə(r)] *n.* 失败；失败的人（或事）；失灵，故障；没做到，不履行

(模拟实景) The new oil company was a *failure* and soon closed. 那家新的石油公司经营失败，不久便关门了。

(考点点评) 四级真题曾考过failure "故障" 的词义，如She keeps a supply of candles in the house in case of power failure.（她在家中备了一些蜡烛，以防停电。）

■ **faulty** ['fɔ:lti] *adj.* 有错误的，出毛病的

(模拟实景) The engineer traced the trouble to a *faulty* line. 工程师查出问题出在一根出了故障的线路上。

■ **female** ['fiːmeɪl] *adj.* 雌的，女（性）的 *n.* 雌性动物；女子

(模拟实景) Cleaning the house is considered a *female* duty. 打扫屋子被认为是女性的职责。

■ **gene** [dʒiːn] *n.* 基因

■ **generator** ['dʒenəreɪtə(r)] *n.* 发电机；发生器

(模拟实景) The emergency *generators* in our factory were used during the power cut. 我们厂的应急发电机在电力中断时使用。

■ **instrumental** [ˌɪnstrə'mentl] *adj.* 起作用的，有帮助的；用乐器演奏的

(阅读短语) instrumental in... 对…有帮助的，对…起作用的

(模拟实景) John's help was *instrumental* in investigating the criminal case. 约翰的协助对调查那起刑事案件有所帮助。

■ **internal** [ɪn'tɜːnl] *adj.* 内的，内部的；国内的，内政的；内心的

(阅读短语) internal-combustion engine 内燃机

(模拟实景) The country stepped up *internal* security. 该国加强了国内安全防卫。

(单词拓展) internally（*adv.* 在内部）

■ **invisible** [ɪn'vɪzəbl] *adj.* 看不见的，无形的

■ **measurement** ['meʒəmənt] *n.* 衡量，测量；[常*pl.*]（量得的）尺寸，大小

(模拟实景) The overall *measurement* of this playground is 1,000 square meters. 这个操场的总面积是1000平方米。

■ **navigation** [ˌnævɪ'geɪʃn] *n.* 航行（学），航海（术），航空（术）；导航，领航

■ **nitrogen** ['naɪtrədʒən] *n.* 氮

■ **optical** ['ɒptɪkl] *adj.* 光（学）的；眼的，视力的；视觉的

■ **orbit** ['ɔːbɪt] *n.* 轨道 *v.* 沿轨道运行；围绕…运动

单词拓展　orbital（*adj.* 轨道的）

■ **organ** ['ɔːgən] *n.* 器官；风琴；机构；新闻媒介，宣传工具

模拟实景　The liver is one of the body's most important *organs*. 肝脏是人体最重要的器官之一。

单词拓展　organic（*adj.* 有机的；器官的）；organist（*n.* 风琴手）

■ **precision** [prɪ'sɪʒn] *n.* 精确（性）；精密（度）

模拟实景　The student chose his words in his composition with *precision*. 这个学生在作文中的选词很精准。

■ **probe** [prəʊb] *v.* 探索，调查；用探针（或探测器等）探查，探测 *n.* 探针，探测器；探索，调查

模拟实景　The police are *probing* into the cause of the crime. 警方正在调查犯罪的原因。

■ **regular** ['regjələ(r)] *adj.* 规则的，有规律的；定期的，固定的；整齐的，匀称的；常规的，经常的；平常的

■ **rocket** ['rɒkɪt] *n.* 火箭 *vi.* 飞快地移动；猛涨

模拟实景　The *rocket* will be launched from the space research base at 5 a.m. 火箭将于早上5点从空间研究基地发射。

■ **scan** [skæn] *vt.* 细看，审视；扫描；浏览 *n.* 扫描

模拟实景　I *scanned China Daily* while waiting for the subway. 我在等地铁的时候翻看了《中国日报》。

单词拓展　scanner（*n.* 扫描仪）

■ **scattered** ['skætəd] *adj.* 分散的，散布的

■ **semiconductor** [ˌsemikən'dʌktə(r)] *n.* 半导体

■ **slice** [slaɪs] *n.* 薄片，切片；一份，部分 *vt.* 切（片），削

■ **spacecraft** ['speɪskrɑːft] *n.* 航天器，宇宙飞船

■ **static** ['stætɪk] *adj.* 静的；静力的，静态的；静止的，停滞的 *n.* 静电；[-s] 静力学

■ **steam** [stiːm] *n.* （蒸）汽，汽雾 *vi.* 放出蒸汽；（火车、轮船）行驶 *vt.* 蒸煮

　阅读短语 get up steam 振作精神；steam up（使）蒙上水汽
　模拟实景 The ship will *steam* into the harbor this afternoon. 轮船将于今天下午抵港。

■ **stereo** ['steriəʊ] *adj.* 立体声的 *n.* 立体声（装置）

■ **technician** [tek'nɪʃn] *n.* 技术员，技师

■ **telescope** ['telɪskəʊp] *n.* 望远镜

　单词拓展 telescopic（*adj.* 借助望远镜看到的）

■ **trace** [treɪs] *n.* 痕迹；极微的量，少许 *vt.* 跟踪；追踪；追溯；探索；描摹

　模拟实景 Jack always speaks with a *trace* of humor. 杰克说话总带着一丝幽默。
　单词拓展 trace element 微量元素

■ **tube** [tjuːb] *n.* 管，软管；地铁；电子管，显像管

■ **vapo(u)r** ['veɪpə(r)] *n.* （蒸）汽

■ **waterproof** ['wɔːtəpruːf] *adj.* 不透水的，防水的

　模拟实景 Our company will come up with a new technique for *waterproofing* floors. 我们公司将推出一项使地板防水的新技术。
　考点点评 四级真题曾考过该词，词根-proof 表示"防…的"。

■ **X-ray** ['eks͵reɪ] *n.* X射线；X光照片

（模拟实景） The doctor advised the patient to take an *X-ray* of his lung. 医生建议该病人去拍摄肺部的X光照片。

■ **cautious** ['kɔːʃəs] *adj.* 十分小心的，谨慎的

（模拟实景） Our boss is very *cautious* with investment. 我们老板在投资方面很谨慎。

（考点点评） 四级真题曾考过该词，用来表明态度，其他同类词还有：enthusiastic"热情的"；pessimistic"悲观的"；optimistic"乐观的"。

■ **create** [kriːˈeɪt] *vt.* 创造，创建；引起，产生

（模拟实景） Officials of the government are having a meeting about how to *create* jobs. 政府官员们正在开会研究如何才能创造就业机会。

（单词拓展） man-created（*adj.* 人类创造的）

■ **critical** ['krɪtɪkl] *adj.* 批评的，批判的；决定性的，关键性的；危急的

（模拟实景） At the *critical* moment, we must stick to the task until it is finished. 在这紧要关头，我们一定要坚持完成任务。

（单词拓展） uncritical（*adj.* 不加批判的）

（考点点评） 四级真题曾用critical表示作者的态度，其他可以表示态度的词有：subjective"主观的"；objective"客观的"；neutral"中立的"；arbitrary"武断的"。

■ **criticism** ['krɪtɪsɪzm] *n.* 批评，指责；评论；评论文章

（模拟实景） Everyone should accept the *criticism* and advice from their parents. 每个人都应该接受父母的批评和忠告。

■ **feedback** ['fiːdbæk] *n.* 反馈，反馈信息

（模拟实景） If you have any comments and suggestions, please give us *feedback*. 如果有什么意见和建议，请您反馈给我们。

■ **flaw** [flɔː] *n.* 缺点，瑕疵

（模拟实景） If you could find the fatal *flaw* in his argument, you will beat him. 如果你能找到他论点中的致命缺陷，你就能击败他。

单词拓展 flawless（*adj.* 完美的，无瑕疵的）

考点点评 四级真题曾考过近义词errors, shortcomings, fault和flaw的区别。这几个词都指某物不完美：errors是指客观的、已经出现的错误，很少用在人的身上，一般和介词on/of搭配；shortcomings意为"缺点"；fault意为"过错，毛病"，常用搭配是find fault with，表示"批评"；flaw不能用在人身上。

- **inland** ['ɪnlænd] *adj.* 内陆的，内地的 ['ɪnlænd] *adv.* 在内地（或内陆），向内地（或内陆）

  模拟实景 Jack and his wife are planning to travel *inland*. 杰克夫妇俩正在计划去内地旅行。

- **performance** [pəˈfɔːməns] *n.* 演出，表演；履行，执行；工作情况，表现，成绩；（机器等的）性能

  模拟实景 As long as you are in this position, you should succeed in the *performance* of your duty. 只要在这个岗位上，你就应该履行好职责。

  考点点评 四级真题曾考过performance, function, behavior和display这几个词的词义辨析。performance在四级考试中多指"演出，表演"，还常作"表现"之意，如Numerous studies already link the first meal of the day to better classroom performance.（很多研究已经把早饭与更好的课堂表现联系在了一起。）function"功能，作用"；behavior"举止，行为"；display"陈列，展示"，其常用短语为on display，意为"陈列"。

- **physical** ['fɪzɪkl] *adj.* 身体的，肉体的；物理的；物理学的；物质的；有形的；自然的 *n.* 体检

  阅读短语 physical punishment 体罚；physical disease 生理疾病

  模拟实景 As one form of *physical* exercise, football is very popular. 作为体育活动的一种形式，足球很受欢迎。

- **setting** ['setɪŋ] *n.* 环境；（小说等的）背景，（舞台等的）布景；调节，设定的位置

  模拟实景 The *setting* of the story is a hotel in Paris during the war. 故事发生在战争期间巴黎的一家旅馆里。

■ **stress** [stres] *n.* 压力，紧张；强调；重要性；重音 *vt.* 强调；重读

(模拟实景) Many students can't bear the *stresses* and strains of examinations. 许多学生都忍受不了考试所带来的压力和紧张。

(单词拓展) stressful（*adj.* 充满压力的）

■ **charm** [tʃɑːm] *n.* 迷人的特性，魅力；符咒，咒文 *vt.* 吸引，迷住

(模拟实景) The man's handsome appearance is his greatest *charm*. 那个男人英俊的外表是他最迷人之处。

■ **claim** [kleɪm] *vt.* 声称，断言；对…提出要求，索取；（灾难等）使失踪或死亡；需要，值得 *n.* 索赔；索要的金额；对某事物的权利；声称，断言

(阅读短语) lay claim to 声称对…有权利；claim for 要求

(模拟实景) If your new car is damaged, you can *claim* compensation from the insurance company. 如果你的新车被损坏了，你可以从保险公司得到赔偿。

■ **committee** [kə'mɪti] *n.* 委员会

(模拟实景) The *committee* will hold a meeting at 5：00 p.m. tomorrow. 委员会明天下午5点要开会。

■ **depth** [depθ] *n.* 深（度），纵深；（感情等的）深切，强烈；深刻，渊博；[*pl.*] 深处，深渊

(阅读短语) in depth 深入地，彻底地；out of one's depth 非某人所能理解，为某人所不及

(模拟实景) We need to discuss this problem in more *depth*. 我们需要更深入地讨论这个问题。

■ **endless** ['endləs] *adj.* 无止境的；没完没了的

(模拟实景) My grandma has given me *endless* love all her life. 我奶奶在她的一生中给了我无尽的爱。

■ **fame** [feɪm] *n.* 声誉，名望

(模拟实景) He won his overnight *fame* by the final football match. 这场足球决赛让他一举成名。

四级真题曾考过status, fame和faith这三个词的区别。status指"身份，地位"；fame指"声誉，名望"，如He wrote an article criticizing the Greek poet and won fame and a scholarship.（他写了一篇批评希腊诗人的文章，赢得了声誉和奖学金。）而faith意为"信念；信任"，其后常接介词in。

- **genuine** ['dʒenjuɪn] *adj.* 真的；非人造的；真诚的，真心的

模拟实景 The necklace that I bought for my wife is *genuine* gold. 我给妻子买的项链是真金的。

单词拓展 genuineness（*n.* 真实；真挚）

- **imitate** ['ɪmɪteɪt] *vt.* 模仿，仿效；仿制，仿造

模拟实景 Do not *imitate* others any more, and just be yourself. 不要再模仿别人了，做你自己就好。

- **imitation** [ˌɪmɪ'teɪʃn] *n.* 模仿；仿制；伪制品，赝品

模拟实景 Many experts judge that the vase is an *imitation*. 很多专家鉴定这只花瓶是赝品。

- **immense** [ɪ'mens] *adj.* 广大的，巨大的

模拟实景 The Atlantic Ocean is so *immense* that it's impossible to find that man. 大西洋浩瀚无边，想找到那个人是不可能的。

单词拓展 immensely（*adv.* 极大地；无限地；极端地）

- **instruct** [ɪn'strʌkt] *vt.* 指示；通知；教育，指导

阅读短语 instruct sb. in sth./doing sth. 教某人某种技巧

模拟实景 Her mother *instructed* her in playing the piano. 她的妈妈教她弹钢琴。

单词拓展 instruction（*n.* 教育，指导）；instructor（*n.* 教师；教练）；instructive（*adj.* 有益的；增长知识的）

- **magnetic** [mæg'netɪk] *adj.* 磁的，有磁性的；有吸引力的，有魅力的

模拟实景 We all think that model is a very *magnetic* woman. 我们都认为那个模特是一个非常有魅力的女人。

- **pace** [peɪs] *n.* （一）步；步速；速度，节奏 *vi.* 踱步

阅读短语 keep pace with 并驾齐驱，齐头并进

模拟实景 The project was progressing at a slow *pace*. 这项工程进度缓慢。

■ **personality** [ˌpɜːsəˈnæləti] *n.* 人格；个性；名人，人物

模拟实景 Each individual girl in our class has her own *personality*. 我们班的每个女孩都有自己的个性。

■ **step** [step] *n.* 步，（脚）步；步骤，措施；台阶，梯级 *vi.* 跨步；行走；踩，踏

阅读短语 in step 齐步；合拍，协调；out of step 不合拍，不协调；step aside/down 让位，辞职；step by step 逐步地；step up 加速；增加

模拟实景 If you want to learn French well, you must learn *step* by *step*. 如果你想学好法语，就必须循序渐进。

■ **voltage** [ˈvəʊltɪdʒ] *n.* 电压

模拟实景 Be careful of the *voltage*; it's very dangerous. 小心电压，很危险。

■ **accompany** [əˈkʌmpəni] *vt.* 陪伴，陪同；伴随，和……一起发生；为……伴奏（或伴唱）

模拟实景 Our parents hope that we can *accompany* them at the weekend more often. 父母希望我们周末能多陪陪他们。

单词拓展 accompaniment（*n.* 伴随物；伴奏）；accompanist（*n.* 伴奏者）

考点点评 四级真题曾考过以下几个词的辨析：coordinate意为"协调"；cooperate意为"合作"，常和介词with搭配；accompany意为"陪伴，陪同"，是及物动词，直接跟宾语即可，如Tomorrow the mayor is to accompany a group of Canadian businessmen on a tour of the city.（市长明天要陪同一队加拿大商人参观该市。）另外accompany还有"为……伴奏"之意。associate意为"交往，结交"，也常与介词with搭配。

■ **application** [ˌæplɪˈkeɪʃn] *n.* 申请；申请表，申请书；应用，实施；施用，敷用，涂抹

阅读短语 application form 申请书，申请表

模拟实景 Our company received fifty *applications* for this position. 我们公司收到了50封申请这个职位的求职信。

■ **breed** [briːd] *n.* 种，品种；类型 *vi.* 繁殖，产仔 *vt.* 饲养，养殖；养育，培育；酿成，产生

模拟实景 These scientists are researching how to *breed* bigger cows. 这些科学家正在研究如何培育体型较大的奶牛。

考点点评 四级真题曾考查过近义词grow, raise, breed和fly的辨析。grow意为"成长；增长"；raise意为"提高；饲养"；fly意为"飞翔"；breed作动词时意思是"繁殖；培育"。

■ **candidate** ['kændɪdeɪt] *n.* 申请求职者；投考者；候选人

模拟实景 I think he is a more suitable *candidate* for this position. 我认为他更适合这个职位。

■ **client** ['klaɪənt] *n.* 委托人，当事人；顾客

模拟实景 If we get complaints from our *clients,* we must deal with them as soon as possible. 如果收到顾客的投诉，我们一定要尽快处理。

■ **device** [dɪ'vaɪs] *n.* 设备，器械；手段；策略

阅读短语 leave sb. to his own devices 听任某人自便，让某人独自处理问题

模拟实景 My parents leave me to my own *devices* for two hours in the evening. 我的父母允许我晚上有两个小时的自由支配时间。

■ **fax** [fæks] *n.* 传真（机）；传真件 *vt.* 用传真传输

模拟实景 After you finish your plan, please send it to me by *fax*. 等你完成了设计图之后，请用传真发给我。

■ **insight** ['ɪnsaɪt] *n.* 洞察力；洞悉

阅读短语 have an insight into sth. 对某事有深入了解

模拟实景 Good parents should have an *insight* into children's problems. 好的父母应该能够深入了解孩子们的问题。

单词拓展 insightful（*adj.* 富有洞察力的；有深刻见解的）

考点点评 四级真题曾考过insight, imagination, fancy和outlook这几个词的辨析。insight意为"洞察力；洞悉"，其后常接介词into，如The film provides a deep insight into a wide range of human qualities and feelings.（这部电影对广泛的人类品质和情感提供了深刻的见解。）imagination意为"想象力"；fancy作名词时意思是"爱好"；outlook意为"观点，见解"。

■ **overseas** [ˌəʊvə'siːz] *adv.* 在（或向）海外，在（或向）国外 *adj.* 国外的；海外的

模拟实景 Our new cars are well sold at the *overseas* market. 我们的新车在国外市场上的销售很好。

考点点评 overseas和abroad在四级真题中均出现过，二者意思相近，考生要注意区分。abroad在作"国外"之意讲时，是副词；而overseas还可以作形容词，如overseas students（留学生）。

■ **planet** ['plænɪt] *n.* 行星

模拟实景 The earth is the third *planet* in order from the sun. 按离太阳的距离排序，地球是太阳的第三颗行星。

单词拓展 planetary（*adj.* 行星的）

■ **prevalent** ['prevələnt] *adj.* 流行的，普遍的

模拟实景 The disease was very *prevalent* in the 1960s. 这种疾病在20世纪60年代十分普遍。

■ **principal** ['prɪnsəpl] *adj.* 最重要的，主要的 *n.* 负责人；校长；资本，本金；主要演员，主角

模拟实景 The *principal* income of my family is my wages. 我家的主要经济来源是我的工资。

考点点评 该词的形容词词义较为考生所熟悉，而其名词词义"负责人；校长"也常在四级考试中出现，如We're worried about our teachers and principals.（我们担心老师和校长。）

■ **satellite** ['sætəlaɪt] *n.* 卫星，人造卫星

模拟实景 People could watch the overseas TV programmes through the *satellites*. 人们通过卫星信号可以收看国外的电视节目。

■ **calorie** ['kæləri] *n.* 大卡（食物的热值）；卡（路里）

模拟实景 Lily is on diet and she restricts herself to 1800 *calories* a day. 莉莉正在节食，她将每天摄入的热量严格控制在1800卡以内。

单词拓展 calorific（*adj.* 生热的）

■ **concede** [kən'siːd] *vt.* （不情愿地）承认，承认…为真（或正确）；（在结果确定前）承认失败；允许；让予 *vi.* 让步，认输

模拟实景 The competitor *conceded* that he had lost the game. 竞争对手承认自己已经输了这场比赛。

单词拓展 concession（*n.* 让步；特许权）

- **diet** ['daɪət] *n.* 日常饮食；（病人或减肥者的）特种饮食，规定饮食 *vi.* 进特种饮食；节食

阅读短语 on a diet 吃规定的饮食；节食

模拟实景 The children today were brought up on a balanced *diet*. 今天的孩子都是吃均衡的饮食长大的。

单词拓展 dietary（*adj.* 饮食的）；dieter（*n.* 节食者，减肥者）；dietitian（*n.* 营养学家）

- **expenditure** [ɪk'spendɪtʃə(r)] *n.* 费用，支出额；（时间、金钱等的）花费，消耗

模拟实景 The general manager of the company intends to cut the *expenditure* on advertisement. 这家公司的总经理打算减少广告费用的支出。

- **intake** ['ɪnteɪk] *n.* 吸入，纳入；进气口，入口

模拟实景 There is an *intake* of around 90 new students each year in this primary. 这所小学每年大约招收90名新生。

- **maintenance** ['meɪntənəns] *n.* 维修，保养；抚养费；维持，保持

模拟实景 Father worked hard to earn money for the *maintenance* of our family. 爸爸拼命工作来赚钱养家。

- **reject** [rɪ'dʒekt] *vt.* 拒绝；拒纳，退回；摈弃 ['riːdʒekt] *n.* 被拒货品；不合格产品

模拟实景 Sarah *rejected* her mother's offer of helping her to buy a house. 萨拉拒绝了妈妈要帮她买房的提议。

单词拓展 rejection（*n.* 拒绝）

考点点评 四级真题曾考过形近词resign, reject, retreat和replace的辨析，注意区分。resign "辞职"，其后接介词from；reject "拒绝；抵制"；retreat "撤退"，是不及物动词；replace "取代，代替"。

- **routine** [ruː'tiːn] *n.* 例行公事，惯常的程序 *adj.* 例行的；常规的

阅读短语 daily routine 日常生活；日常工作

模拟实景 It's just a *routine* medical examination, nothing to get worried about. 这只是例行的体检，没有什么可担心的。

■ **shed** [ʃed] *vt.* 脱落，脱去；流出，流下；发出（光等），散发；<u>摆脱，去掉</u> *n.* 棚屋

模拟实景　Amanda *shed* crocodile tears over the news that Jim was dead. 在听到吉姆去世的消息后，阿曼达假装很难过。

■ **vital** ['vaɪtl] *adj.* <u>生死攸关的，极其重要的</u>；有生命的，充满生机的

模拟实景　The suggestions made by Professor Li at the meeting are of *vital* importance. 会议上李教授提出的建议非常重要。

单词拓展　vitalism（*n.* 活力论，生机说）；vitalist（*n.* 活力论者）；vitality（*n.* 生命力，活力）

■ **achievement** [ə'tʃiːvmənt] *n.* <u>成就，成绩</u>；达到，完成

模拟实景　The invention of the electric lamp is a great *achievement.* 电灯的发明是一项伟大的成就。

■ **acquisition** [ˌækwɪ'zɪʃn] *n.* <u>取得，习得</u>；学会；获得物

模拟实景　Meg devotes her time to the *acquisition* of knowledge. 梅格把时间都用在了获取知识上。

■ **alliance** [ə'laɪəns] *n.* 结盟，联盟

■ **antique** [æn'tiːk] *adj.* 古时的，古老的；（因古老和稀少而）珍贵的 *n.* 文物；古玩，古董

模拟实景　There is a valuable *antique* desk in Henry's bedroom. 亨利的卧室里有一张珍贵的古董桌子。

■ **arbitrary** ['ɑːbɪtrəri] *adj.* <u>随意的，任意的</u>；<u>专断的</u>；武断的

模拟实景　Alice married a painter with an *arbitrary* character. 艾丽斯嫁给了一个性格反复无常的画家。

单词拓展　arbitrarily（*adv.* 反复无常地；霸道地）

考点点评　该词有时会作为观点态度词来考，表示"武断的"，四级真题曾考过，相关的词有：optimistic"乐观的"；critical"批评的"；objective "客观的"。

■ **artistic** [ɑː'tɪstɪk] *adj.* 艺术（家）的，美术（家）的；富有艺术性的；精彩的

模拟实景 The singer was conscious of the *artistic* value of his songs. 这位歌手知道他歌曲的艺术价值。

单词拓展 artistically（*adv.* 艺术地）

■ **bar** [bɑː(r)] *n.* 酒吧间，售酒（或食物等）的柜台；条，块；（门、窗等的）闩 *vt.* 闩（门、窗等）；在…设栅栏；阻止，拦阻；阻塞，封锁（道路等）；限制

阅读短语 behind bars 在狱中

模拟实景 This athlete has been *barred* from taking part in the competition. 这位运动员被禁止参加比赛。

考点点评 四级真题曾考过该词，注意其过去式和过去分词均为barred。

■ **bible** ['baɪbl] *n.* [B-] 圣经；权威著作

■ **bitter** ['bɪtə(r)] *adj.* 充满仇恨（或不满）的；激烈的；令人不快的，使人痛苦的；寒冷入骨的，严寒的；有苦味的

阅读短语 feel bitter about 对…感到不满

模拟实景 This football team learned a *bitter* lesson from their defeat. 这支足球队从战败中得到了惨痛的教训。

■ **bold** [bəʊld] *adj.* 勇敢的，无畏的；冒失的，鲁莽的；粗（字）体的；醒目的

模拟实景 This painter drew on his *bold* imagination in painting. 这位画家凭借自由驰骋的想象力作画。

单词拓展 boldness（*n.* 冒失；勇敢）

考点点评 四级真题曾考过近义词dark, dense, black和bold的辨析。dark表示黑暗无光；dense意为"浓密的"；black形容颜色黑；bold "粗（字）体的"，如All the key words in the article are printed in bold type so as to attract readers' attention.（文章中所有的关键词都采用粗体印刷以吸引读者的注意。）

■ **brush** [brʌʃ] *n.* 刷子，画笔；（一）刷，轻碰；小接触，小冲突 *vt.* 刷，拂；触到，擦及

brush off 不愿见（或听）；打发掉；brush up 重温，再练；brush aside 漠视，置之不理

The spring wind blew lightly, *brushing* through my long hair. 春风轻轻吹过我的长发。

■ **calendar** ['kælɪndə(r)] *n.* 日历，月历

A *calendar* for 2013 hangs on the wall of the office. 办公室的墙上挂着一幅2013年的日历。

■ **chaos** ['keɪɒs] *n.* 混乱；紊乱

chaotic（*adj.* 混乱的；无秩序的）；chaotically（*adv.* 混乱地）

■ **character** ['kærəktə(r)] n. 性格，品质；性质，特色；人物，角色；（书写或印刷）符号，（汉）字

in character（与自身特性）相符；out of character（与自身特性）不相符

Alice established her *character* by her honesty and kindness. 艾丽斯有着诚实、善良的性格特点。

characteristic（*adj.* 典型的 *n.* 特征）；characterize（*v.* 以…为特征）

四级真题曾考过该词，如The readers often find that the characters in their stories are going through similar adjustments.（读者经常发现故事中的人物正在经历相似的调整。）

■ **characterise/characterize** ['kærəktəraɪz] *vt.* 成为…的特征，以…为特征；描绘（人或物）的特性，描述

■ **civilisation/civilization** [ˌsɪvɪlaɪ'zeɪʃn] *n.* 文明；文化

It is known that Chinese *civilization* is one of the oldest ones in the world. 众所周知，中华文明是世界上最古老的文明之一。

■ **civilise/civilize** ['sɪvɪlaɪz] *vt.* 使文明；使开化

■ **clap** [klæp] *vt.* 拍手，鼓掌；拍，击 n. 拍手，鼓掌

The teacher *clapped* her hands to attract students' attention. 老师拍手以唤起学生的注意。

■ **classic** ['klæsɪk] *adj.* 最优秀的；（可作）典范的；典型的，标准的；传统式样的，典雅的 *n.* <u>文学名著，杰作</u>；优秀的典范；[*pl.*] 古典文学，古典语文研究

模拟实景 George recommended me a literary *classic War and Peace*. 乔治向我推荐了《战争与和平》这部文学名著。

考点点评 classic和classical在考试中经常会考到，注意区分。classical指"古典的"，如四级真题曾考过这样一句话：Then listen to some classical piano music just before the test. （考试前听一些古典钢琴曲。）

- **colony** ['kɒləni] *n.* 殖民地；（侨民等的）聚居区，聚居地；（动植物的）群体，集群

  （模拟实景）This African country used to be a French *colony*. 这个非洲国家曾是法国的殖民地。

  （单词拓展）colonist（*n.* 殖民者）；colonial（*adj.* 殖民的；殖民地的）；colonialism（*n.* 殖民主义）；colonialist（*n.* 殖民主义者 *adj.* 殖民主义者的）

- **conscience** ['kɒnʃəns] *n.* 良心

- **constitution** [ˌkɒnstɪ'tjuːʃn] *n.* 宪法，章程；体质，素质；组成，设立

  （模拟实景）The written *constitution* of the United States was adopted in the 18th century. 美国的成文宪法是在18世纪时通过的。

  （单词拓展）constitutional（*adj.* 章程的，宪法的；符合宪法的）；constitute（*v.* 组成，构成）

- **contemporary** [kən'temprəri] *adj.* 当代的；同时代的 *n.* 同代人；当代人

  （模拟实景）Professor Li's lecture is on *contemporary* chinese novelists. 李教授的讲座是关于当代中国小说家的。

- **controversial** [ˌkɒntrə'vɜːʃl] *adj.* 引起争论的；有争议的

  （模拟实景）Both of the two political leaders were *controversial* figures. 这两位政治领导人都是有争议的人物。

- **correspondence** [ˌkɒrɪ'spɒndəns] *n.* 信件，函件；通信；通信联系；符合，一致；相似

- **correspondent** [ˌkɒrɪ'spɒndənt] *n.* 通讯员，记者

- **corresponding** [ˌkɒrɪ'spɒndɪŋ] *adj.* 相应的；相当的；符合的，一致的

  （模拟实景）A change in policy brings a *corresponding* change in regional economy. 政策的变化使区域经济有了相应的变化。

- **counterpart** ['kaʊntəpɑːt] *n.* 与对方地位相当的人，与另一方作用相当的物

  The sale manager phoned his *counterpart* in the other company. 这位销售经理给另一家公司的销售经理打了电话。

- **creation** [kriːˈeɪʃn] *n.* 创造，创建；创造的作品；（智力、想象力的）产物；宇宙，天地万物

  The ostrich is the largest bird in *creation*. 鸵鸟是世界上最大的鸟类。

  recreation（*n.* 消遣）

- **crew** [kruː] *n.* 全体船员，全体机务人员；一队（或一班、一组）工作人员

  The maintenance *crew* will come to repair the machines in our department tomorrow. 维修组明天会来修理我们部门的机器。

- **criticise/criticize** ['krɪtɪsaɪz] *vt.* 批评，批判；评论，评价

  Kathy is the manager's daughter but that does not qualify her to *criticize* my work. 凯西是经理的女儿，但这并不能使其有资格来批评我的工作。

- **crown** [kraʊn] *n.* 王冠；冕

- **cue** [kjuː] *n.* 暗示，提示；信号 *vt.* 提示，暗示

  on cue 恰好在这时候；take one's cue from 照某人的样子去做；听某人的劝告

  The well-known band director *cued* the singers to begin. 这位有名的乐队指挥暗示歌手们开始演唱。

- **defence/defense** [dɪˈfens] *n.* 防御，保卫；[*pl.*] 防御工事；辩护，答辩

  defence against 保卫

  The U.S. government has increased its expense on *defence*. 美国政府增加了国防开支。

- **defend** [dɪˈfend] *vt.* 保卫，保护；为…辩护，为（论文等）答辩

  She *defended* herself successfully in court. 她在法庭上成功地为自己进行了辩护。

单词拓展 defence（*n.* 保卫）；defensible（*adj.* 可保卫的）；defensive（*adj.* 预防性的）；defendant（*n.* 被告）

■ **democracy** [dɪ'mɒkrəsi] *n.* 民主；民主制；民主国家

模拟实景 Everyone wants to live in a true *democracy*. 每个人都想生活在一个真正的民主国家里。

■ **depend** [dɪ'pend] *vi.* 依靠，依赖；信赖，相信；决定于，视…而定

阅读短语 depend on 依赖；取决于

模拟实景 Health not only *depends* on good food, proper exercise, but also optimistic spirit. 健康的身体不仅仅依赖于良好的饮食、适度的运动，还要有积极的心态。

单词拓展 dependable（*adj.* 可信赖的）；dependence（*n.* 依赖）；dependent（*adj.* 依赖的；取决于…的）

■ **destructive** [dɪ'strʌktɪv] *adj.* 破坏（性）的，毁灭（性）的

模拟实景 It was the most *destructive* earthquake in China. 那是发生在中国的破坏程度最大的地震。

考点点评 四级真题曾考过该词：The 1982-83 El Nino brought the most destructive weather in modern history.（1982-1983年的厄尔尼诺带来了现代史上最具破坏性的天气。）

■ **difference** ['dɪfərəns] *n.* 差别，差异；差，差额；（意见的）分歧

阅读短语 cultural difference 文化差异；make a difference 有影响，起（重要）作用

模拟实景 Whether you come or not makes no *difference* to me. 你来不来对我来说都一样。

■ **dim** [dɪm] *adj.* 昏暗的，暗淡的；朦胧的，隐约的；（视力等）模糊不清的 *v.* （使）变暗淡，（使）变模糊

模拟实景 I only have a *dim* memory of my childhood. 我对童年只有一点模糊的记忆。

考点点评 四级真题曾考过该词："This light is too dim for me to read by. Don't we have a brighter bulb somewhere?"said the elderly man.（这位老人说："灯光太暗，我没法读书。难道我们没有亮一点的地方吗？"）

■ **doll** [dɒl] *n.* 玩偶，玩具娃娃

模拟实景　Little Jane is playing with a *doll* by herself. 简一个人在玩洋娃娃。

■ **donate** [dəʊ'neɪt] *v.* 捐赠，赠送

模拟实景　John *donated* all of his books to the national library. 约翰把自己所有的书都捐给了国家图书馆。

单词拓展　donation（*n.* 捐款；捐赠物）

■ **doubtful** ['daʊtfl] *adj.* 难以预测的，未定的；怀疑的，可疑的

模拟实景　I'm *doubtful* whether the old house is still there. 我怀疑那所老房子已经不在那儿了。

考点点评　四级真题曾考过该词，意为"怀疑的"，在阅读中表示语气的词还有：cautious"谨慎的"；critical"批评的"；supportive"支持的"。

■ **emperor** ['empərə(r)] *n.* 皇帝，君主

模拟实景　The *emperor* made a lot of contributions to his nation in his time. 这位君主在位时为他的国家作出了很多贡献。

■ **empire** ['empaɪə(r)] *n.* 帝国；（由个人或集团控制的）大型企业组织

模拟实景　After years' hard work, John has been the head of an oil *empire*. 经过多年的努力，约翰已成为一家大型石油企业的一把手。

■ **enthusiastic** [ɪnˌθjuːziˈæstɪk] *adj.* 满腔热情的；极感兴趣的

模拟实景　Rose is an *enthusiastic* admirer of that movie star. 罗斯是那位电影明星的狂热崇拜者。

■ **establishment** [ɪ'stæblɪʃmənt] *n.* 建立；确立，确定；企业，机构；当权人物

■ **evil** ['iːvl] *adj.* 邪恶的，坏的 *n.* 邪恶，祸害

模拟实景　It is thought that money is the root cause of all *evils*. 金钱被认为是万恶之源。

■ **evolve** [i'vɒlv] *v.*（使）演变；（使）进化；（使）发展

单词拓展　evolution（*n.* 进化；进化论）；evolutionary（*adj.* 进化的）

■ **exceed** [ɪk'siːd] *vt.* 超过，超出

模拟实景 Kathy's older sister *exceeds* her in intelligence. 凯西的姐姐比她聪明。

单词拓展 exceeding（*adj.* 超过的）; exceedingly（*adv.* 非常）

■ **excitement** [ɪk'saɪtmənt] *n.* 刺激；兴奋；令人兴奋的事，刺激的因素

模拟实景 The baby's first word "mom" caused great *excitement* in the family. 那个婴儿叫出第一个词"妈妈"时，全家大为兴奋。

■ **fabric** ['fæbrɪk] *n.* 织物，织品；构造，结构

模拟实景 These sweaters are made of imported *fabrics*. 这些针织外套是用进口织物制成的。

■ **fairy** ['feəri] *n.* 小精灵，小仙子

模拟实景 Children always ask their parents to tell them *fairy* tales. 孩子们总是让父母给他们讲童话故事。

■ **faithful** ['feɪθfl] *adj.* 忠诚的，忠实的；忠贞的；尽职的，责任心强的；如实的，准确可靠的

模拟实景 Susan has been a *faithful* reader of the writer's books for many years. 许多年来，苏珊一直是这位作家的忠实读者。

■ **federal** ['fedərəl] *adj.* 联邦（制）的；联邦政府的

阅读短语 federal government 联邦政府

模拟实景 The *Federal* government decides U.S. internal policy and foreign policy. 联邦政府决定美国的对内政策和外交政策。

单词拓展 federalist（*n.* 联邦主义者）

■ **fleet** [fliːt] *n.* 舰队；车队

模拟实景 The company owns a *fleet* of ships for its products outlet. 这家公司拥有一支用于出口自己产品的船队。

■ **flourish** ['flʌrɪʃ] *vi.* 茂盛；繁荣，兴旺 *vt.* 挥动（以引起注意）

模拟实景 The music and painting began to *flourish* at that time. 那时，音乐与绘画开始兴盛。

■ **former** ['fɔ:mə(r)] *adj.* 在前的，以前的 *n.* [the ~]前者

When Ann is offered juice or fruit, she always chooses the *former*. 当可以选择果汁或水果时，安总是挑选前者。

formerly（*adv.* 从前；以前）

former前加冠词the表示"前者"，"后者"是the latter，可以用在写作中。

■ **fortnight** ['fɔ:tnaɪt] *n.* 十四天，两星期

I call my parents about once a *fortnight*. 我大约两个星期给父母打一次电话。

■ **foster** ['fɒstə(r)] *vt.* 收养，养育；培养；促进 *adj.* 收养的

Aunt Zhang *fostered* a little girl for she had no children. 张阿姨因为没有孩子，所以收养了一个小女孩。

■ **foundation** [faʊn'deɪʃn] *n.* [*pl.*]地基；基础；根据；基金会；建立，创办

The *foundation* of the University took place over 100 years ago. 这所大学创办于一百多年前。

■ **frontier** [frʌn'tɪə(r)] *n.* 边境，边界；[the ~]开发地区的边缘，边远地区；[常*pl.*]前沿，新领域

Professor Wang is devoted to the exploration of the *frontiers* of computer. 王教授致力于计算机前沿领域的探索。

■ **gaze** [geɪz] *vi./n.* 凝视，注视

gaze at 凝视

Rose turned to *gaze* admiringly at her child. 罗斯转过身来用一种赞赏的眼光凝视着她的孩子。

■ **habit** ['hæbɪt] *n.* 习惯，习性

in the habit of 有…的习惯

He has the irritating *habit* of smoking during meals. 他有边吃饭边抽烟那让人讨厌的习惯。

- **historical** [hɪ'stɒrɪkl] *adj.* 历史（上）的；史学的

  阅读短语 historical event 历史事件

  模拟实景 Mark went to the national theater for a *historical* play. 马克去国家剧院看了部历史剧。

- **holy** ['həʊli] *adj.* 神圣的，圣洁的；虔诚的

- **horrible** ['hɒrəbl] *adj.* 令人恐惧的，可怕的；极讨厌的；糟透

  模拟实景 It is a *horrible* thing to see children suffering from hungry. 看到孩子们挨饿是件可怕的事。

  考点点评 四级真题曾考过horrible的一个常见表达：a horrible dream（噩梦）。

- **humorous** ['hju:mərəs] *adj.* 幽默的，诙谐的

  模拟实景 Linda gave a *humorous* description of her trip to England. 琳达诙谐地描述了她去英国的旅行。

- **impress** [ɪm'pres] *vt.* 给…深刻印象，使铭记；印，压印

  模拟实景 My mother *impressed* me with the importance of hard work. 妈妈要我牢牢记住勤奋的重要性。

- **inhabit** [ɪn'hæbɪt] *vt.* 居住于，（动物）栖居于

  模拟实景 It is said that aliens *inhabit* some planets. 据说外星人居住在某些星球上。

  单词拓展 inhabitant（*n.* 居民，居住者；栖息的动物）；uninhabited（*adj.* 无人居住的；杳无人迹的）；uninhabitable（*adj.* 不适于居住的）

- **inherit** [ɪn'herɪt] *vt.* 继承

  阅读短语 inherit privilege 继承权

  模拟实景 Alice *inherited* her father's farm when she was 30 years old. 艾丽斯在30岁的时候继承了父亲的农场。

  单词拓展 inheritance（*n.* 遗传）

- **invasion** [ɪn'veɪʒn] *n.* 入侵，侵略；侵犯

- **liberate** ['lɪbəreɪt] *vt.* 解放，使获得自由；释出，放出
  - (模拟实景) Writing essays *liberated* Linda from the routine of everyday life. 写散文让琳达从每天那种按部就班的生活中解脱出来。

- **liberty** ['lɪbəti] *n.* 自由；自由权；许可，准许；[常*pl.*] 过于随便，放肆
  - (模拟实景) I don't think I am at *liberty* to interfere with others' personal affairs. 我认为我无权干涉别人的私事。

- **log** [lɒg] *n.* 原木，木料；航海（或飞行）日志 *vt.* 正式记录；达到（某速度、里程、工作时数等）记录
  - (阅读短语) log in 进入计算机系统；log out 退出计算机系统
  - (模拟实景) The captain of the ship wrote what happened in the *log*. 船长把发生的事情记入了航海日志中。

- **lord** [lɔ:d] *n.* 领主，君主；贵族；[the Lord]上帝

- **lower** ['ləʊə(r)] *adj.* 较低的，低等的；下面的；下游的 *vt.* 降下；放低
  - (模拟实景) Bill *lowered* a bucket into the lake to get some water. 比尔将桶放进湖里去取水。
  - (考点点评) 四级真题曾考过近义词lower, finish, reduce和decline的词义辨析。finish "完成；结束"；reduce "减少"；lower "降下"；decline "下降，减少"，为不及物动词。

- **loyalty** ['lɔɪəlti] *n.* 忠诚，忠心

- **lucky** ['lʌki] *adj.* 幸运的，吉利的

- **luxury** ['lʌkʃəri] *n.* 奢侈，华贵；奢侈品
  - (单词拓展) luxurious（*adj.* 奢侈的）

- **marine** [məˈriːn] *n.* 海军陆战队士兵 *adj.* 海（洋）的，海生的；海军的；海事的；海运的
  - (单词拓展) mariner（*n.* 水手）；submarine（*n.* 潜水艇）

- **marve(l)lous** ['mɑːvələs] *adj.* 奇迹般的；惊人的

■ **Marxist** ['mɑːksɪst] *adj.* 马克思主义的 *n.* 马克思主义者

■ **mature** [mə'tʃʊə(r)] *adj.* 熟的；成熟的；成年人的；深思熟虑的，慎重的；（票据等）到期的，应支付的 *v.* （使）成熟，（使）长成

(模拟实景) Being the first child in the family, Lily's responsibilities *matured* her at an early age. 作为家里最年长的孩子，莉莉肩负的责任使她早熟。

(考点点评) 四级真题的听写中曾考过该词，注意不要误写为nature。

■ **memorial** [mə'mɔːriəl] *adj.* 纪念的，悼念的 *n.* 纪念碑，纪念堂；纪念仪式

■ **mercy** ['mɜːsi] *n.* 慈悲，仁慈；宽容；恩惠；幸运

(模拟实景) The prisoner's wife and son appealed to the king for *mercy*. 这名囚犯的妻儿恳求国王的宽恕。

■ **merry** ['meri] *adj.* 欢乐的，愉快的，快乐的

■ **misfortune** [ˌmɪs'fɔːtʃuːn] *n.* 不幸，逆境；不幸事故，灾难

■ **misleading** [ˌmɪs'liːdɪŋ] *adj.* 令人误解的

(模拟实景) *Misleading* advertisements on Internet are prohibited by law. 互联网上骗人的广告是法律所禁止的。

■ **monument** ['mɒnjumənt] *n.* 纪念碑，纪念馆；历史遗迹

(模拟实景) The local government decided to erect a *monument* to the hero. 当地政府决定为这位英雄树立一座纪念碑。

■ **morality** [mə'ræləti] *n.* 道德；（行为等的）道德性；德行，品行；道德观，道德规范

■ **motivate** ['məʊtɪveɪt] *vt.* 作为…的动机，激发

(模拟实景) This teacher is very good at *motivating* her students. 这位老师很善于激励她的学生。

(单词拓展) motivated（*adj.* 有动机的；由…推动的）；motivation（*n.* 动机；刺激）

■ **multiply** ['mʌltɪplaɪ] v. （使）增加；（使）繁殖；（使）相乘

(模拟实景) As we went on in the forest, the dangers and difficulties *multiplied*. 我们在森林里一直往前走，危险和困难越来越多。

(单词拓展) multiplication（n. 乘法）

(考点点评) 四级真题曾将该词与manufacture, produce, provide一起考，注意区分。manufacture意为"制造"；produce意为"生产"；provide意为"提供"。

■ **muscular** ['mʌskjələ(r)] adj. 肌肉发达的，强壮的；（有关）肌（肉）的

■ **musician** [mju'zɪʃn] n. 音乐家，乐师

■ **mysterious** [mɪ'stɪəriəs] adj. 神秘的，难以理解的；诡秘的

■ **necessity** [nə'sesəti] n. 必需品；必要性；（迫切）需要

(阅读短语) of necessity 无法避免地；必定

■ **Negro** ['niːɡrəu] n. 黑人

■ **noticeable** ['nəutɪsəbl] adj. 显而易见的

(模拟实景) There is a *noticeable* superiority in Eileen's manner. 艾琳的举止中表现出一种明显的优越感。

■ **odd** [ɒd] adj. 奇特的，古怪的；临时的；不固定的；单的，不成对的；奇数的，单数的；挂零的，剩余的 n. [pl.] 可能性，机会；差异，悬殊

(阅读短语) against all (the) odds 尽管有极大的困难；at odds with 与…不和；与…争吵；与…不一致；odds and ends 零星杂物

(模拟实景) Bill is wearing an *odd* pair of socks. 比尔穿的袜子不是一对。

(单词拓展) oddly（adv. 奇特地）

■ **offense** [ə'fens] n. 犯规；违法行为；冒犯，得罪

(模拟实景) Eileen meant no *offense* by that sentence. 艾琳说那句话并无恶意。

(考点点评) 四级真题曾考过该词的复数形式，注意词尾发[sɪs]的音。

- **opera** ['ɒprə] *n.* 歌剧

  （模拟实景）The young couple are going to the *opera* this weekend. 这对年轻夫妇打算周末去看歌剧。

- **oriented** ['ɔːrientɪd] *adj.* 导向的

- **original** [ə'rɪdʒənl] *adj.* 起初的，原来的；独创的，新颖的；原版的，原件的 *n.* 原件；原作

  （阅读短语）original idea 新颖的想法

  （模拟实景）The *original* of this painting cannot be found now. 现在这幅画的原作已无处寻觅。

  （单词拓展）originality（*n.* 创意；新奇）；originally（*adv.* 独创地；最初）

- **parliament** ['pɑːləmənt] *n.* 议会，国会

  （单词拓展）parliamentary（*adj.* 议会的）

- **passive** ['pæsɪv] *adj.* 被动的；消极的

- **passport** ['pɑːspɔːt] *n.* 护照；（获得…的）保障

- **permissible** [pə'mɪsəbl] *adj.* 允许的，许可的

- **philosophy** [fə'lɒsəfi] *n.* 哲学；哲理

  （单词拓展）philosophical（*adj.* 哲学的）；philosopher（*n.* 哲学家）；philosophic（*adj.* 哲学的）

- **physicist** ['fɪzɪsɪst] *n.* 物理学家

- **physiological** [ˌfɪzɪə'lɒdʒɪkl] *adj.* 生理的；生理学的

- **poetry** ['pəʊətri] *n.* 诗篇；诗歌；诗集

  （模拟实景）The student union will have a *poetry* seminar this Friday. 学生会将于本周五举办诗歌研讨会。

- **poisonous** ['pɔɪzənəs] *adj.* 有毒的；恶毒的，刻薄的

- **portray** [pɔː'treɪ] *vt.* 描写，描绘；扮演，饰演
  - （单词拓展）portrayal（*n.* 描述；表现；画像）

- **possibility** [ˌpɒsə'bɪləti] *n.* 可能（性）；可能的事

- **pray** [preɪ] *vi.* 祈祷，祈求 *vt.* 祈祷，祷告；请求，恳求
  - （模拟实景）The criminal *prayed* to God for forgiving his crime. 那个罪犯祈求上帝宽恕他的罪行。

- **prayer** [preə(r)] *n.* 祷告，祈祷；祷文，祷辞；祈求，祈望

- **preface** ['prefəs] *n.* 序言；引言；前言
  - （模拟实景）The *preface* of this new book is very brief and interesting. 这本新书的序言非常简洁有趣。

- **priest** [priːst] *n.* 神父，牧师

- **princess** [ˌprɪn'ses] *n.* 公主；王妃

- **publication** [ˌpʌblɪ'keɪʃn] *n.* 出版，发行；出版物；公布，发表

- **pump** [pʌmp] *n.* 泵 *vt.*（用泵）抽（水）；泵送；打气
  - （考点点评）pump除了指"泵"之外，还可以用作动词，如四级真题曾考过：The cheapest way to provide irrigation（灌溉）water in the dry tropics is through small-scale projects, such as gathering rainfall in depressions（凹地）and pumping it to nearby cropland. （在干旱的热带地区，提供灌溉水的最便宜方式是通过小规模的工程，比如在凹地蓄积雨水，用泵抽到附近的农田。）

- **pursuit** [pə'sjuːt] *n.* 追求，寻求；追赶，追逐；[常*pl.*]（花时间和精力的）事；嗜好
  - （阅读短语）in hot pursuit 穷追不舍
  - （模拟实景）Madame Curie was engaged in scientific *pursuit* all her life. 居里夫人毕生都投身于科学研究。

■ **racial** ['reɪʃl] *adj.* 人种的，种族的

■ **random** ['rændəm] *adj.* 任意的；随机的
（阅读短语） at random 随机地

■ **rebel** ['rebl] *n.* 反叛分子；反抗权威的人 [rɪ'bel] *vi.* 反叛，造反；反对，不服从；反抗，抗议
（模拟实景） The people in this country *rebelled* against the tyrant. 这个国家的人民反抗暴君。
（单词拓展） rebellion（*n.* 叛乱；反叛）；rebellious（*adj.* 反叛的，造反的）

■ **recipient** [rɪ'sɪpiənt] *n.* 接受者；接收者

■ **recite** [rɪ'saɪt] *vt.* 背诵，朗诵；列举，一一说出 *vi.* 背诵，朗诵

■ **recommend** [ˌrekə'mend] *vt.* 推荐，举荐；劝告，建议；使显得吸引人；使受欢迎
（模拟实景） Can you *recommend* me some books on oral English? 你能给我推荐一些有关英语口语的书吗？
（单词拓展） recommendation（*n.* 推荐；介绍信；劝告）

■ **recovery** [rɪ'kʌvəri] *n.* 恢复，痊愈；追回；收复

■ **regret** [rɪ'gret] *vt./n.* 懊悔；抱歉

■ **republican** [rɪ'pʌblɪkən] *adj.* 共和政体的；共和党的 *n.* 共和党人

■ **reputation** [ˌrepjʊ'teɪʃn] *n.* 名声，名誉

■ **resemble** [rɪ'zembl] *vt.* 像，类似于
（单词拓展） resemblance（*n.* 相似，相像）

■ **resident** ['rezɪdənt] *n.* 居民，定居者；住院医生 *adj.* 居住的，定居的；常驻的
（单词拓展） residence（*n.* 住处，居住）

234

考点点评 四级真题曾考过近义词resident, inhabitant, lodger和settler的辨析。lodger指临时住宿者或给租金的租住者、房客；resident指城市的居民；settler意为"殖民者；移民者"；inhabitant也有"居民"之意，还指栖息的动物，所指范围最广。

■ **residential** [ˌrezɪ'denʃl] *adj.* 居住的；住宅的；与居住有关的

阅读短语 residential area 居民区

■ **resolution** [ˌrezə'luːʃn] *n.* 正式决定，决议；决心，决意；解决，解答；分辨率，清晰度

模拟实景 Bob makes a *resolution* to work hard next semester. 鲍勃下定决心下学期好好学习。

■ **revolt** [rɪ'vəult] *vi.* 反叛，起义；反抗，违抗 *vt.* 使厌恶，使生反感 *n.* 反叛，起义；反抗，违抗

■ **revolutionary** [ˌrevə'luːʃənəri] *adj.* 革命的；革新的　*n.* 革命者

模拟实景 The new AIDS drug was a *revolutionary* breakthrough. 这种新的治疗艾滋病的药物是革命性的突破。

■ **rumo(u)r** ['ruːmə(r)] *n.* 传闻；谣言

■ **script** [skrɪpt] *n.* 剧本；广播稿；文字体系；笔迹，手迹

■ **segment** ['segmənt] *n.* 部分，片断；（橘子等的）瓣

单词拓展 segmentable（*adj.* 可分割的）；segmental（*adj.* 部分的，片断的）

■ **senate** ['senət] *n.* 参议院，上院；大学理事会

单词拓展 senator（*n.* 参议员）

■ **senator** ['senətə(r)] *n.* 参议员

模拟实景 The famous *senator* was accused of neglect of duty. 这位著名的参议员被指控玩忽职守。

■ **session** ['seʃn] *n.* 会议；一届会期；（从事某项活动的）集会（或一段时间）

■ **soccer** ['sɒkə(r)] *n.* 足球

■ **solemn** ['sɒləm] *adj.* 庄严的；隆重的；严肃的

模拟实景 The two companies entered into a *solemn* bond. 这两家公司缔结了一项严肃的协定。

■ **solitary** ['sɒlətri] *adj.* 单独的，独自的；单个的，唯一的；孤独的；隐居的

模拟实景 Jim formed the habit of taking long *solitary* walks in the garden. 吉姆养成了在花园里长时间独自散步的习惯。

■ **sour** ['saʊə(r)] *adj.* 酸的，酸味的；馊的，酸臭的；乖戾的；尖酸刻薄的 *v.* （使）变酸，（使）变馊；（使）变得乖戾（或暴躁）

(模拟实景) It is said that Ben is *sour* toward his family. 据说本对他的家人很刻薄。

■ **southeast** [ˌsaʊθ'iːst] *n.* 东南（方），东南（部）*adv.* 向东南 *adj.* 东南方的；来自东南的

■ **souvenir** [ˌsuːvə'nɪə(r)] *n.* 纪念品；纪念物

■ **superb** [suː'pɜːb] *adj.* 极好的；高质量的

■ **supplement** ['sʌplɪmənt] *n.* 增补（物），补充（物）；增刊，副刊 ['sʌplɪment] *vt.* 增补，补充

(单词拓展) supplementary（adj. 增补的，补充的）；supplementation（n. 增补，补充）

■ **sympathetic** [ˌsɪmpə'θetɪk] *adj.* 同情的，体谅的；赞同的，支持的；和谐的；招人喜爱的

(阅读短语) be sympathetic to/with 同情…

■ **sympathy** ['sɪmpəθi] *n.* 同情；同情心；（思想感情上的）支持；赞同

(阅读短语) in sympathy 同情地

(模拟实景) Many people are in *sympathy* with the professor's attitude toward education. 许多人赞成那位教授对待教育的态度。

(单词拓展) sympathize（vi. 体谅）

■ **thoughtful** ['θɔːtfl] *adj.* 沉思的，思考的；体贴的，关心的

■ **toast** [təʊst] *n.* 烤面包，吐司；祝酒；祝酒辞 *vt.* 烘，烤；向…祝酒，为…干杯

(模拟实景) Lily is spreading tomato ketchup on a piece of *toast*. 莉莉正在一片土司上涂抹番茄酱。

(单词拓展) toaster（n. 烤面包机）

■ **tolerant** ['tɒlərənt] *adj.* 宽容的；容忍的

（模拟实景） Of all the students Lily was the most *tolerant*. 在所有学生中莉莉是最宽容的。

（单词拓展） tolerance (*n.* 忍耐，忍受)

（考点点评） tolerant的反义词是intolerant，四级真题曾考过这样一个句子：Is it intolerant to challenge another's opinion? （挑战别人的观点是不宽容的吗?)

■ **transient** ['trænzɪənt] *adj.* 短暂的，转瞬即逝的；临时的；暂住的

■ **transition** [træn'zɪʃn] *n.* 过渡；转变

（阅读短语） in transition 在过渡时期

（模拟实景） After hearing the news, King showed the *transition* from high spirits to depression. 听了那个消息后，金的情绪由高涨变得低落。

（单词拓展） transitional (*adj.* 变迁的；过渡期的)

■ **treatment** ['triːtmənt] *n.* 治疗；疗法；对待，处理

（阅读短语） be under treatment 正在治疗中

■ **tremble** ['trembl] *vi.* 颤抖，哆嗦；摇晃，摇动；担心，焦虑 *n.* 颤抖，哆嗦；摇晃，摇动

（模拟实景） Grandma *trembled* for my father's safety. （外）祖母担心我父亲的安全。

■ **triumph** ['traɪʌmf] *n.* 胜利，成功；（胜利或成功的）喜悦 *vi.* 获胜，得胜，成功

■ **unify** ['juːnɪfaɪ] *vt.* 使联合；使统一；使相同，使一致

■ **universal** [ˌjuːnɪ'vɜːsl] *adj.* 普遍的，全体的；通用的，万能的；宇宙的，全世界的

（模拟实景） The machine of fridge has a *universal* use in every home. 电冰箱在每个家庭中都有广泛的用途。

（单词拓展） universality (*n.* 普遍性；一般性)

■ **unobtainable** [ˌʌnəb'teɪnəbl] *adj.* 难以获得的

- **upper** ['ʌpə(r)] *adj.* 上部的；位置较高的；级别较高的；较富有的

  阅读短语 upper class 上层社会

- **vice** [vaɪs] *n.* 缺点，弱点；邪恶（行为），道德败坏（行为）；（老）虎钳 *adj.* 副的

  阅读短语 vice versa 反之亦然

  模拟实景 Jealousy is a terrible *vice*. 妒忌是一种恶习。

- **violate** ['vaɪəleɪt] *vt.* 违反，违背；亵渎；侵犯；妨碍

  模拟实景 Thomas was accused of *violating* the law. 托马斯因违反法律而受到指控。

  单词拓展 violation（*n.* 违反）

- **violence** ['vaɪələns] *n.* 暴力；暴行；猛烈，剧烈

- **violin** [ˌvaɪə'lɪn] *n.* 小提琴

  单词拓展 violinist（*n.* 小提琴家）

- **visible** ['vɪzəbl] *adj.* 看得见的，有形的

  模拟实景 These tiny bacteria are hardly *visible* to our naked eyes. 这些微小的细菌我们的肉眼几乎看不见。

  单词拓展 visibility（*n.* 可见性；可见度）；invisible（*adj.* 看不见的；无形的）

- **wickedness** ['wɪkɪdnəs] *n.* 邪恶；不道德

- **wisdom** ['wɪzdəm] *n.* 明智；正确的判断；智慧，学问

- **worship** ['wɜːʃɪp] *n./vt.* 崇拜，崇敬；敬奉，信奉；朝拜

  模拟实景 The people in the country used to *worship* several gods. 该国的人民过去信奉很多神。

  考点点评 注意不要和warship混淆，warship指的是"军舰"。

- **worthless** ['wɜːθləs] *adj.* 无价值的；没有用处的

■ **worthwhile** [,wɜ:θ'waɪl] *adj.* 值得（做）的

■ **yawn** [jɔ:n] *vi.* 打呵欠 *n.* 呵欠

■ **youngster** ['jʌŋstə(r)] *n.* 青年；孩子

■ **aboard** [ə'bɔ:d] *adv./prep.* 在船（车、飞机）上；上船（飞机、车）

模拟实景 After the heavy rain, we went *aboard* the plane in the end. 大雨过后，我们终于登上了飞机。

■ **acid** ['æsɪd] *n.* 酸；酸性物质 *adj.* 酸的；酸味的；尖刻的，刻薄的

模拟实景 *Acid* rain poses a serious threat to the forest. 酸雨对森林构成了严重的威胁。

单词拓展 acidic（*adj.* 酸的；酸性的）；acidity（*n.* 酸度；酸性）

■ **astonish** [ə'stɒnɪʃ] *vt.* 使惊讶，使吃惊

模拟实景 The general manager *astonished* us by saying he would resign. 总经理说他要辞职，这让我们非常吃惊。

■ **auxiliary** [ɔ:g'zɪliəri] *adj.* 辅助的；补助的；附属的；备用的，后备的

■ **await** [ə'weɪt] *vt.* 等候；期待，期望

■ **ax(e)** [æks] *n.* 斧子

■ **bounce** [baʊns] *v.* （使）弹，反弹

■ **breadth** [bredθ] *n.* 宽度；幅度

■ **bulk** [bʌlk] *n.* （巨大的）物体；（大）块，（大）团；主体，绝大部分；体积，容量（尤指巨大的）*vi.* 变得越来越大（或重要）*vt.* 使更大（或更厚）

单词拓展 bulky（*adj.* 巨大的，庞大的）

- **bunch** [bʌntʃ] *n.* 群，伙；束，串，捆 *vi.* 集中，挤在一起 *vt.* 使成一束（或一群等）

  模拟实景 Jane sent me a *bunch* of flowers as my birthday present. 简送给我一束鲜花作为生日礼物。

- **cast** [kɑːst] *vt.* 投射（光、视线等）；把…加于；投，扔；丢弃，剔除；脱落，蜕（皮）；浇铸，铸造 *n.* 演员表，全体演员；石膏绷带；铸型，铸件；投，抛

- **centigrade** ['sentɪɡreɪd] *adj.* 摄氏的

- **chop** [tʃɒp] *vt.* 砍，劈，斩 *n.* 排骨

  模拟实景 Martin's father went outside to *chop* some wood for the fire. 马丁的父亲去外面劈一些柴来生火。

  单词拓展 chopper（*n.* 砍刀）

- **claw** [klɔː] *n.* 爪；脚爪；螯 *v.* （用爪）抓，撕

- **clay** [kleɪ] *n.* 粘土，泥土

  模拟实景 China and pottery are made from a variety of *clay*. 瓷器和陶罐是由各种粘土制成的。

- **click** [klɪk] *v.* （使）发出咔嗒声 *n.* 咔嗒声

- **coil** [kɔɪl] *n.* （一）卷，（一）圈；线圈 *vt.* 卷；盘绕

- **compass** ['kʌmpəs] *n.* 罗盘，罗盘仪；[*pl.*] 圆规；界限，范围

  模拟实景 Our ancestors invented the *compass* about two thousand years ago. 我们的祖先在大约两千年前就发明了指南针。

- **conquest** ['kɒŋkwest] *n.* 攻取；征服；克服

- **conversion** [kən'vɜːʃn] *n.* 转变，变换；改变信仰，皈依

- **crane** [kreɪn] *n.* 起重机；鹤 *v.* 伸长（脖子等）

■ **crawl** [krɔːl] *vi./n.* 爬行；匍匐行进；缓慢（或费力）地行进

模拟实景 The baby always likes *crawling* on the dirty floor. 这个婴儿总喜欢在脏地板上爬。

■ **creep** [kriːp] *vi.* 爬行；匍匐；蹑手蹑足地走；缓慢地行进

■ **crush** [krʌʃ] *vt.* 压碎；碾碎；弄皱；镇压，制服；压垮

■ **devil** ['devl] *n.* 魔鬼，恶魔；[口]家伙

■ **dip** [dɪp] *vt.* 浸，蘸 *vi.* 落下，下降 *n.* 浸，蘸

模拟实景 The little girl *dipped* her hands into the hot water. 小女孩把双手浸入热水中。

■ **dirt** [dɜːt] *n.* 尘，土；污垢

■ **ditch** [dɪtʃ] *n.* 沟；渠道

■ **drip** [drɪp] *vi.* 滴下 *n.* 滴水声；滴下的液体

■ **dumb** [dʌm] *adj.* 哑的；（因惊恐等）说不出话的；沉默的

模拟实景 The poor baby over there was born deaf and *dumb*. 那边那个可怜的婴儿天生聋哑。

■ **elastic** [ɪ'læstɪk] *n.* 橡皮圈；松紧带 *adj.* 有弹性的；弹力的；灵活的，可伸缩的

■ **entry** ['entri] *n.* 参赛的人（或物）；参赛者名单；进入；入口处，门厅；河口；登记；条目，词条

模拟实景 Students felt surprised at the sudden *entry* of their English teacher. 英语老师突然进来，学生们都感到惊奇。

■ **exterior** [ɪk'stɪəriə(r)] *n.* 外部；外表；外貌 *adj.* 外部的；外面的；外表的

- **filter** ['fɪltə(r)] *n.* 过滤器；滤光镜；滤色镜；（电波、声波的）滤波器 *vt.* 过滤 *vi.* 透（过）；（消息等）走漏，慢慢传开

- **flame** [fleɪm] *n.* 火焰，火舌

  (单词拓展) flaming（*adj.* 燃烧的）

- **flee** [fliː] *vi.* 逃走，逃掉 *vt.* 逃离；避开，逃避

  (模拟实景) Nancy *fled* to a big city alone after an argument with her family. 南希与家人发生争执之后孤身一人跑到了一个大城市。

- **flesh** [fleʃ] *n.* 肉；果肉；[the ~] 肉体

- **folk** [fəʊk] *n.* [*pl.*] 亲属，父母；人们；[*pl.*] 大伙儿，各位 *adj.* 民间的；普通平民的

- **fuss** [fʌs] *n.* 忙乱；大惊小怪，小题大做 *vi.* 小题大做，大惊小怪；（为小事）烦恼，过于忧虑

- **gallon** ['ɡælən] *n.* 加仑

- **gear** [ɡɪə(r)] *n.* 齿轮；传动装置；（排）挡；（从事某项活动所需的）用具、设备、衣服等 *vt.* 使适应；使适合

- **ghost** [ɡəʊst] *n.* 鬼魂，幽灵；痕迹，一点

- **grab** [ɡræb] *vt.* 抓取，攫取；赶紧做；抓住（机会）*vi.* 抓（住）；夺（得）*n.* 抓，夺

- **grave** [ɡreɪv] *n.* 坟墓 *adj.* 严重的；严肃的；庄重的

  (模拟实景) In front of the *grave* there was a bunch of white flowers. 坟墓前有一束白色的鲜花。

- **grind** [ɡraɪnd] *vt.* 磨，磨碎，碾碎；折磨，压迫 *vi.* 摩擦得吱吱作响 *n.* 苦差事，苦活儿

  (单词拓展) grinder（*n.* 研磨的装置；研磨机；研磨者）

■ **gum** [gʌm] *n.* 牙龈；口香糖；树胶

■ **harness** ['haːnɪs] *n.* 马具，挽具 *vt.* 治理；利用；给（马等）上挽具

(模拟实景) Human beings can *harness* the power of water to generate electricity. 人类可以利用水能发电。

■ **heave** [hiːv] *vt.* （用力）举起，提起，拉起；扔；（沉重地）发出（叹息，呻吟等）*vi.* （用力）举起，拉，拖；（有节奏地）起伏，隆起；呕吐，恶心 *n.* 举起；升降

■ **hedge** [hedʒ] *n.* （矮树）树篱；篱笆；防备，障碍物 *vt.* 用篱笆围 *vi.* 避免直接回答

■ **hip** [hɪp] *n.* 臀部，髋部

■ **idle** ['aɪdl] *adj.* 懒散的，无所事事的；空闲的，闲着的；无用的，无效的 *vi.* 懒散，无所事事 *vt.* 虚度（光阴）

(模拟实景) The old couple lived an *idle* life in the countryside. 这对老夫妇在乡下过着悠闲的生活。

■ **implication** [ˌɪmplɪ'keɪʃn] *n.* 寓意，暗示，暗指；牵涉，（被）牵连

■ **inner** ['ɪnə(r)] *adj.* 内部的，里面的；内心的

(模拟实景) Kate went into the *inner* room to sleep. 凯特走进内室去睡觉。

■ **input** ['ɪnpʊt] *n.* 输入，投入；输入的信息 *vt.* 把…输入计算机

■ **jaw** [dʒɔː] *n.* 颌，颚

■ **kneel** [niːl] *vi.* 跪

(模拟实景) The old woman *knelt* down to pray for her lost son. 这位老妇人跪下来为她失踪的儿子祈祷。

■ **knot** [nɒt] *n.* （绳等的）结；（木材上的）节疤；（航速单位）节 *vt.* 把…打成结，把…结牢

I was too nervous to untie the *knot*. 我紧张得解不开这个结。

■ **lamb** [læm] *n.* 羔羊，小羊；羔羊肉

■ **lick** [lɪk] *vt.* 舔，舔吃；打败，克服；（波浪）轻拍，（火焰）吞卷 *n.* 舔；少量，少许

■ **mould/mold** [məʊld] *n.* 霉，霉菌；模子，模型；（人的）性格，类型 *vt.* 用模子制作，浇铸；将…塑造成；对…影响重大

■ **mutual** ['mjuːtʃʊəl] *adj.* 相互的，彼此的；共同的，共有的
Mike and his wife have *mutual* taste in music. 迈克和他的妻子在音乐方面有共同的品位。
mutually（*adv.* 相互地）

■ **nonsense** ['nɒnsəns] *n.* 胡说，废话；冒失（或轻浮）的行为

■ **ore** [ɔː(r)] *n.* 矿，矿石
Geologists are prospecting for iron *ore* in this area. 地质学家正在该地区寻找铁矿石。

■ **ounce** [aʊns] *n.* 盎司

■ **oval** ['əʊvl] *n.* 椭圆形 *adj.* 椭圆形的
The playground of the university is a large *oval*. 这所大学的操场很大，呈椭圆形。

■ **pat** [pæt] *n.* 轻拍，轻打 *adj.* 非常恰当的，切合的；适时的

■ **paw** [pɔː] *n.* 爪，爪子 *v.* 用爪子抓，用蹄扒

■ **pinch** [pɪntʃ] *vt.* 捏，拧，掐；夹痛；夹紧 *n.* 捏，掐，拧；（一）撮，微量
The little girl always likes *pinching* others and it really hurts. 这个小女孩总是喜欢掐人，真的很疼。

■ **pint** [paɪnt] *n.* 品脱

■ **pit** [pɪt] *n.* 地洞，坑；煤矿，矿井 *vt.* 使有坑，使凹陷

■ **prime** [praɪm] *adj.* 首要的，主要的；最好的，一流的 *n.* 青春；壮年；全盛时期 *vt.* 事先指点，使某人做好准备
模拟实景 Winning championship is not the *prime* objective in the speech contest. 在演讲比赛中夺冠不是首要目标。

■ **punch** [pʌntʃ] *vt.* 拳打；给…打孔 *n.* 重拳击打；冲床，穿孔器

■ **rally** ['ræli] *n.* 公众集会，（群众）大会；（汽车等的）拉力赛 *v.* 召集，集合；复原；恢复（健康等），振作精神

■ **refusal** [rɪ'fjuːzl] *n.* 拒绝，回绝
模拟实景 Mary made a flat *refusal* of the rich man's invitation to dinner. 玛丽断然拒绝了那个有钱人共进晚餐的邀请。

■ **removal** [rɪ'muːvl] *n.* 除去，消除；移动，搬迁

■ **resistance** [rɪ'zɪstəns] *n.* 反抗，抵制；抵抗力，抵抗性；阻力，电阻

■ **respective** [rɪ'spektɪv] *adj.* 各自的，各个的，分别的
模拟实景 The two good friends are specialists in their *respective* fields. 这两位好朋友在各自的领域都是专家。

■ **ridiculous** [rɪ'dɪkjələs] *adj.* 荒谬的，可笑的
模拟实景 It seemed that Annie looked *ridiculous* in the red hat. 安妮戴上那顶红帽子看上去似乎很滑稽。

■ **rotate** [rəʊ'teɪt] *v.* （使）旋转，（使）转动；（使）轮流
单词拓展 rotation（*n.* 旋转；交替）；rotatable（*adj.* 可旋转的）

■ **rouse** [raʊz] *vt.* 唤醒，使醒来；激怒，使激动

- **sanction** ['sæŋkʃn] *v.* 批准，许可 *n.* 批准，许可；约束；[常*pl.*]国际制裁

  模拟实景 The US decided to impose economic *sanctions* against the country. 美国决定对该国实行经济制裁。

  单词拓展 sanctionist（*n.* 对违反国际法实行制裁的国家）

- **scare** [skeə(r)] *n.* 惊恐，恐慌 *vt.* 惊吓，使害怕 *vi.* 受惊吓，感到害怕

  模拟实景 The fierce dog in front of the door *scared* the stranger away. 门前的这条恶狗把陌生人吓跑了。

- **scatter** ['skætə(r)] *vt.* 撒，撒播；使分散，驱散 *vi.* 散开，四散

  模拟实景 The crowd *scattered* at the sound of the explosion. 听到爆炸声，人群向四处散开了。

  单词拓展 scattered（*adj.* 分散的）

- **scout** [skaʊt] *n.* 侦察员（或机，舰）；童子军 *vi.* 侦察，搜寻

- **sexual** ['sekʃʊəl] *adj.* 性的；生殖的；性别的

- **shallow** ['ʃæləʊ] *adj.* 浅的；浅薄的 *n.* [*pl.*] 浅滩，（河海的）浅水处

  模拟实景 We can see various kinds of fish in the *shallow* water. 我们在浅水区可以看到各种各样的鱼。

- **shiver** ['ʃɪvə(r)] *v./n.* 战栗，颤抖

  模拟实景 On hearing the good news, Helen *shivered* with excitement. 听到这个好消息，海伦激动得发抖。

- **singular** ['sɪŋgjələ(r)] *n.* 单数；单数形式 *adj.* 单数的；非凡的，突出的；奇特的

- **slam** [slæm] *vt.* 砰地关上（门或窗）；猛力拉（或扔等）；砰地放下；猛烈抨击 *vi.* （门，窗等）砰地关上 *n.* 砰的一声

- **slap** [slæp] *vt.* 掴，掌击，拍；啪的一声（用力）放 *n.* 掴，掌击，拍；拍打声

模拟实景 Tom's father was so angry that he *slapped* Tom's face hard. 汤姆的父亲生气极了，狠狠地在汤姆的脸上打了一巴掌。

■ **slippery** ['slɪpəri] *adj.* 滑的；油滑的，狡猾的；不可靠的

模拟实景 In rainy days the road is always very wet and *slippery*. 下雨天，这条路总是很湿滑。

■ **snap** [snæp] *vi.* 咔嚓折断，啪地绷断；（使啪地）关上或打开；猛咬；厉声说话，怒声责骂 *vt.* 使咔嚓一声折断；使发出啪嗒一声（关上或打开）；给…拍快照 *n.* 啪嗒声；快照 *adj.* 仓促的，匆忙的

■ **soak** [səuk] *v.* 浸泡；（使）湿透，渗透

■ **sow** [səu] *v.* 播，播种

模拟实景 This field used to be *sown* with wheat and peanut. 这块地过去种小麦和花生。

单词拓展 sowing（*n.* 播种）

■ **specify** ['spesɪfaɪ] *vt.* 具体指定，明确说明

■ **spill** [spɪl] *v.* （使）溢出，（使）洒落 *n.* 溢出

模拟实景 Hot milk *spilled* out of the cup onto the floor. 热牛奶从杯子里溅出来，洒到了地板上。

■ **spin** [spɪn] *vi.* 旋转；晕眩 *vt.* 使旋转；绞干，（用洗衣机等）甩干；纺（纱），织（网）*n.* 旋转；（飞机的）尾旋；兜风

■ **spit** [spɪt] *vi.* 吐唾沫（或痰）*vt.* 吐出 *n.* 唾沫，唾液

■ **stoop** [stu:p] *vi.* 弯腰，俯身；堕落；降低身份（做某事）*n.* 弯腰，曲背

■ **submerge** [səb'mɜ:dʒ] *v.* 浸没；潜入水中

模拟实景 The rich fields have been *submerged* by the flood. 肥沃的农田被洪水淹没了。

单词拓展 submerged（*adj.* 淹没的；在水中的）

- **sway** [sweɪ] *vi.* 摇，摇动 *vt.* 使摇摆，使摇动；说服，使动摇 *n.* 摇摆，摇动；统治；势力；支配，控制；影响

  模拟实景　The branches of the willow by the lake are *swaying* in the breeze. 湖边柳树的枝条在微风中飞舞。

- **thrust** [θrʌst] *vt.* 挤，搡，猛推；塞 *vi.* 戳，刺 *n.* 猛推；插，戳，刺；要点，要旨；推力

  单词拓展　thruster（*n.* 推进器，助力器）；thrusting（*adj.* 有强大推进力的）

- **trash** [træʃ] *n.* 垃圾，废物；拙劣的文学（或艺术）作品；没用的人，社会渣滓，败类 *vt.* 捣毁，破坏

  模拟实景　The old man earned his living by picking up the *trash*. 这位老人靠捡垃圾为生。

- **turbine** ['tɜ:baɪn] *n.* 涡轮机，汽轮机

- **undo** [ʌn'du:] *vt.* 解开，松开；取消，撤销

- **unload** [ʌn'ləʊd] *vt.* 卸（货）；下（客）；取出（枪的）子弹；取出（相机的）胶卷 *vi.* 卸货；下客

  模拟实景　Children helped the old man to *unload* the cargo from the carriage. 孩子们帮助这位老人把货物从马车上卸下来。

- **upright** ['ʌpraɪt] *adj.* 直立的，挺直的，垂直的；正直的，诚实的 *n.*（支撑用的）直柱，立柱

- **vanish** ['vænɪʃ] *v.* 突然不见，消失；不复存在，绝迹

  模拟实景　My briefcase was on the table just now but now it *vanishes*. 我的公文包刚才还在桌子上，现在却不见了。

- **vertical** ['vɜ:tɪkl] *adj.* 垂直的，竖的；纵向的

  单词拓展　vertically（*adv.* 垂直地）

■ **vibrate** [vaɪ'breɪt] v. （使）振动，（使）摇摆

（模拟实景）Whenever a car went past the bridge *vibrated*. 每当有车驶过时，这座桥就会振动。

（单词拓展）vibrant（*adj.* 充满生机的）；vibration（*n.* 颤动，振动；感应，共鸣）

■ **volt** [vəʊlt] *n.* 伏特（电压单位）

■ **weld** [weld] v. 焊接 *n.* 焊接，焊缝

■ **whip** [wɪp] *n.* 鞭子 *vt.* 鞭打，抽打；鞭策；搅打（奶油等）*vi.* 猛然移动

■ **wicked** ['wɪkɪd] *adj.* 邪恶的，缺德的；淘气的，调皮的

（模拟实景）The poor little boy has a *wicked* stepmother. 这个可怜的小男孩有一位邪恶的继母。

（单词拓展）wickedness（*n.* 邪恶，不道德）

■ **wrap** [ræp] *vt.* 裹，包 *n.* 披肩，围巾

（模拟实景）Parents usually *wrap* up the Christmas presents on Christmas Eve. 父母通常在圣诞节前夕就把圣诞礼物包好。

完形词汇 Cloze

■ **affection** [ə'fekʃn] *n.* 喜爱；感情

模拟实景 The heroine has a great *affection* for her hometown. 这位女英雄对自己的家乡有很深的感情。

单词拓展 affectionate（*adj.* 表示关爱的）

考点点评 affection一词在四级考试中的常考词义为"喜爱；感情"，在考试中常与它一起出现的同类词还有：trust"信任"，love"爱"，warmth"温暖"等。

■ **amaze** [ə'meɪz] *vt.* 使大为惊奇，惊愕

模拟实景 It *amazed* me that the little boy knelt down to thank me. 小男孩跪下来感谢我，这使我感到大为惊奇。

单词拓展 amazed（*adj.* 吃惊的）；amazing（*adj.* 令人惊异的）

■ **avoid** [ə'vɔɪd] *vt.* 避免，防止；避开

完形短语 avoid doing sth. 避免做某事

模拟实景 We need a leader in our association to *avoid* mistakes in policy making. 我们协会需要一位领导以避免犯决策方面的错误。

单词拓展 avoidable（*adj.* 可避免的）；avoidance（*n.* 回避，躲避）；unavoidably（*adv.* 不得已；无可奈何）

■ **betray** [bɪ'treɪ] *vt.* 背叛，出卖；失信于，辜负；泄露（秘密等）；（无意中）泄露信息，流露情感

模拟实景 The soldier *betrayed* his country and was despised. 这个士兵背叛了他的国家，受到人们的鄙视。

单词拓展 betrayal（*n.* 出卖，背叛）

■ **chew** [tʃuː] *vt.* 咀嚼，咬

完形短语 chew over 仔细考虑，深思熟虑；详细讨论

模拟实景 I like to *chew* mint gum in the summer. 夏天的时候我喜欢嚼薄荷味的口香糖。

单词拓展 chewing-gum（*n.* 口香糖）

- **concentrate** ['kɒnsəntreɪt] *v.* 全神贯注；集中，聚集；（使）浓缩 *n.* 浓缩物，浓缩液

  模拟实景 I cannot *concentrate* on my work when I'm tired and hungry. 在又累又饿的时候我无法集中精力工作。

  单词拓展 concentration（*n.* 专心，专注；集中，聚集）

- **lean** [liːn] *vi.* 倾斜，屈身；靠，倚 *vt.* 使倾斜，使倚靠 *adj.* 肉少的，脂肪少的；贫乏的

  模拟实景 The famous model was so tall that she had to *lean* down to hear the child. 这位名模太高了以至于她不得不低下身子来听这个孩子讲话。

  单词拓展 leaning（*n.* 倾向，偏向；爱好）

  考点点评 lean这个词在四级考试真题中用作不及物动词的情况较多，如 lean over to kiss her（弯下身来亲吻她）。

- **motion** ['məʊʃn] *n.*（物体的）运动；手势，动作；提议，动议 *v.*（向…）打手势，示意

  模拟实景 The swaying *motion* of the ship was making the little girl feel seasick. 这艘船晃来晃去，使得小女孩感到晕船。

  单词拓展 motionless（*adj.* 不动的，静止的）

- **rhythm** ['rɪðəm] *n.* 节奏，韵律

  模拟实景 Mary tries her best to play the same tune in a different *rhythm*. 玛丽尽力用不同的韵律演奏同一曲目。

  单词拓展 rhythmical（*adj.* 有韵律的，有节奏的）

- **romantic** [rəʊ'mæntɪk] *adj.* 浪漫的；多情的；富有情调的；富于幻想而不切实际的

  模拟实景 It is said that Frenchmen are the most *romantic* people in the world. 据说法国人是世界上最浪漫的。

  单词拓展 romanticism（*n.* 浪漫主义）；romanticize（*v.* 使浪漫化；使传奇化）

- **stiff** [stɪf] *adj.* 硬的，僵直的；不灵活的；拘谨的，生硬的；艰难的，费劲的；（风等）强烈的 *adv.* 极其，非常；僵硬地

  模拟实景 The hair spray has made my hair *stiff*. 发胶把我的头发弄得非常硬。

  单词拓展 stiffen（*vt.* 使硬，使僵硬）

■ **tone** [təʊn] *n.* 腔调，语气；音调，声调；风格；色调 *vt.* 增强；配合

tone down（使）缓和，使温和；tone up 使更健壮，使更结实，使更有力

Tom's father usually speaks to him in the *tone* of command. 汤姆的父亲总是用命令的口吻跟他说话。

tone在四级真题中主要有两个含义——"腔调，语气"和"音调"，如From the tone of the passage we know that...（从文章的语气可以看出…）；另外，四级真题中还考过：There is a hint of impatience in the tone of his voice. （从他的语气中可以听出一丝不耐烦。）

■ **approach** [ə'prəʊtʃ] *v.* 靠近，接近 *n.* 靠近，接近；途径；方式，方法

approach to 接近；约等于；at the approach of 在…临近的时候

Uncle Ben cautiously *approached* the room as he heard the voice inside. 本叔叔听到房间里有动静后小心翼翼地走近房间。

approachable（*adj.* 可接近的；友好的）；approachability（*n.* 可接近，易接近）

■ **aircraft** ['eəkrɑːft] *n.* 飞机，航空器

It's surprising that this company ordered 10 *aircrafts* in one month. 令人惊讶的是这家公司一个月内订购了10架飞机。

■ **definition** [ˌdefɪ'nɪʃn] *n.* 定义，释义；清晰（度），鲜明（度）

The *definition* of "cute" in a dictionary is something or someone which or who is charming and attractive. Cute这个单词在词典里的意思是：形容某种事物或者某个人富有吸引力，惹人喜爱。

■ **detail** ['diːteɪl] *n.* 细节，详情；枝节，琐事 *vt.* 详述，详细说明

go into detail(s) 详细叙述，逐一说明

The *details* of the contract haven't been released to the public. 合同的具体细节并没有向公众公布。

■ **enable** [ɪ'neɪbl] *vt.* 使能够，使可能

The new policy will *enable* a large increase in payroll employment. 这项新政策将使受雇人数大幅增长。

■ **enforce** [ɪn'fɔːs] *vt.* 实施，执行；强迫，迫使

完形短语 be enforced by law 法律强制

模拟实景 The job of the police is to *enforce* the law. 警察的工作是执法。

单词拓展 enforcement（*n.* 实施，执行）

■ **explain** [ɪk'spleɪn] *vt.* 讲解，说明

完形短语 explain away 为…辩解

模拟实景 The famous lawyer will *explain* the new law to the college students.
这位著名的律师将给大学生们讲解这项新法律。

■ **gesture** ['dʒestʃə(r)] *n.* 姿势，手势；（人际交往时做出的）姿态，表示
v. 做手势（表示）

模拟实景 Jim made a rude *gesture* at the taxi driver as the driver ran a red light.
当吉姆看到出租车司机闯红灯时，对司机做了个粗鲁的手势。

■ **identical** [aɪ'dentɪkl] *adj.* 相同的，相等的；同一的

完形短语 be identical with/to 与…相同的

模拟实景 The two coats are similar, although not *identical*. 这两件外套虽然不
同但很相似。

■ **illustration** [ˌɪlə'streɪʃn] *n.* 说明，例证；图解，插图

完形短语 in illustration of 作为…的例证；by way of illustration 以实例说明

模拟实景 There are totally 2 pages of *illustrations* in this book. 这本书里一共
有两页插图。

考点点评 大家在写作文时，可能一想到"例子"这个词，脑中对应的英文
单词就是"example"，但是illustration一词也可以表示"例证"。

■ **spell** [spel] *vt.* 拼写；意味着，招致 *n.* 咒语；魅力；一段时间

完形短语 spell out 详细说明

模拟实景 When I was a schoolchild, I just knew how to *spell* commonly used
words. 当我还是一个小学生的时候，我只知道一些常用的单词怎
么拼写。

单词拓展 spelling（*n.* 拼写，拼法）

- **ability** [ə'bɪləti] *n.* 能力，本领；才能，才智

  完形短语 to the best of one's ability 尽某人最大努力；the ability for (in doing) sth. 做某事的能力；the ability to do (sth.) 从事（某事）的能力

  模拟实景 It is difficult to judge one's *ability* without having seen his works. 很难在没有看到一个人的作品前就评断一个人的能力。

- **abstract** ['æbstrækt] *adj.* 抽象的；抽象派的 *n.* 摘要，概要；抽象派艺术作品 [æb'strækt] *vt.* 写出（书等的）摘要；提取

  完形短语 in the abstract 抽象地，理论上

  模拟实景 Modern art is often more *abstract* compared with traditional art. 现代艺术与传统艺术比起来通常更加抽象。

  单词拓展 abstracted（*adj.* 走神的，心不在焉的）；abstraction（*n.* 抽象概念；提取）

- **angle** ['æŋgl] *n.* 角，角度；观点，立场 *vt.* 斜移，斜置；从（某角度）报道；以（某观点）提供信息

  完形短语 angle for 博取；（转弯抹角地）打听；change the/one's angle 变换角度

  模拟实景 This book elaborates the truth in life from various *angles*. 这本书从不同的角度详细阐述了生活中的真理。

  单词拓展 angular（*adj.* 瘦骨嶙峋的；有尖角的）

  考点点评 angle一词在四级考试中最常作"角度"讲，并常与动词change搭配，构成change the/one's angle，如I had to keep changing the angle every time.（我不得不每次都变换角度。）

- **assumption** [ə'sʌmpʃn] *n.* 假定，假设；担任，承担

  模拟实景 The theory was put forward based on a series of wrong *assumptions*. 这个理论是基于一系列错误的假设提出来的。

- **consist** [kən'sɪst] *vi.* 组成，构成；在于，存在于

  完形短语 consist in 在于，存在于；consist of 组成，构成

  模拟实景 The United Kingdom *consists* of Great Britain and Northern Ireland. 联合王国由大不列颠和北爱尔兰组成。

  单词拓展 consistency（*n.* 一致性）；consistent（*adj.* 一致的；相符的）；consistently（*adv.* 始终如一地）

■ **convey** [kən'veɪ] *vt.* 表达，传达；传送，运送，输送

(模拟实景) Passengers are *conveyed* by cars to the subway station. 旅客们被汽车送往地铁站。

(考点点评) convey后面常接truth, idea, message等词，表示"传达真相、想法、信息等"。

■ **grant** [grɑːnt] *n.* 拨款；授予物 *vt.* 授予，同意

(完形短语) take for granted 认为…是理所当然的；（因视作当然而）对…不予重视

(模拟实景) The government *granted* him a big sum of money to do the scientific research. 政府拨给他一大笔钱来做科学研究。

■ **interpret** [ɪn'tɜːprɪt] *vi.* 口译，翻译 *vt.* 解释，诠释

(完形短语) interpret...as... 把…解释为…

(模拟实景) I came across a nice guy who promised to *interpret* for me. 我遇见一个很好的人，他答应帮我翻译。

(单词拓展) interpretation（*n.* 解释；阐明）；interpretive（*adj.* 解释的；理解的）

■ **prospect** ['prɒspekt] *n.* 前景，（成功等的）可能性；景象，景色；可能成为主顾的人；有希望的候选人 *vt.* 勘探，勘察

(完形短语) prospect for 勘探，勘察

(模拟实景) I was immersed in longing for the *prospect* of my future happy life. 我完全沉浸在对未来幸福生活的憧憬中。

(单词拓展) prospective（*adj.* 未来的）；prospector（*n.* 探勘者；采矿者）

■ **stick** [stɪk] *n.* 棍，手杖 *vt.* 刺，插，戳；粘住，粘贴 *vi.* 被粘住，卡住，陷住

(完形短语) stick around 不走开，待在原地；stick at 坚持不懈地做（某事），持之以恒；stick out （把…）坚持到底；醒目，显眼；stick out for 坚持要求；stick up for 支持，捍卫；为…辩护；stick with 紧随；持续，坚持

模拟实景 I helped the young girl *stick* the notice on the wall. 我帮这个小女孩把这个公告贴在了墙上。

单词拓展 sticker（*n.* 粘贴标签，贴纸；坚持不懈的人）；sticky（*adj.* 黏的；湿热的；棘手的）

■ **transmit** [træns'mɪt] *vt.* 播送；发射；传送；传染

模拟实景 This kind of infection is *transmitted* by mice. 这种传染病是通过老鼠传播的。

单词拓展 transmitter（*n.* 传送者；发射机）；transmission（*n.* 发射；传送）

考点点评 transmit后面除了可以接signal和message这样的词外，还可以接disease，四级真题中就有这样一个句子：Some diseases are transmitted by certain water animals. （一些疾病会通过某些水生动物传播。）

■ **understand** [ˌʌndə'stænd] *vt.* 理解，懂；了解，意识到；谅解；获悉，听说；认为，以为 *vi.* 理解，懂得；体谅，谅解；认为，猜想

模拟实景 I do not *understand* what the girl is talking about at all. 我完全不懂这个女孩在说什么。

■ **universe** ['juːnɪvɜːs] *n.* 宇宙，世界；领域，范围

模拟实景 The *universe* is immeasurable. 宇宙无限宽广。

单词拓展 universal（*adj.* 普遍的；宇宙的；通用的）；universally（*adv.* 普遍地，一致地；到处）

■ **utter** ['ʌtə(r)] *adj.* 完全的，彻底的 *vt.* 发出（声音）说

模拟实景 It is an *utter* waste of time to talk with her on this issue. 跟她讨论这件事情完全就是浪费时间。

单词拓展 utterance（*n.* 发声，表达；话语）；utterly（*adv.* 完全地）

考点点评 在四级真题的完形题目中就考过tell, utter, say和speak这四个词的区别：speak的用法比较正式，表示说话者在对话中所说的话较其他人多；talk不如speak庄重，talk表示两个或更多的人在对话；tell是一个普通词，指把某事告诉或讲述给某人听，在口语和书面语中均可以使用；而utter则侧重说话的行为，尤指吞吞吐吐地说话。

■ **aid** [eɪd] *n.* 帮助，救助；助手，辅助物 *vt.* 帮助，救助

(模拟实景) A good dictionary can *aid* in language learning. 一部好词典有助于语言学习。

■ **appliance** [ə'plaɪəns] *n.* 用具，器具；器械，装置

(模拟实景) The new couple bought a set of brand new kitchen *appliances*. 这对新婚夫妇购买了一整套崭新的厨房用具。

(考点点评) 本词在四级真题中的考点是对facility, instrument, implement和appliance这几个词的辨析。facility（作该词义讲时常用复数）多指使工作和生活便利的工具和设施；instrument是指精密的或用在科学研究方面的器具；appliance指的是需要动力才能操作的家用电器或装置；implement指工作中需要用的器械工具等。

■ **bloom** [bluːm] *n.* 花；开花（期）；青春焕发（的时期）*vi.* 开花；茂盛

(模拟实景) The garden is all in *bloom* at this time of the year. 每年的这个时候花园里的花会全部盛开。

■ **brick** [brɪk] *n.* 砖，砖块；砖状物 *vt.* 用砖围砌（或堵）

(模拟实景) The old palace is built of *brick* and huge rock. 这座古老的宫殿是由砖和巨石建造而成的。

■ **contrast** ['kɒntrɑːst] *n.* 对比，对照；悬殊差别，反差 [kən'trɑːst] *vt.* 对比，对照 *vi.* 形成对比，对比之下显出明显的差异

(完形短语) contrast with 与…形成对比

(模拟实景) There is a great *contrast* between the culture backgrounds of the husband and his wife. 丈夫与妻子之间存在着巨大的文化背景差异。

■ **earthquake** ['ɜːθkweɪk] *n.* 地震

(模拟实景) In the spring of that year an *earthquake* destroyed much of the province. 那年春天，一场地震毁掉了这个省份的大部分地区。

■ **injure** ['ɪndʒə(r)] *vt.* 伤害，损害

(模拟实景) Peter *injured* his leg badly in a car accident. 彼得的腿在一场交通事故中受了重伤。

■ **installation** [ˌɪnstə'leɪʃn] *n.* <u>安装；设置</u>；安装的设备或机器

（模拟实景）*Installation* of the air-conditioner will take several hours. 安装空调将需要几小时。

■ **instrument** ['ɪnstrəmənt] *n.* <u>仪器，器械；工具</u>；<u>乐器</u>

（模拟实景）The hospital imported some surgical *instruments* from Germany. 这家医院从德国进口了一批外科器械。

（单词拓展）instrumental（*adj.* 起重要作用的；作为工具或手段的；用乐器演奏的）；instrumentalist（*n.* 乐器演奏者，器乐家）

■ **international** [ˌɪntə'næʃnl] *adj.* 国际的，世界（性）的

（模拟实景）The little girl who suffered from leukemia has received the help from *international* organizations. 这名身患白血病的小女孩获得了国际组织的帮助。

■ **overnight** [ˌəʊvə'naɪt] *adv.* 在整个夜里；<u>在短时间内，突然</u> ['əʊvənaɪt] *adj.* 一整夜的；似乎在一夜之间出现的，突然的

（模拟实景）The girl is so lucky that she wins *overnight* fame with her first film. 这个小女孩太幸运了，她通过自己的第一部电影一夜成名。

■ **permanent** ['pɜːmənənt] *adj.* <u>永久（性）的；固定的</u>

（模拟实景）He works very hard in order to find a *permanent* job in big cities. 他工作很努力，想在大城市里找一份固定工作。

（单词拓展）permanency [*n.* 永久（性）]；permanently（*adv.* 永久地）

（考点点评）我们常说的 "永久性疾病" 就是permanent illness，在四级真题中就有这样一句话，其中的permanent就是这个用法：He was 17 when he left Italy. Soon after, a hit-and-run accident left him with a permanent limp.（离开意大利的时候，他才17岁。那之后不久，一场肇事逃逸车祸使他永远瘸了。）

■ **attach** [ə'tætʃ] *vt.* 系上，连接；<u>附加</u>；使依恋，使喜爱；<u>认为有（重要性、责任等）</u>；使附属

（完形短语）be attached to 附属于

（模拟实景）It is not lawful to *attach* the blame for this accident to the car driver. 将这次事故的责任归因于汽车司机是不合法的。

单词拓展 attached（*adj.* 附加的，附属的）；attachment（*n.* 附件；附加装置）

考点点评 attach...importance是attach一词在四级考试中最常见的用法，其中importance前可加too much, more, great等词来修饰，表示重要性的程度。另外，attach一词曾在四级真题中出现过，意为"附属"：Some kindergartens are attached to universities that have elementary and secondary schools.（一些幼儿园附属于拥有自己的小学和初中的大学。）

■ **band** [bænd] *n.* 管乐队；群，伙；带，箍；条纹；波段，频带 *vt.* 用带绑扎；联合

模拟实景 The government sent a *band* of people to clean the street. 政府派来一帮人打扫这条街道。

单词拓展 bandage（*n.* 绷带）

■ **behavio(u)r** [bɪ'heɪvjə(r)] *n.* 举止，行为

模拟实景 The taxi-driver's strange *behavior* made the policeman suspicious. 这名出租车司机的奇怪的举止引起了警察的怀疑。

■ **conscious** ['kɒnʃəs] *adj.* 意识到的，自觉的；神志清醒的；有意的，存心的

完形短语 become conscious 恢复知觉，恢复意识

模拟实景 I suddenly became *conscious* that the woman who said hello to me was a classmate of my primary school. 我突然意识到刚刚跟我打招呼的那个女人是我的小学同学。

单词拓展 consciousness（*n.* 知觉；意识）；unconscious（*adj.* 无意识的）

■ **consumer** [kən'sjuːmə(r)] *n.* 消费者，用户

模拟实景 As the owner of a restaurant, father told me to listen with an open mind to the *consumers'* criticism. 作为一家饭店的老板，父亲告诉我要虚心倾听顾客的批评。

单词拓展 consumerism（*n.* 消费；消费主义）

■ **cultivate** ['kʌltɪveɪt] *vt.* 耕作，栽培；培养；陶冶

模拟实景 Farmers succeeded in *cultivating* fine maize seeds in this area. 农民们成功地在这一地区培育出了优良的玉米种子。

单词拓展 cultivation（*n.* 耕种；培养）；cultivated（*adj.* 有教养的；培植的）

■ **derive** [dɪ'raɪv] *vt.* 取得，得到；追溯…的起源（或来由）*vi.* 起源，衍生

完形短语 derive from 起源，衍生

模拟实景 Lucy *derived* great pleasure from the spring outing organized by her company. 露西从公司组织的春游活动中获得了极大的乐趣。

考点点评 derive from在四级考试中多指"语言（language）"、"表达（expression）"等的"起源"，如四级真题中就出现过这样一个句子：Sign language is derived from natural language.（手语起源于自然语言。）

■ **emotion** [ɪ'məʊʃn] *n.* 情感，激情；情绪

模拟实景 The President's speech was full of *emotion*. 总统的演讲激情澎湃。

■ **manner** ['mænə(r)] *n.* 方式，方法；态度，举止；[*pl.*]礼仪，礼貌；规矩，习俗

完形短语 all manner of 各种各样的，形形色色的；in a manner of speaking 不妨说，从某种意义上说

模拟实景 I do not like the irresponsible *manner* writing on her face. 我不喜欢她脸上表现出的不负责任的态度。

单词拓展 mannerism [*n.* 言谈举止；（绘画、写作中）过分的独特风格]

■ **pitch** [pɪtʃ] *n.* （体育比赛的）场地，球场；程度，强度；（音符或嗓音的）高度，高音；沥青 *vt.* 投掷，扔；使猛然倒下；（用某种方式或水平）表达，把…定于特定程度（或标准等）；定调；架设，（扎）营 *vi.* 触地；踉跄倒下；（船、飞机）颠簸

模拟实景 Lily *pitched* the ball as far as she could to make sure that she could pass the final PE exam. 莉莉竭尽全力将球扔向远方以确保自己能够通过体育期终考试。

考点点评 在四级真题中曾考过pitch作为"音高"时的意思，这里介绍另外几个和音乐有关的词和短语：pitch of speech sound "语音音高"；loudness "响度"；tone color "音色"；beat "音拍"。pitch in虽不常见，但是也在四级考试中出现过，意为"齐心协力"，如四级真题中曾出现过这样一个句子：Residents are pitching in to help teachers and administrators.（居民们正在齐心协力地帮助教师和管理人员。）

■ **product** ['prɒdʌkt] *n.* 产品，产物；乘积

模拟实景 These new *products* were designed for the Beijing Olympic Games. 这些新产品是为北京奥运会设计的。

单词拓展 production（*n.* 生产；产量）；reproduction（*n.* 再生产；繁殖）

■ **resistant** [rɪ'zɪstənt] *adj.* 抵抗的，抗…的，耐…的

完形短语 be resistant to 抗…的，耐…的

模拟实景 The scientists are doing their best to produce fire-*resistant* materials. 科学家们正在竭尽所能制造防火材料。

单词拓展 quake-resistant（*adj.* 抗震的）；wind-resistant（*adj.* 抗风的）

考点点评 be resistant to后最常接的是bacterial attack, drug treatment 等表达，表示"抗病毒袭击"和"抗药物治疗"。

- **sense** [sens] *n.* 感官，官能；感觉，意识；判断力；见识；意义，意思 *vt.* 感觉到，意识到，察觉到

  完形短语　come to one's senses 恢复理性，醒悟过来；（昏迷后）苏醒过来；in a sense 从某种意义上说；talk sense 说话有理，讲道理；sense of responsibility 责任感

  模拟实景　Our math teacher has a good *sense* of humor so all my classmates like her. 我们的数学老师非常有幽默感，所以我所有的同学都喜欢她。

- **speed** [spiːd] *n.* 速度；迅速 *vi.* 迅速前进，急行；（违章）超速行驶 *vt.* 快速运送；加速，促进

  模拟实景　Uncle Sam *sped* the injured to the nearest hospital. 萨姆叔叔载着受伤的人迅速驶往最近的医院。

- **tend** [tend] *vi.* 易于，往往会；趋向，倾向 *vt.* 照管，护理

  模拟实景　Mum *tends* to get angry when my little brother and I disobey her. 当我和弟弟不听话时，妈妈就很容易生气。

  单词拓展　tendency（*n.* 倾向，趋向）；tendentious（*adj.* 倾向性的；有偏见的）

- **trend** [trend] *n.* 倾向，趋势

  模拟实景　The young girls give close attention to latest *trends* in fashion. 年轻的女孩子们密切关注最新的流行趋势。

- **volume** ['vɒljuːm] *n.* 卷，册；体积，容量；音量，响度

  模拟实景　The encyclopedia of *Hundred Thousand Whys* is in fourteen *volumes*. 《十万个为什么》这套百科全书有十四册。

  考点点评　volume在下面这个短语中表示"音量"：the rhythm, pitch, and volume of music（音乐的节奏、音高和音量）。

- **abundant** [ə'bʌndənt] *adj.* 大量的，充足的；丰富的，富裕的

  完形短语　abundant in 富于，富有

模拟实景 It is known that China is *abundant* in natural resources. 众所周知，中国有丰富的自然资源。

■ **accuse** [əˈkjuːz] *vt.* 控诉，控告；谴责

模拟实景 George *accused* his boss of having broken the contract. 乔治控告他的老板毁约。

单词拓展 accusation（*n.* 指控；谴责）；accused（*adj.* 受诅咒的 *n.* 被告）

■ **acquaintance** [əˈkweɪntəns] *n.* 认识，了解；熟人

完形短语 make the acquaintance of sb. 结识某人

■ **admission** [ədˈmɪʃn] *n.* 准许进入，准许加入；入场费，入场券；承认，坦白

考点点评 admission一词常出现在与新生入学相关的场景中，其中一个比较重要的搭配就是admissions office（招生办公室）。

■ **allowance** [əˈlaʊəns] *n.* 津贴；零用钱；限量，定额

完形短语 make allowance(s) for 考虑到，顾及；体谅，谅解

模拟实景 The little boy has a weekly *allowance* of six dollars. 这个小男孩每周有6美元零用钱。

■ **amateur** [ˈæmətə(r)] *n.* 业余爱好者；业余运动员；外行，生手 *adj.* 业余爱好的，业余（身份）的；外行的

■ **amuse** [əˈmjuːz] *vt.* 逗乐，逗笑；给…提供娱乐（或消遣）

完形短语 amuse sb. with sth. 用某物逗某人开心；amuse oneself by doing sth. 做某事来消遣（自娱自乐）

模拟实景 Mr. Parkes *amused* himself by playing the violin. 帕克斯先生拉小提琴自娱自乐。

单词拓展 amused（*adj.* 逗乐的，觉得好笑的）；amusement（*n.* 可笑，娱乐；娱乐活动，消遣活动）；amusing（*adj.* 好笑的，有趣的）

■ **anniversary** [ˌænɪˈvɜːsəri] *n.* 周年纪念（日）

■ **appetite** [ˈæpɪtaɪt] *n.* 胃口，食欲；欲望

- **applause** [ə'plɔːz] *n.* 鼓掌；掌声；喝彩

- **appreciate** [ə'priːʃɪeɪt] *vt.* 重视，欣赏；为…表示感激；（充分）意识到，体会 *vi.* 增值

  （模拟实景） We all *appreciate* the May day holiday after a long period of hard work. 经过一段长时间的辛苦工作之后，我们都十分珍惜五一假期。

  （单词拓展） appreciation（*n.* 欣赏；感激）；appreciative（*adj.* 感谢的；赞赏的）；appreciable（*adj.* 可以察觉到的；足以认为重要的；可观的）

- **arrange** [ə'reɪndʒ] *vt.* 安排，准备；整理，排列 *vi.* 作安排，筹划

  （模拟实景） It was *arranged* that graduates should leave before the first of July. 已安排毕业生于七月一号前离校。

  （单词拓展） rearrange（*v.* 重新安排）；arrangement（*n.* 安排；布置）

- **avenue** ['ævənjuː] *n.* 林荫道，大街

- **awkward** ['ɔːkwəd] *adj.* 尴尬的；棘手的；难操纵的，使用不便的；笨拙的，不灵巧的

  （模拟实景） Our foreign teacher is still *awkward* with chopsticks. 我们的外教用筷子还不熟练。

- **baseball** ['beɪsbɔːl] *n.* 棒球

- **being** ['biːɪŋ] *n.* 生物；生命；人；存在

- **beloved** [bɪ'lʌvɪd] *adj.* 钟爱的；深受喜爱的；深爱的 [bɪ'lʌvd] *n.* 心爱的人

  （模拟实景） The woman lost her *beloved* bag after she got off the bus. 那个女人从公交车上下来后把心爱的包给弄丢了。

- **blank** [blæŋk] *adj.* 空白的，空着的；茫然的，无表情的 *n.* 空白（处）；空白表格

- **campaign** [kæm'peɪn] *n.* 运动；战役 *vi.* 参加（或发起）运动；参加竞选

  （模拟实景） Bruce hasn't decided whether to *campaign* for the president or not. 布鲁斯尚未决定是否参加总统竞选。

■ **champion** ['tʃæmpɪən] *n.* 冠军；捍卫者，拥护者

■ **cheer** [tʃɪə(r)] *vt.* 使振奋，使高兴；向…欢呼，向…喝彩 *vi.* 欢呼，喝彩 *n.* 欢呼，喝彩

（模拟实景）A *cheer* arose from the fans when the singer appeared. 当这位歌手露面时，粉丝们发出了一片欢呼声。

■ **cheerful** ['tʃɪəfl] *adj.* 快乐的，高兴的；使人感到愉快的

■ **clash** [klæʃ] *vi.* 发生冲突；不协调；砰地相撞，发出刺耳的撞击声 *n.* 冲突；不协调；（金属等的）刺耳的撞击声

■ **commit** [kə'mɪt] *vt.* 犯（错误、罪行等），干（蠢事、坏事等）；使承担义务，使承诺；把…托付给，把…置于；（公开地）表示意见，作出决定

（完形短语）commit oneself 使承担义务，使承诺；commit to 把…托付给，把…置于

（模拟实景）Alice *committed* an error in handling the problem. 艾丽斯在处理这一问题时犯了一个错误。

（单词拓展）committed（*adj.* 忠于…的，坚定的）

■ **comprise** [kəm'praɪz] *vt.* 包含，包括；构成，组成

■ **concise** [kən'saɪs] *adj.* 简明的，简要的

（单词拓展）concision（*n.* 简明，简洁）；conciseness（*n.* 简明）

■ **confess** [kən'fes] *vt.* 坦白，供认；承认

（模拟实景）Jack *confessed* that he did not preview the assigned book. 杰克承认他没有预习指定的书。

（单词拓展）confession（*n.* 供词；坦白）

■ **confidence** ['kɒnfɪdəns] *n.* 信心，自信；信任

（完形短语）in confidence 私下地，秘密地；take sb. into one's confidence 向某人吐露内心秘密；have confidence in oneself 对自己有信心

■ **confident** ['kɒnfɪdənt] *adj.* 确信的，肯定的；有信心的，自信的

- **conflict** ['kɒnflɪkt] *n.* 冲突，争论；战斗，战争 [kən'flɪkt] *vi.* 冲突，抵触

（模拟实景）Armed *conflict* is likely to break out in this country. 这个国家有可能发生武装冲突。

- **congratulate** [kən'grætʃuleɪt] *vt.* 祝贺，向…道喜

（完形短语）congratulate on/upon 为某事祝贺

- **conquer** ['kɒŋkə(r)] *vt.* 攻克，征服，战胜；破除，克服

（单词拓展）conqueror（*n.* 征服者）

- **conservative** [kən'sɜːvətɪv] *adj.* 保守的，守旧的；（式样等）不时新的，传统的 *n.* 保守的人；保守党（派）

- **considerate** [kən'sɪdərət] *adj.* 体贴的，体谅的；考虑周到的

（模拟实景）This teacher was *considerate* towards every student. 这位老师对每个学生都很体贴。

（单词拓展）consideration（*n.* 考虑；体谅）；inconsiderate（*adj.* 不体贴的；欠考虑的）

（考点点评）It's considerate of sb...是considerate这个词在四级考试中常见的句型之一，如四级真题中曾出现过如下例句：It's very considerate of you not to talk aloud while the baby is sleeping.（在宝宝睡觉的时候你不大声说话，真是体贴。）

- **contrary** ['kɒntrəri] *adj.* 相反的，对抗的，对立的 *n.* [the ~] 相反；相反的事物

- **convert** [kən'vɜːt] *v.* （使）转变；（使）转化；（使）改变信仰（或态度等）

（模拟实景）Mr. Parks wants to *convert* his dollars into RMB. 帕克斯先生想将美元换成人民币。

（单词拓展）conversion（*n.* 转化；换算）

- **cooperative** [kəʊ'ɒpərətɪv] *adj.* 有合作意向的，乐意合作的；合作的，协作的 *n.* 合作社，合作商店（或企业等）

（模拟实景）The employees won't be *cooperative* in the work if their advice is not taken seriously. 雇员的建议如果没有被认真地采纳，他们在工作中就不会很配合。

- **coordinate** [kəʊˈɔːdɪnət] *vt.* 调节，协调 [kəʊˈɔːdɪneɪt] *n.* 坐标 *adj.* 同等的，并列的

  模拟实景 If we want to win the game, we must *coordinate* our efforts. 如果想赢得比赛，我们必须同心协力。

- **crack** [kræk] *v.* （使）破裂，（使）裂开；（使）噼啪地响，（使）发出爆裂声；打，撞 *n.* 裂缝，缝隙；噼啪声，破裂声

  完形短语 crack down 对…采取严厉措施，镇压；crack up （精神）崩溃

  模拟实景 Jim carefully *cracked* a nut and then gave it to his son. 吉姆小心地敲开了一颗坚果，然后给了他儿子。

- **curse** [kɜːs] *v.* 咒骂，诅咒 *n.* 咒骂，咒语；祸害，祸根

  单词拓展 cursed （*adj.* 遭受诅咒之苦的；可恨的）

- **dash** [dæʃ] *vi.* 猛冲，飞奔 *vt.* 猛掷，使猛撞 *n.* 猛冲，飞奔；破折号

- **decay** [dɪˈkeɪ] *vi.* 腐烂，腐朽；衰败，衰退，衰落 *n.* 腐烂，腐朽；衰败（或衰退）状态

- **decorate** [ˈdekəreɪt] *vt.* 装饰；装潢

  模拟实景 Every corner in our house is *decorated* with flowers. 我们家的每个角落都装饰着鲜花。

  单词拓展 decoration （*n.* 装饰；装饰品）；decorative （*adj.* 装饰的）；decorator （*n.* 油漆匠）

- **delicate** [ˈdelɪkət] *adj.* 易碎的，脆弱的；微妙的；棘手的；娇弱的，纤细的；精美的，雅致的

  模拟实景 Take good care of these *delicate* flowers in the vase. 照顾好花瓶里这些娇嫩的鲜花。

  考点点评 在四级真题中，delicate一词曾被用来形容silk（丝绸）的精致。

- **delivery** [dɪˈlɪvəri] *n.* 投递，送交；投递的邮件；发送的货物；分娩；讲话方式，演讲风格

- **depart** [dɪˈpɑːt] *vi.* 离开，出发；背离，违反

  完形短语 depart from 离开，从…出发

James is unwilling to *depart* from his hometown. 詹姆斯不愿意离开家乡。

单词拓展 departure（*n.* 离开，出发；背离）

- **dependent** [dɪ'pendənt] *adj.* 依靠的，依赖的；取决于…的

  完形短语 be dependent on/upon 依靠的，依赖的

- **depression** [dɪ'preʃn] *n.* 抑郁，沮丧；不景气，萧条（期）；洼地，凹陷

  考点点评 depression这个词"萧条期"的词义比较为大家所熟悉，但是在四级考试中还曾考过"凹地"一义，在四级真题中就有这样的表达：gathering rainfall in depressions，意为"在凹地蓄积雨水"。

- **despair** [dɪ'speə(r)] *n.* 绝望；使人绝望的人（或事物）*vi.* 绝望，失去希望

  完形短语 despair of 对…绝望

  模拟实景 Kate *despairs* of winning the swimming competition. 凯特对赢得游泳比赛不抱希望。

- **disaster** [dɪ'zɑːstə(r)] *n.* 灾难，大祸；彻底的失败

  单词拓展 disastrous（*adj.* 灾难性的）

- **discount** ['dɪskaʊnt] *n.*（价格、债款等）折扣 [dɪs'kaʊnt] *vt.* 把…打折扣；不（全）信，低估

- **disgust** [dɪs'ɡʌst] *vt.* 使厌恶，使反感 *n.* 厌恶，反感

  单词拓展 disgusted（*adj.* 厌烦的，厌恶的）

- **dislike** [dɪs'laɪk] *vt./n.* 不喜爱，厌恶

- **dismiss** [dɪs'mɪs] *vt.* 不再考虑，不接受；解雇；解散，遣散；驳回，不受理

  模拟实景 Thomas *dismissed* the idea of going to America. 托马斯打消了去美国的念头。

  单词拓展 dismissal（*n.* 不予考虑；解雇）

■ **dispute** [dɪs'pjuːt] *n.* 争论，争端 *vt.* 对…表示异议；对…提出质疑；争论 *vi.* 争论，争吵

完形短语 in dispute 在争论中，处于争议中

模拟实景 The data has been *disputed*. 有人对这组数据提出了质疑。

■ **earnest** ['ɜːnɪst] *adj.* 认真的；诚挚的，热切的

■ **elegant** ['elɪɡənt] *adj.* 优美的，文雅的，讲究的；简练的，简洁的

模拟实景 The old man who just got in the room behaved in a gentle and *elegant* way. 刚进屋的这位老人举止温文尔雅。

单词拓展 elegance（*n.* 典雅，优雅）

■ **embarrass** [ɪm'bærəs] *vt.* 使窘，使尴尬，使为难

模拟实景 It *embarrassed* the little girl to speak in front of people. 在人前讲话让这个小女孩感到局促不安。

■ **embrace** [ɪm'breɪs] *vt.* 拥抱，怀抱；欣然接受；包括，包含；包围，环绕 *n.* 拥抱，怀抱

模拟实景 Elia *embraced* her foreign teacher's offer to help her with her English. 伊莱亚欣然接受了外教帮她学习英文的提议。

■ **engagement** [ɪn'ɡeɪdʒmənt] *n.* 订婚，婚约；约会

■ **enthusiasm** [ɪn'θjuːzɪæzəm] *n.* 热情，热心；巨大兴趣；热衷的事物

■ **exception** [ɪk'sepʃn] *n.* 例外；例外的事物

完形短语 take exception to sth.（强烈地）反对；生…的气

■ **exchange** [ɪks'tʃeɪndʒ] *n.* 交换，调换；汇兑，兑换率 *vt.* 调换，交换；交流

模拟实景 You'd better *exchange* some pounds for dollars. 你最好把一些英镑兑换成美元。

- **exclusive** [ɪk'skluːsɪv] *adj.* 奢华的，高级的；独有的，独享的；排斥的，排他的；不包括…的，不把…计算在内的 *n.* 独家新闻

  完形短语 exclusive of 除…外，不计算在内

  模拟实景 The room charges $300 a month, *exclusive* of water and electricity. 这个房间每月收费300美元，不包括水电费。

- **expedition** [ˌekspə'dɪʃn] *n.* （为特定目的而组织的）旅行，远征；远征队，探险队；迅速，动作敏捷

  模拟实景 Helen was on an *expedition* to explore the Amazon tropical rain forest. 海伦参加探险队探索亚马逊热带雨林。

- **farewell** [ˌfeə'wel] *n.* 告别；欢送会

  模拟实景 The old man waved *farewell* to his friends before he got on the train. 那位老人在上火车前，和他的朋友们挥手告别。

- **fate** [feɪt] *n.* 命运，宿命

- **fence** [fens] *n.* 栅栏，围栏 *vt.* 把…用栅栏等围起（隔开）*vi.* 击剑

  完形短语 on the fence 抱骑墙态度，保持中立

  模拟实景 We are on the same side of the *fence*. 我们站在同一立场上。

- **fertile** ['fɜːtaɪl] *adj.* 肥沃的，富饶的；多产的，丰产的；（想象力或创造力）丰富的

  单词拓展 fertility（*n.* 肥沃，富饶，丰产）；infertile（*adj.* 贫瘠的）

- **fiction** ['fɪkʃn] *n.* 小说

  单词拓展 fictional [*adj.* 虚构的；小说（中）的]

- **flock** [flɒk] *n.* 羊群；（鸟、兽等）一群，一伙人；一大批，众多，大量 *vi.* 群集，聚集，成群

- **fortunate** ['fɔːtʃənət] *adj.* 幸运的，侥幸的

- **frustrate** [frʌ'streɪt] *vt.* 使沮丧，使灰心；挫败，使受挫折

  单词拓展 frustration（*n.* 挫折）；frustrating（*adj.* 令人沮丧的）

■ **frustrated** [frʌˈstreɪtɪd] *adj.* 灰心的，失望的

■ **generous** [ˈdʒenərəs] *adj.* 慷慨的，大方的；宽厚的，宽宏大量的；大量的，丰富的

(模拟实景) It is said that Mr. King was *generous* towards his subordinates. 据说金先生对下属很大方。

(单词拓展) generosity（*n.* 慷慨，大方）

■ **glimpse** [glɪmps] *vt./n.* 一瞥，一看

■ **hardware** [ˈhɑːdweə(r)] *n.* 五金制品；硬件（设备）

■ **harmony** [ˈhɑːməni] *n.* 和谐，一致

(模拟实景) This kindness principle will bring us all into *harmony*. 这条和善原则将使我们大家和睦相处。

(单词拓展) harmonize [*vt.*（使）协调；为（主调）配和声]；harmonious（*adj.* 和谐的；协调的）；harmoniously（*adv.* 和谐地，谐调地）

■ **herd** [hɜːd] *n.* 兽群，牧群 *vt.* 使集中在一起，把…赶在一起

■ **heroic** [hɪˈrəʊɪk] *adj.* 英雄的，英勇的

■ **hesitate** [ˈhezɪteɪt] *vi.* 犹豫，踌躇；不情愿

(模拟实景) He who hesitates is lost. 当断不断，必受其患。

(单词拓展) hesitation（*n.* 犹豫，踌躇）

■ **hint** [hɪnt] *n.* 暗示，示意；细微的迹象；[常*pl.*] 建议 *v.* 暗示

(考点点评) a hint of是hint这个词较常见的用法，表示"稍微，有点"，其后可加impatience等词。

■ **horror** [ˈhɒrə(r)] *n.* 恐怖；恐惧，憎恶；令人恐怖（或讨厌）的事物（或人）

■ **illegal** [ɪˈliːgl] *adj.* 不合法的，非法的

(单词拓展) illegality（*n.* 非法，违法）

■ **imagination** [ɪ,mædʒɪ'neɪʃn] *n.* 想象；想象力；空想，幻觉；想象出来的事物

■ **indispensable** [,ɪndɪs'pensəbl] *adj.* 必不可少的，必需的

完形短语 be indispensable to/for 对…必不可少，是…必需的

考点点评 考生应该对play an important role这一用法比较熟悉，在此表达中，important一词可与indispensable互换。

■ **instal(l)** [ɪn'stɔːl] *vt.* 安装，安置；使就职

■ **instant** ['ɪnstənt] *adj.* 立即的，即刻的；紧急的，急迫的；（食品）速溶的，方便的 *n.* 瞬间，时刻

完形短语 at the instant 在…的时刻

模拟实景 The earthquake victims in the mountainous area were in *instant* need of help. 山区的地震灾民急需帮助。

单词拓展 instantaneous（*adj.* 即刻的，瞬间的）

■ **insure** [ɪn'ʃʊə(r)] *vt.* 给…保险；保证，确保

■ **intense** [ɪn'tens] *adj.* 强烈的，紧张的；认真的，专注的；热情的，热切的

模拟实景 The singer has many *intense* fans. 这位歌手有许多热情的粉丝。

单词拓展 intensity（*n.* 强烈；强度）；intensive（*adj.* 密集的；精耕细作的）

■ **intensive** [ɪn'tensɪv] *adj.* 加强的，密集的；彻底的；精耕细作的，集约的

考点点评 注意intensive research "深入研究"中intensive一词的用法。

■ **intention** [ɪn'tenʃn] *n.* 意图，意向

单词拓展 intentional（*adj.* 故意的）

■ **inward** ['ɪnwəd] *adj.* 内心的，精神的；向内的，向中心的 *adv.* [-(s)] 向内；向内心

模拟实景 The glass door opens *inward*. 这扇玻璃门朝里面开。

■ **isolate** ['aɪsəleɪt] *vt.* 使隔离，使孤立

■ **jealous** ['dʒeləs] *adj.* 妒忌的；猜忌的；精心守护的

■ **keen** [kiːn] *adj.* 热心的，渴望的；敏锐的，敏捷的；激烈的，强烈的；锋利的，锐利的

(完形短语) be keen to do sth. 渴望做某事；be keen on sth. 喜爱，对…着迷

(模拟实景) Jerry handed the cook a knife with a *keen* edge. 杰里递给厨师一把锋利的刀。

(考点点评) keen一词在四级考试中最常见的用法就是take a keen interest in…，表示"对…抱有浓厚的兴趣"。

■ **kindness** ['kaɪndnəs] *n.* 亲切，好意；仁慈（或好心）的行为

■ **laughter** ['lɑːftə(r)] *n.* 笑；笑声

■ **leader** ['liːdə(r)] *n.* 领袖，领导者

■ **leap** [liːp] *vi.* 跳，跳跃；突然做某事；猛冲；骤增，猛涨 *vt.* 跃过 *n.* 跳，跳跃；激增，骤变

(完形短语) by/in leaps and bounds 极其迅速地；突飞猛进 leap at sth. 赶紧抓住，迫不及待地接受某事物

(模拟实景) The national income in our country went up with a *leap*. 我国的国民收入猛增。

■ **lease** [liːs] *n.* 租约，租契 *vt.* 出租；租得，租有

■ **liable** ['laɪəbl] *adj.* 可能的，大概的；有法律责任的，有义务的；易于…的；易患…病的

(完形短语) liable for 对…应负法律责任的；liable to 可能…的；易于…的

(模拟实景) The airline will be *liable* for this accident. 航空公司将对此次事故负责。

■ **loan** [ləʊn] *n.* 贷款，贷 *vt.* 借出，贷给

(完形短语) on loan 暂借地；approve a loan 批准贷款

China Construction Bank gave a *loan* of one millon RMB to the factory. 中国建设银行贷给那家工厂100万人民币。

考生要注意loan作动词时是"向外借，贷与，借出"的意思，如 The bank refuses to loan him any money. （银行拒绝借贷给他。）

■ **locate** [ləʊ'keɪt] *vt.* 探明，找出；把…设置在，使坐落于

单词拓展 location（*n.* 位置，场所）

■ **lodger** ['lɒdʒə(r)] *n.* 寄宿者，投宿者

■ **logical** ['lɒdʒɪkl] *adj.* 逻辑（上）的，符合逻辑的；合乎常理的

模拟实景 It is *logical* to assume that Lily will win the game. 按理说莉莉会赢得这项比赛。

单词拓展 illogical（*adj.* 不合逻辑的）

■ **loosen** ['luːsn] *vt.* 解开，放松；松弛

■ **loyal** ['lɔɪəl] *adj.* 忠诚的，忠心的

单词拓展 loyalty（*n.* 忠诚，忠心）；loyalist（*n.* 忠诚的人）

■ **mankind** [ˌmæn'kaɪnd] *n.* 人类

■ **margin** ['mɑːdʒɪn] *n.* 页边空白；差数，差额；余地，余裕；边，边缘

■ **mayor** [meə(r)] *n.* 市长

■ **mill** [mɪl] *n.* 磨坊，碾磨机；制造厂，工厂 *vt.* 磨成粉，碾碎

■ **miserable** ['mɪzərəbl] *adj.* 痛苦的，悲惨的；令人难受（或痛苦）的

■ **mode** [məʊd] *n.* 方式，样式；风格

■ **modest** ['mɒdɪst] *adj.* 谦虚的，谦逊的；适中的，不太多的；庄重的

模拟实景 James has got many medals but he's too *modest* to wear them. 詹姆斯获得了很多奖章，但他很谦虚，从来不戴它们。

单词拓展 modesty（*n.* 谦虚，谦逊）

考点点评 在四级真题中还曾出现过modest和growth搭配，即with modest growth，意为"有适度的增长"。

■ **nationality** [ˌnæʃəˈnæləti] *n.* 国籍；民族

模拟实景 Science has no national boundaries while scientists have their own *nationalities*. 科学没有国界，而科学家却有自己的国籍。

■ **neighbo(u)rhood** [ˈneɪbəhʊd] *n.* 四邻，街坊，街区；邻近的地方，附近

完形短语 in the neighbourhood of 在…附近；大约，上下

■ **notify** [ˈnəʊtɪfaɪ] *v.* 通知，告知，报告

■ **nuisance** [ˈnjuːsəns] *n.* 令人讨厌的人或东西；麻烦事

■ **obstacle** [ˈɒbstəkl] *n.* 障碍（物），妨碍

■ **offend** [əˈfend] *vt.* 冒犯，伤害…的感情；使厌恶，使不舒服；违犯，违反

模拟实景 We were *offended* by Jack's rudeness. 我们被杰克的粗鲁激怒了。

单词拓展 offense（*n.* 犯规；冒犯）；offensive（*adj.* 冒犯的；攻击性的）

- **offensive** [ə'fensɪv] *adj.* 冒犯的，无礼的，使人不快的；进攻的，攻击性的 *n.* 进攻，攻势

  （单词拓展）inoffensive（*adj.* 无害的；没恶意的）

- **opening** ['əʊpənɪŋ] *n.* 缺口，洞；（正式的）开始，开端；（职位的）空缺 *adj.* 开篇的；开始的

- **oppress** [ə'pres] *vt.* 压迫，压制；使（心情等）沉重，使烦恼

  （模拟实景）Annie was *oppressed* by many troubles in her new job. 新工作中的许多问题弄得安妮心情沉重。

  （单词拓展）oppressed（*adj.* 被压迫的；受迫害的）；oppressive（*adj.* 压迫的；闷热的）；oppression（*n.* 压迫；郁闷）

- **origin** ['ɒrɪdʒɪn] *n.* 起源，来源；[常*pl.*] 出身，血统

- **outlook** ['aʊtlʊk] *n.* 观点，见解；展望，前景

  （模拟实景）The accident completely changed Kathy's *outlook* on life. 这次事故彻底改变了凯西的人生观。

- **outstanding** [ˌaʊt'stændɪŋ] *adj.* 优秀的，杰出的；突出的，显著的；未解决的，未偿付的

  （单词拓展）outstandingly（*adv.* 非常；极好）

- **overall** ['əʊvərɔːl] *adj.* 总体的，综合的；全部的 *adv.* 总的来说；总共 [ˌəʊvər'ɔːl] *n.* [*pl.*] 工装裤，工作服

- **overhear** [ˌəʊvə'hɪə(r)] *vt.* 无意中听到，偷听到

- **oxygen** ['ɒksɪdʒn] *n.* 氧，氧气

- **pad** [pæd] *n.* 垫，衬垫；便笺本；（火箭）发射台；直升飞机起落场 *vt.* 填塞 *vi.*（放轻脚步）走

- **parallel** ['pærəlel] *n.* 可相比拟的事物；相似处；平行线，平行面；纬线 *adj.* 平行的；类似的，相对应的；并列的，并行的 *vt.* 与…相似，比得上

(模拟实景) The two *parallel* roads seem to come together in the distance. 这两条平行的道路似乎在远处相交在一起。

(单词拓展) parallelism（*n.* 平行；平行性）；parallelize（*v.* 使平行）

- **particular** [pə'tɪkjələ(r)] *adj.* 专指的，特指的；特殊的，特有的；（过分）讲究的，挑剔的；格外的，特别的 *n.* [常*pl.*] 详情，细节

(单词拓展) particularity（*n.* 个性，独特性）；particularly（*adv.* 特别，尤其）

- **partner** ['pɑ:tnə(r)] *n.* 配偶，搭档；伙伴，合伙人 *vt.* 做…的搭档

(模拟实景) Everyone coming to the party can bring a *partner*. 每个参加晚会的人都可以带一个同伴。

- **patch** [pætʃ] *n.* 补块，补丁；色斑，斑点；小块，小片；一小块地；眼罩 *vt.* 缝补，修补

(完形短语) patch up 解决（争吵、麻烦等）；修补；仓促处理

(模拟实景) There was a *patch* of paddy field behind the garden. 花园后面有一小块稻田。

(单词拓展) patchy（*adj.* 零散的；参差不齐的）

- **payment** ['peɪmənt] *n.* 支付的款项；支付，付款

- **peculiar** [pɪ'kju:liə(r)] *adj.* 奇怪的，古怪的；特有的，独特的

(模拟实景) Professor Lee has his own *peculiar* way of doing things. 李教授有自己独特的做事方式。

(单词拓展) peculiarity（*n.* 特质，特性；怪癖）

- **penalty** ['penəlti] *n.* 处罚；罚金

- **pigeon** ['pɪdʒɪn] *n.* 鸽子

- **pledge** [pledʒ] *n.* 保证，誓言 *vt.* 保证，许诺

■ **plot** [plɒt] *n.* 故事情节；（秘密）计划，密谋；小块地皮，小块土地 *vt.* 密谋，计划；绘制…的平面图，在图上标绘…的位置 *vi.* 密谋，计划

The criminals were *plotting* to steal diamonds. 犯罪分子们正在密谋偷钻石。

plotter（*n.* 搞阴谋的人）

■ **portrait** ['pɔːtreɪt] *n.* 肖像，画像

portraitist（*n.* 肖像画家）；portraiture（*n.* 肖像画）

■ **possession** [pə'zeʃn] *n.* 所有，拥有；[*pl.*] 所有物；财产

■ **precaution** [prɪ'kɔːʃn] *n.* 预防（措施），防备

"采取措施"可用动词take与precaution 搭配，如四级真题中的such a precaution had to be taken（必须要采取这样的措施）。

■ **prediction** [prɪ'dɪkʃn] *n.* 预言；（气象等的）预报

■ **preferable** ['prefrəbl] *adj.* 更可取的，更好的

■ **primitive** ['prɪmətɪv] *adj.* 原始的，早期的；简单的，粗糙的 *n.* 原（始）人，原始事物

■ **prior** ['praɪə(r)] *adj.* 优先的；在前的；更重要的

■ **prominent** ['prɒmɪnənt] *adj.* 突出的，杰出的；突起的，凸出的

Eileen has access to some very *prominent* people. 艾琳可以接触到一些非常杰出的人士。

■ **provision** [prəʊ'vɪʒn] *n.* 供应；准备，预备；条款，规定；[*pl.*] 给养，口粮

■ **publicity** [pʌb'lɪsəti] *n.* 公众的注意，名声；宣传，宣扬

■ **rack** [ræk] *n.* 挂架，搁架 *vt.* 使苦痛，折磨

be on the rack 极端痛苦，万分忧虑

考点点评 rack一词作"挂架，搁架"讲时多用复数，四级真题中曾出现过的 among the racks意为"在搁架之间"。

- **raid** [reɪd] *vt./n.* （突然）袭击；（警察等）突入查抄，突入搜捕；劫掠，劫夺

- **realistic** [ˌriːə'lɪstɪk] *adj.* 现实的；实际可行的；现实主义的，逼真的
  单词拓展 unrealistic（*adj.* 不切实际的）

- **recognition** [ˌrekəg'nɪʃn] *n.* 认出，识别；承认，认可；赏识，报偿

- **reference** ['refərəns] *n.* 提到，论及；参考，查阅；引文；参考书目；证明书（或人），推荐信（或人）
  完形短语 with reference to 关于，就…而论

- **register** ['redʒɪstə(r)] *n.* 登记，注册；登记表，注册簿 *vi.* 登记，注册 *vt.* 给…登记，给…注册；表示，表达；受到注意，意识到（并记住）；把（邮件）挂号邮寄
  模拟实景 Uncle Zhang went to the Bureau of Civil Affairs to have the birth of his son *registered*. 张叔叔去民政局给他儿子作出生登记。
  单词拓展 registrar（*n.* 登记员）；registration（*n.* 登记，注册）

- **resolve** [rɪ'zɒlv] *vt.* 解决，解答；决定，决意；分解 *vi.* 决定，决意 *n.* 决心，决意
  完形短语 resolve ...into... 把…分解为…
  模拟实景 We *resolved* to visit Europe this summer vacation. 我们决定这个暑假游览欧洲。
  单词拓展 resolution（*n.* 决定；决心；决议）

- **ribbon** ['rɪbən] *n.* 缎带，丝带；（打印机等的）色带
  单词拓展 ribbonlike（*adj.* 带状的）

- **rigid** ['rɪdʒɪd] *adj.* 严格的，死板的；刚硬的，僵硬的
  模拟实景 The new recruits must adapt themselves to the *rigid* disciplines of the army. 新兵要使自己适应严格的军纪。

单词拓展 rigidly（ *adv.* 严格地）; rigidity（ *n.* 坚硬）

- **roar** [rɔː(r)] *vi.* 吼叫，怒号; 轰鸣 *vt.* 大声喊出，大声表示 *n.* 呐喊声，咆哮声; 轰鸣

- **rub** [rʌb] *vt.* 擦，摩擦
  完形短语 rub it in 反复提及令人不快的事

- **sake** [seɪk] *n.* 缘故，理由
  完形短语 for the sake of 由于…

- **scandal** ['skændl] *n.* 丑事，丑闻; 流言蜚语; 反感，愤慨

- **scissors** ['sɪzəz] *n.* 剪刀

- **scrape** [skreɪp] *v.* 刮掉，削去 *n.* 刮，刮擦声
  完形短语 scrape by/through 勉强通过; scrape together/up 费力地获得
  模拟实景 Alex *scraped* the floor with a stiff brush. 亚历克斯用硬毛刷子刷地板。
  单词拓展 scraping（ *n.* 刮下或削下的碎屑）

- **sector** ['sektə(r)] *n.* 部门; 部分; 防御地段，防区; 扇形

- **selfish** ['selfɪʃ] *adj.* 自私的，利己的

- **sensible** ['sensəbl] *adj.* 明智的; 合情理的

- **sensitive** ['sensətɪv] *adj.* 敏感的，灵敏的; 神经过敏的，容易生气的; 易受伤害的
  完形短语 be sensitive to 对…敏感; 对…过敏
  模拟实景 Alexander is *sensitive* to odor. 亚历山大对气味很敏感。
  单词拓展 hypersensitive（ *adj.* 非常敏感的）; sensitivity（ *n.* 灵敏性; 敏感）

- **shadow** ['ʃædəʊ] *n.* 阴影，阴暗处; 影子; （画等的）阴暗部，深色区 *vt.* 投影于; 跟踪

■ **sheer** [ʃɪə(r)] *adj.* 完全的，十足的；陡峭的，垂直的；极薄的，透明的 *adv.* 垂直地，陡峭地 *vi.* 急转向，偏离

完形短语 sheer off 急转向，偏离

模拟实景 Our bamboo raft came close to the rocks and then *sheered* off. 我们的竹排靠近了礁石，紧接着转向行驶。

■ **shield** [ʃiːld] *n.* 防护物，护罩；盾（状物）*vt.* 保护，防护

■ **shrink** [ʃrɪŋk] *vi.* 起皱，收缩；退缩，畏缩 *vt.* 使起皱，使收缩

模拟实景 Ben *shrank* into a corner when a guy threatened to beat him. 一个家伙威胁说要揍本，他便退缩到一个角落里。

单词拓展 shrinkage [*n.* 收缩；收缩（程度）；减少（量）]

■ **significance** [sɪɡ'nɪfɪkəns] *n.* 意义，含义；重要性，重大

■ **slender** ['slendə(r)] *adj.* 修长的，苗条的；微薄的，不足的

单词拓展 slenderness（*n.* 苗条，纤细）

考点点评 slender可以和pretty一起使用，如四级真题中就曾出现过：Mrs. Morris's daughter is pretty and slender, and many girls envy her.（莫里斯的女儿又漂亮又苗条，很多女孩子都羡慕她。）其中的pretty and slender就是用来形容人"漂亮、苗条"的。

■ **slim** [slɪm] *adj.* 苗条的；薄的；（机会）少的 *vi.*（通过运动、节食等）减轻体重，变苗条

模拟实景 Annie's chance to get the job was very *slim*. 安妮得到那份工作的机会甚微。

单词拓展 slimness（*n.* 纤细，苗条）；slimmer（*n.* 减肥者）

■ **sole** [səʊl] *n.* 脚底，袜底 *adj.* 单独的，唯一的；独有的

模拟实景 Kathy acquired *sole* control of the company in 2008. 凯西于2008年取得了对该公司的唯一控制权。

单词拓展 solely（*adv.* 只，仅；唯一地；独自地）

■ **spiritual** ['spɪrɪtʃuəl] *adj.* 精神（上）的；宗教（上）的

■ **split** [splɪt] *vi.* 分裂，分离；裂开 *vt.* 使分裂；劈开，使撕裂；分担；折中 *n.* 裂口；分裂

完形短语 split up 断绝关系，离婚；分开；split up into 分裂成

模拟实景 George and Mary *split* up after one year of marriage. 乔治和玛丽结婚一年之后便离婚了。

考点点评 四级真题就考到过crack, split, break和burst这几个词的区别，crack是"（使）破裂"的意思，常用于描述硬的、易碎的或空心的东西，且常伴有突然的、刺耳的声音；split指"（使）撕裂"，常描述木材、服装等的裂开；break是"断裂"的意思，常指完整的东西被打破或断裂；burst可以指轮胎等爆破。

■ **spoil** [spɔɪl] *vt.* 损坏，破坏；宠坏，溺爱 *vi.* （食物）变质 *n.* [*pl.*] 战利品；赃物

单词拓展 spoilage（*n.* 变质）

■ **squeeze** [skwiːz] *vi.* 挤入，挤过 *vt.* 挤出；压榨，榨取；捏，握

模拟实景 The man took off his coat quickly and *squeezed* water out. 这个人迅速脱下外套，把水拧干。

■ **stain** [steɪn] *vt.* 沾污，染色 *n.* 污点，污迹

单词拓展 stained（*adj.* 玷污的；着色的）

■ **stake** [steɪk] *n.* 标桩，树桩；利害关系；股份；赌金，赌注 *vt.* 以…打赌，拿…冒险

完形短语 at stake 在危急关头，在危险中；stake...on 拿…打赌

模拟实景 Mr. Pax *staked* all his money on the futures. 帕克斯先生将所有的钱都押在期货上。

■ **stir** [stɜː(r)] *vt.* 搅拌，搅动；使微动；激起，打动 *vi.* 微动；（某种感情）产生 *n.* 搅拌，搅动；激动，骚乱

完形短语 stir up 激起，挑起

模拟实景 The bad news *stirred* Jack to action immediately. 这个坏消息促使杰克立即采取行动。

■ **storage** ['stɔːrɪdʒ] *n.* 贮藏，保管，存储

- **strike** [straɪk] *vt.* 使突然想到；打，敲；侵袭，折磨；给…以深刻印象；发现，找到；划燃 *vi.* 罢工；打，敲；袭击，侵袭；（钟等）敲响，报时 *n.* 罢工；袭击，打击

  完形短语 strike off 删去，除名；strike out 独立闯新路，开辟（道路等）；strike at 袭击，扑向

  模拟实景 Lily read through her article and *struck* off a few improper words. 莉莉将她的文章通读了一遍，删去了几个不恰当的词。

  单词拓展 striking（*adj.* 惹人注目的；惊人的）

- **succession** [sək'seʃn] *n.* 连续，接续；一连串，一系列；接替，继任

  考点点评 四级真题曾考过substitute和succession两词的辨析，虽说这两个词都有"两者交替，替换"的意思，但是substitute侧重于强调"替代"，而succession侧重于强调"接替，继任"。

- **successive** [sək'sesɪv] *adj.* 连续的，接连的

- **summary** ['sʌməri] *n.* 摘要，概要 *adj.* 即刻的，立即的

  完形短语 in summary 总的说来，概括起来

  单词拓展 summarize（*v.* 概括，总结）；summarization（*n.* 摘要，概要）

- **supreme** [suː'priːm] *adj.* 最高的，至上的；极度的，最重要的

  模拟实景 Financial crisis is the *supreme* threaten to our country during this time. 金融危机是我们国家这段时期最大的威胁。

  单词拓展 supremacy（*n.* 至高无上，霸权）

- **surround** [sə'raʊnd] *vt.* 包围；环绕，圈住

- **survival** [sə'vaɪvl] *n.* 幸存，继续生存；幸存者，残存物

- **suspend** [sə'spend] *vt.* 暂停，中止；悬，挂

  模拟实景 Martin's licence was *suspended* for furious driving. 马丁因飙车而被暂时吊销了驾照。

  单词拓展 suspended（*adj.* 暂停的；缓期的）；suspender（*n.* [常*pl.*]吊裤带）

■ **tender** ['tendə(r)] *adj.* 嫩的，容易咀嚼的；疼痛的，一触即痛的；温柔的 *vt.* （正式）提出 *vi.* 投标 *n.* 投标

完形短语 tender for 投标

模拟实景 There are lots of *tender* flowers in the greenhouse. 温室里有许多娇嫩的鲜花。

考点点评 形容"肉嫩"就可以用tender这个词，如四级真题中曾出现过这样一个句子：She cooked the meat for a long time so as to make it tender enough to eat.（她把肉炖了很长时间以便吃起来更嫩。）这句话中的tender就是这个用法。

■ **terminal** ['tɜːmɪnl] *adj.* 晚期的，致命的；末端的，极限的 *n.*（海、陆、空运输路线的）终点（站）；（计算机的）终端；接线端

模拟实景 The *terminal* examinations will be held this week. 期末考试将在本周举行。

■ **transport** [træns'pɔːt] *vt.* 运输，运送 ['trænspɔːt] *n.* 运输系统，运输工具

单词拓展 transportation（*n.* 运输；交通）

■ **trumpet** ['trʌmpɪt] *n.* 喇叭，小号 *vt.* 大声宣告，鼓吹

■ **urge** [ɜːdʒ] *vt.* 鼓励，激励；竭力主张，强烈要求；催促，力劝 *n.* 强烈的欲望，迫切的要求

模拟实景 My friends *urged* that I should go on for further study. 朋友们力劝我继续读书。

单词拓展 urgent（*adj.* 紧急的）；urgency（*n.* 紧急，紧急情况）

■ **urgent** ['ɜːdʒənt] *adj.* 急迫的，紧要的

单词拓展 urgently（*adv.* 紧急地）

■ **usage** ['juːsɪdʒ] *n.* 使用，用法；惯用法

■ **utilise/utilize** [juː'təlaɪz] *vt.* 利用

模拟实景 Vitamins come in a form that can be easily *utilized* by the human body. 维生素以一种易被人体利用的形式出现。

单词拓展 utilisation/utilization（n. 利用）

■ **utmost** ['ʌtməʊst] adj. 极度的，最大的；最远的 n. 极限，极度

完形短语 do one's utmost 竭力，尽全力

模拟实景 We have done our *utmost* to learn English. 我们已经尽了最大努力去学习英语。

■ **vacant** ['veɪkənt] adj. 空着的，未被占用的；（职位、工作等）空缺的；（神情等）茫然的；（心灵）空虚的

单词拓展 vacancy（n. 空处，空缺）

■ **vague** [veɪg] adj. 含糊的，模糊的

单词拓展 vaguely（adv. 含糊地）；vagueness（n. 含糊，不明确）

■ **vain** [veɪn] adj. 徒劳的，无效的；自负的，爱虚荣的

完形短语 be in vain 徒劳

■ **valid** ['vælɪd] adj. 有根据的，有理的；有效的，具有法律效力的

模拟实景 Mr. King was carrying a *valid* passport. 当时金先生带着有效护照。

单词拓展 validate（vt. 证实，确认）；validity（n. 根据；合法性）

■ **vigorous** ['vɪgərəs] adj. 有力的，用力的；精力充沛的

单词拓展 vigorously（adv. 精力旺盛地）

■ **virtue** ['vɜːtʃuː] n. 美德，德行；优点，长处

■ **vision** ['vɪʒn] n. 想象（力），幻想；视力，视觉；眼力

模拟实景 Shortsighted people wear glasses to improve their *vision*. 近视的人戴眼镜来改善视力。

单词拓展 visual（adj. 视觉的）

考点点评 vision作"想象力"讲时大家比较熟悉，但在四级考试中还考过其"眼力"这一含义：in recognition of his vision and leadership...（认识到了他的眼力和领导能力…）。

■ **vote** [vəʊt] n. 票，选票；选举，投票，表决；表决结果，投票总数 v. 投票，选举（出），表决

完形短语 vote against 投票反对

模拟实景 The party won over 5,000 of 9,000 *votes* cast for the first time. 该党第一次赢得了9000人中的5000多张选票。

单词拓展 voteable（*adj.* 能投票的，有投票权的）; voter（*n.* 投票者，有投票权者）

■ **warehouse** ['weəhaʊs] *n.* 仓库，货栈

■ **warmth** [wɔːmθ] *n.* 暖和，温暖；热烈，热情

▪ **witness** ['wɪtnəs] *n.* 目击者，见证人；证据，证言 *vt.* 目击，注意到；为…作证，证明

■ **wreck** [rek] *vt.* 破坏，毁坏；造成…失事，使遇难 *n.*（船或飞机）失事，残骸；精神或身体已垮的人

模拟实景 They found the *wreck* of an old Dutch ship. 他们找到了一艘荷兰古船的残骸。

■ **civil** ['sɪvl] *adj.* 公民（间）的，国内的；平民的，文职的，民用的；民事的，民法的；文明的，有教养的

模拟实景 The *Civil* War broke out in 1861 in America. 1861年，美国爆发了内战。

■ **comfort** ['kʌmfət] *n.* 舒适；安慰，慰藉 *vt.* 使舒适；安慰，慰问

模拟实景 I tried to *comfort* my sister after she failed in the test. 妹妹（姐姐）考试不及格，我试图去安慰她。

■ **critic** ['krɪtɪk] *n.* 批评家，评论家

模拟实景 Mr. Smith is a very famous film *critic* in Britain. 史密斯先生是英国电影界著名的影评人。

■ **emerge** [ɪ'mɜːdʒ] *vi.* 浮现，出现；（问题等）发生，（事实等）暴露

完形短语 emerge from 从…浮现，出现

模拟实景 The sun *emerged* from behind the clouds after the rain. 雨后，太阳从云层后面露出来。

单词拓展 emergence（*n.* 形成，出现）; emergency（*n.* 紧急情况，突发事件）

■ **expectation** [ˌekspek'teɪʃn] *n.* 期待，预期；[*pl.*] 前程，成功的前景；期望

模拟实景 The new singer in this program is very young with great *expectations*. 这个节目中的那名新人歌手非常年轻，前途大好。

■ **finding** ['faɪndɪŋ] *n.* 发现；发现物

模拟实景 Research surveys conducted in the other team reported similar *findings*. 另外一组所做的研究调查报道了类似的发现。

■ **impression** [ɪm'preʃn] *n.* 印象，感觉；印记，压痕

模拟实景 I have the *impression* that I have met that boy before. 我有一种感觉，以前我见过那个男孩。

考点点评 "给…留下…印象"可以用give a(n)...impression on，除此之外，还可用动词leave来替换give，四级真题中曾考过这样一个句子：Almost all job applicants are determined to leave a good impression on a potential employer. （几乎所有的求职者都下决心给潜在的雇主留下一个好印象。）考查的就是impression的这一用法。

■ **neutral** ['njuːtrəl] *adj.* 中立的，不偏不倚的；中性的

模拟实景 He remains *neutral* during the debate. 在辩论中，他一直保持中立。

单词拓展 neutrality（*n.* 中性）；neutralise/neutralize（*vt.* 中和）

■ **nuclear** ['njuːklɪə(r)] *adj.* 核能的，核武器的；核心的，中心的

模拟实景 There are two *nuclear* power stations in use in the country. 该国目前有两座在用的核电站。

■ **organization/organisation** [ˌɔːgənaɪ'zeɪʃn] *n.* 团体，机构；组织，协调

模拟实景 All of us involved in the *organization* work of a new badminton club. 我们都参与了新羽毛球俱乐部的组建工作。

■ **regulate** ['regjuleɪt] *vt.* 管理，控制；调整；调节

模拟实景 Private schools usually strictly *regulate* the behavior of students. 私立学校往往对学生的行为进行严格的管理。

■ **regulation** [ˌregjuˈleɪʃn] *n.* 规章，规则；管理，控制，调节

（模拟实景）He was fined for breaking traffic *regulations* as running a red light. 他因违反交通规则闯红灯而被罚款。

■ **religion** [rɪˈlɪdʒn] *n.* 宗教；宗教信仰

（模拟实景）Peter was uninterested in the conflict between science and *religion*. 彼得对科学与宗教之间的冲突不感兴趣。

（单词拓展）religious（*adj.* 宗教的）

■ **satisfy** [ˈsætɪsfaɪ] *vt.* 满足，使满意；使确信，使弄清楚；符合，达到（要求、标准等）

（模拟实景）You can't apply for the job until you have *satisfied* all our demands. 只有符合我们所有的要求，你才能申请这份工作。

■ **social** [ˈsəʊʃl] *adj.* 社会的；交际的，社交的

（模拟实景）Environmental problem has developed to a certain kind of *social* problem. 环境问题已经演化成一种社会问题了。

■ **comment** [ˈkɒment] *n.* 评论，意见；闲话，议论 *vt.* 评论

（模拟实景）Mother made no *comments* on my proposal. 母亲对我的建议没有作任何评论。

（单词拓展）commentator（*n.* 评论员；讲解员）

■ **count** [kaʊnt] *vt.* 点…的数目，计算；把…算入；认为，看做 *vi.* 数，计算；值得考虑，有重要意义 *n.* 计数，总数；（控告的）一项罪状

（模拟实景）The staff are *counting* the books the public donated. 工作人员正在清点公众捐书的数量。

（考点点评）count on（依赖）和count...in（把…算在内）都是count这个词在四级考试中的常见用法，如We'll have to count on good weather.（我们不得不指望有一个好天气。）和The weather isn't counted in their plan.（天气没被纳入他们的考虑范围之内。）

■ **discourage** [dɪsˈkʌrɪdʒ] *vt.* 使泄气，使灰心；阻止，劝阻

（模拟实景）We all *discouraged* Sam from giving up the chance of working abroad. 我们都劝萨姆不要放弃出国工作的机会。

（单词拓展）discouraged（*adj.* 沮丧的）

- **disturb** [dɪs'tɜːb] *vt.* 打扰，妨碍；使不安，使烦恼；弄乱，打乱

(模拟实景) He closed the door in case someone would *disturb* his daughter. 他将门关上，以免别人打扰他女儿。

- **elaborate** [ɪ'læbərət] *adj.* 精心计划的，详尽的；复杂的 [ɪ'læbəreɪt] *vi.* 详述 *vt.* 详述；详细制订

(模拟实景) The old mother made *elaborate* preparations for the Spring Festival gathering, but no one came home. 老母亲为春节聚会做了精心的准备，但是没有人回来。

(单词拓展) elaboration (*n.* 详尽阐述)

- **interfere** [ˌɪntə'fɪə(r)] *vi.* 干涉，介入；妨碍，干扰

(完形短语) interfere with 阻碍，妨碍；干扰 interfere in 干涉，介入

(模拟实景) No country has the right to *interfere* in the internal affairs of other countries. 任何一个国家都没有权力干涉别国的内政。

(单词拓展) interference (*n.* 干涉；干扰)

- **interrupt** [ˌɪntə'rʌpt] *vt.* 打断，打扰；中止，阻碍 *vi.* 打断，打扰

(完形短语) interrupt sb./sth. with sth. 用某事来打断

(模拟实景) No one *interrupted* the old professor's speech although he made a mistake. 尽管老教授在演讲中犯了一个错误，但是没有人打断他。

(单词拓展) interruption (*n.* 打扰)

- **record** ['rekɔːd] *n.* 记录，记载；唱片；最高纪录，最佳成绩；履历，成绩 [rɪ'kɔːd] *vt.* 记录，登记；将（声音、图像等）录下

(完形短语) for the record 供记录在案，为准确起见；on record 正式记录的，公开发表的

(模拟实景) The player broke the Asian *record* the first time of 110 meter hurdles in 2002. 2002年，这名运动员第一次打破了110米栏的亚洲纪录。

(单词拓展) recorder (*n.* 录音机；录像机)

■ **refuse** [rɪ'fjuːz] *vt.* 拒绝，不同意 ['refjuːs] *n.* 废物，垃圾

(模拟实景) The film star *refused* to answer questions about whether she was married. 那位电影明星拒绝回答关于她是否结婚的问题。

(单词拓展) refusal（*n.* 拒绝，回绝）

■ **remark** [rɪ'maːk] *vt.* 说，评论说 *vi.* 谈论，评论 *n.* 话语，评论

(完形短语) remark on/upon 议论，评论，谈论

(模拟实景) The article which the news commentator *remarked* was well written. 那位新闻评论家评论的文章写得不错。

(单词拓展) remarkable（*adj.* 显著的，非凡的）

■ **revise** [rɪ'vaɪz] *vt.* 修订，修改；复习 *vi.* 复习

(模拟实景) The dramatist *revised* his story to make it shorter and more interesting. 这位剧作家修改了他的故事，以使其更加短小有趣。

(单词拓展) revision（*n.* 修改，校订；修订本）

(考点点评) revise作"修订"讲时，后面常跟"规章、版本"等词。

■ **satisfactory** [ˌsætɪs'fæktəri] *adj.* 令人满意的

(模拟实景) Of all the skirts she tried on, only that one was *satisfactory*. 她试的所有裙子中，只有那一件令她满意。

■ **submit** [səb'mɪt] *vi.* 屈从，听从 *vt.* 呈送，提交；主张，建议

(完形短语) submit oneself to 遵守

(模拟实景) All our family members *submit* ourselves to the court's judgments. 我们所有的家庭成员都听从法院的裁决。

(考点点评) 在四级考试中，submit后常加report, proposal, resume等词，表示"提交报告、方案或简历"等。

■ **additional** [ə'dɪʃənl] *adj.* 附加的，追加的

(模拟实景) I need *additional* money for my training class this semester. 这个学期我需要额外的钱来支付我的培训课程。

(考点点评) additional一词常出现在与购物打折相关的场景中，additional discount就是"折上折"的意思，四级真题曾考过的ask for an additional discount指"要求折上折"。

■ **alter** ['ɔːltə(r)] *vt.* <u>改变，变更</u>；修改衣服

模拟实景 The robber *altered* his mind after he heard the story of the little girl. 盗贼听完小女孩的故事后改变了主意。

单词拓展 alternation（*n.* 改变，变更）；unaltered（*adj.* 未被改变的，不变的）；alternative（*n.* 替换物；选择）

■ **circumstance** ['sɜːkəmstəns] *n.* 环境，形势；[*pl.*] 境况，经济情况

完形短语 under no circumstances 无论如何都不，决不

模拟实景 The Smiths have been living in reduced *circumstances* since Mr. Smith lost his job. 自从史密斯先生失业以来，史密斯一家的生活每况愈下。

■ **location** [ləʊ'keɪʃn] *n.* 位置，场所；（电影的）外景拍摄地

模拟实景 The map shows the *location* of the hospital. 地图显示了这家医院的位置。

■ **oblige** [ə'blaɪdʒ] *vt.* 迫使；施恩于，帮…的忙；使感激

模拟实景 The scandal *obliged* the vice headmaster to resign. 这起丑闻迫使副校长辞了职。

考点点评 四级真题中曾考查过oblige这个词，原题为：Cancellation of the flight _____ many passengers to spend the night at the airport.

A）resulted   B）obliged

C）demanded   D）recommended

本题答案为B，其中oblige是"迫使"的意思，全句意为：航班的取消迫使许多旅客在机场过夜。

■ **partial** ['pɑːʃl] *adj.* <u>部分的，不完全的</u>；偏爱的，癖好的；偏向一方的，偏心的

完形短语 be partial to 偏爱的；偏心的

模拟实景 Ann always thinks her mother is *partial* to her younger sister. 安总是觉得妈妈偏袒自己的妹妹。

单词拓展 impartially（*adv.* 公平地）

■ **personal** ['pɜːsənl] *adj.* <u>个人的，私人的</u>；亲自的；针对个人的，涉及隐私的

模拟实景 Lily advised me not to trust Andy from her *personal* experience. 莉莉根据她自己的经验，建议我不要相信安迪。

单词拓展 personalise/personalize（*vt.* 使人性化，使人格化）

- **reasonable** ['riːznəbl] *adj.* 通情达理的，讲道理的；合理的，有道理的；（价钱）公道的；尚好的，过得去的

模拟实景 He sold clothes at a *reasonable* price. 他卖的衣服价格合理。

单词拓展 unreasonable（*adj.* 不合理的）

- **revolve** [rɪ'vɒlv] *vi.* 旋转

完形短语 revolve around 以…为主题；围绕

模拟实景 The earth *revolves* round the sun. 地球绕着太阳转。

考点点评 revolve一词在四级考试中多用来表达"某物围绕着另外一个物体转"，如四级真题中出现的revolve around the sun（围绕太阳转），revolve around the earth（围绕地球转）。

- **stationary** ['steɪʃənri] *adj.* 固定的，静止不动的

模拟实景 The traffic got slower and slower until it was *stationary*. 车辆行驶得越来越慢，交通最终陷入停滞状态。

- **sue** [sjuː] *vi.* 控告，起诉；要求，请求 *vt.* 控告，起诉

完形短语 sue for 请求，要求

模拟实景 An old man *sued* the insurance company for not fulfilling the insurance obligation. 一位老人起诉保险公司没有履行保险责任。

- **adopt** [ə'dɒpt] *vt.* 收养；采取，采纳；正式通过，批准

模拟实景 The boss refused to *adopt* the new comer's proposal. 老板拒绝采纳那名新员工的建议。

- **component** [kəm'pəʊnənt] *n.* 组成部分；成分；部件，元件 *adj.* 组成的，构成的

模拟实景 The scientist said that the machine consisted of more than one thousand *components*. 科学家说，这架机器由一千多个部件组成。

单词拓展 componential（*adj.* 成分的）

■ **consume** [kən'sjuːm] *vt.* 消耗，花费；吃；烧毁

模拟实景 The hungry little boy *consumed* all the food on the table. 那个饥饿的小男孩吃光了桌子上所有的食物。

■ **element** ['elɪmənt] *n.* 元素；成分；元件；[*pl.*] 基础；原理；自然力

模拟实景 Production cost is a key *element* in a company's decision. 生产成本是企业作决策的一个重要因素。

■ **examine** [ɪg'zæmɪn] *vt.* 检查；调查

模拟实景 The doctor carefully *examined* the injured boy. 医生仔细检查了那个受伤的男孩。

■ **facility** [fə'sɪləti] *n.* [*pl.*] 设备，设施；便利，容易

模拟实景 There are no cooking *facilities* in the apartment John rents. 约翰租的那间公寓里没有厨具。

■ **fashion** ['fæʃn] *n.* 方式，样子；流行款式，时装

完形短语 in fashion 流行，入时；out of fashion 不流行，落伍

模拟实景 Grandma greeted us warmly in her usual *fashion*. 祖母以她惯有的方式热烈欢迎我们。

单词拓展 old-fashioned（*adj.* 老式的）；fashionable（*adj.* 时髦的）

考点点评 四级真题曾考过preference, expectation, fantasy, fashion这几个词的词义辨析。preference "偏爱"；expectation "期待"；fantasy "幻想"；fashion "流行，时尚"。

■ **ownership** ['əʊnəʃɪp] *n.* 所有（权），所有制

模拟实景 The *ownership* of the fertile field is presently being disputed. 这片富饶田地的所有权目前存在争议。

■ **preserve** [prɪ'zɜːv] *vt.* 保护，维持；保存；腌制

模拟实景 The two countries made great efforts to *preserve* peace. 两国尽力维持和平。

■ **saving** ['seɪvɪŋ] *n.* 节省；[*pl.*] 储蓄金

(模拟实景) With the new technique, the factory makes a big *saving* on fuels. 这家工厂通过采用新技术节省了大量燃料。

■ **utility** [juː'tɪləti] *n.* 功作，效用；[常*pl.*]公用事业；有用的物品或器械

(模拟实景) Domestic *utility* takes up significant proportion on total family expenditure. 家庭用品的支出占了家庭总支出的很大比例。

(单词拓展) utilitarian（*adj.* 实用的；功利的）

■ **arise** [ə'raɪz] *vi.* 产生，发生；（由…）引起，起源于；起身，起床

(完形短语) arise from 从…中产生，由…引起

■ **arouse** [ə'raʊz] *vt.* 引起，唤起；唤醒

■ **assign** [ə'saɪn] *vt.* 指派，选派；指定（时间、地点等）；分配，给予

(模拟实景) Each foreign teacher was *assigned* a room. 每位外教都分配到一个房间。

(单词拓展) assignment（*n.* 分派的任务；作业）

■ **boundary** ['baʊndri] *n.* 分界线，边界

■ **category** ['kætəgəri] *n.* 种类，类别

(单词拓展) categorise/categorize（*vt.* 分类）

(考点点评) 描述"…级飓风"可用category一词，如四级考试真题中就有 Category 3 hurricane，指的就是"3级飓风"。全句为：The new beach house on Sullivan's Island should be able to withstand a Category 3 hurricane with peak winds of 179 to 209 kilometers per hour. 考生应注意其中的几个表达：beach house指"海滩度假屋"；a Category 3 hurricane with peak winds of 179 to 209 kilometers per hour指"3级飓风，最大风速可达每小时179到209千米"。另外，要表示"抵御飓风"可以用withstand这个动词。

■ **classification** [ˌklæsɪfɪ'keɪʃn] *n.* 分类，分级；类别，级别

■ **clue** [kluː] *n.* 线索，提示

考点点评 要表达"微小的线索"可以用slight这个词，如四级考试中曾出现的the slightest clue意为"最微小的线索"。

■ **conform** [kən'fɔːm] *vi.* 遵守，顺从；相似，符合

完形短语 conform with 适应，遵守

模拟实景 Bill willingly *conformed* to the customs of society. 比尔愿意遵守社会习俗。

单词拓展 conformism（*n.* 墨守成规）；conformity（*n.* 符合，一致）；nonconformity（*n.* 不遵守规范）

■ **consider** [kən'sɪdə(r)] *vt.* 考虑，细想；认为，把…看作；关心，考虑到 *vi.* 考虑，细想

■ **considerable** [kən'sɪdərəbl] *adj.* 相当大（或多）的

单词拓展 considerably（*adv.* 相当地）

■ **continual** [kən'tɪnjuəl] *adj.* 不间断的，不停的；多次重复的，频繁的

■ **convention** [kən'venʃn] *n.* 习俗，惯例；公约，协议；（正式）会议，（定期召开的）大会

■ **conventional** [kən'venʃənl] *adj.* 普通的，习惯的；因循守旧的，传统的

单词拓展 unconventional（*adj.* 非传统的）

■ **decisive** [dɪ'saɪsɪv] *adj.* 决定性的；坚定的，决断的

模拟实景 This is a *decisive* moment in my career. 这段时间是我事业上的关键时期。

■ **delegate** ['delɪgət] *n.* 代表，代表团成员 ['delɪgeɪt] *vt.* 委派（或选举）…为代表；授（权），把…委托给

模拟实景 We have *delegated* Jack to attend the seminar. 我们已委托杰克参加研讨会了。

单词拓展 delegation（*n.* 代表团）

考点点评 在四级考试中，delegate一般出现在与"投票、选举"等内容相关的题目中，相关的词和短语有proposal（方案，提议）；in favor of（支持）；committee（委员会）。

■ **diagram** ['daɪəgræm] *n.* 图解，简图

■ **dialect** ['daɪəlekt] *n.* 方言，土语

■ **discussion** [dɪs'kʌʃn] *n.* 讨论，论述

■ **dispose** [dɪs'pəʊz] *vt.* 排列，布置；使倾向于，使利于 *vi.* 丢掉，除掉；处理，解决

完形短语 dispose of 去掉，丢掉，除掉

模拟实景 I want to *dispose* of these old furniture. 我想处理掉这些旧家具。

单词拓展 disposal（*n.* 处理；垃圾倾倒）；disposable（*adj.* 一次性的）

■ **division** [dɪ'vɪʒn] *n.* 分开，分隔；分配，分担；分歧，分裂；除（法）；部门；差别

模拟实景 The *division* of opinion among ourselves contributed to our defeat. 我们之间的意见分歧导致了我们的失败。

单词拓展 divisional（*adj.* 分开的）

■ **enclose** [ɪn'kləʊz] *vt.* 围住，包住；把…装入信封，附上

单词拓展 enclosed（*adj.* 被围住的）；enclosure（*n.* 围栏；围幕）

■ **endure** [ɪn'djʊə(r)] *vt.* 忍受，容忍 *vi.* 忍受，耐住；持久，持续

完形短语 endure to do/doing sth. 忍受做某事

模拟实景 The old lady had to *endure* the loneliness. 这位老妇人不得不忍受孤独。

单词拓展 endurance（*n.* 忍耐力；持久力）；enduring（*adj.* 持久的，持续的）

■ **equation** [ɪ'kweɪʒn] *n.* 方程（式），等式

■ **equivalent** [ɪ'kwɪvələnt] *adj.* 等价的，相当的 *n.* 等价物，意义相同的词

模拟实景 Because of culture differences, some Chinese words have no English *equivalents.* 由于文化差异，中文里有些词在英文里没有对应的词。

单词拓展 equivalence（*n.* 相等，等值）

■ **formula** ['fɔːmjələ] *n.* 原则，方案；公式，方程式；配方；准则

■ **frank** [fræŋk] *adj.* 坦白的，直率的

单词拓展 frankly（*adv.* 坦白地，真诚地）

■ **gap** [gæp] *n.* 缺口，裂口；间隔，间隙；差距；不足，缺陷

考点点评 gap一词在四级考试中最常用的释义是"差距"，常用的搭配是 bridge the gap between...and... 意为"缩小…与…的差距"。

■ **objection** [əb'dʒekʃn] *n.* 反对，异议；反对的理由

考点点评 要表达"（不）反对"可以用have（no）objection，四级考试中也曾考过这个考点。

■ **plunge** [plʌndʒ] *vi.* 纵身投入，一头进入；猛冲；猛跌，骤降 *vt.*（猛力）把…投入（或刺进），使突然陷入，遭受 *n.* 投身入水；猛跌，骤降

完形短语 take the plunge （犹豫过后）决定冒险一试，采取决定性步骤；plunge into 纵身跳入；plunge down 冲下

模拟实景 A power failure *plunged* our dormitory into darkness. 停电使我们宿舍陷入一片黑暗之中。

■ **preparation** [ˌprepə'reɪʃn] *n.* 准备（工作），预备；制剂

■ **prevailing** [prɪ'veɪlɪŋ] *adj.* 流行的，盛行的；（风）某一区域最常刮的

模拟实景 Pink is the *prevailing* color in Ann's bedroom. 粉红色是安卧室的主要颜色。

单词拓展 prevailingly（*adv.* 盛行地）；prevailingness（*n.* 盛行）

考点点评 prevailing wind这一表达也曾在四级考试中出现过，意为"盛行风"。

- **regardless** [rɪˈɡɑːdləs] *adv.* 不管怎样，无论如何

- **reliable** [rɪˈlaɪəbl] *adj.* 可靠的，可信赖的

- **resort** [rɪˈzɔːt] *vi.* 凭借，诉诸 *n.* 求助，凭借；求助（或凭借）的对象，采用的手段（或办法）；常去之地，胜地
  - **完形短语** resort to 凭借，诉诸
  - **模拟实景** There are many summer *resorts* in this country. 这个国家有许多避暑胜地。

- **scarce** [skeəs] *adj.* 缺乏的，不足的；稀少的，罕见的
  - **完形短语** make oneself scarce 溜走，躲开
  - **模拟实景** Food and fuel were *scarce* in the impoverished mountain areas. 在贫穷的山区，食品和燃料都很缺乏。
  - **单词拓展** scarcely（*adv.* 几乎不；刚刚）；scarcity（*n.* 缺乏，不足）

- **signature** [ˈsɪɡnətʃə(r)] *n.* 署名，签字

- **status** [ˈsteɪtəs] *n.* 地位，身份；情形，状况

- **subsequent** [ˈsʌbsɪkwənt] *adj.* 随后的，后来的
  - **单词拓展** subsequently（*adv.* 后来，随后）

- **tentative** [ˈtentətɪv] *adj.* 试探（性）的，试验（性）的

- **transparent** [trænsˈpærənt] *adj.* 透明的；易识破的；明显的，清楚的
  - **模拟实景** The glass over there is *transparent* and we can see the other side of it. 那边的玻璃是透明的，我们可以看到玻璃的另一边。
  - **单词拓展** transparency（*n.* 透明；透明度；幻灯片）

- **unlike** [ˌʌnˈlaɪk] *prep.* 不像，和…不同 *adj.* 不同的
  - **单词拓展** unlikely（*adj.* 未必会发生的，不大可能的；靠不住的）

■ **zone** [zəʊn] *n.* 地区，区域

单词拓展 zoning（*n.* 分区制）

■ **advanced** [əd'vɑːnst] *adj.* 先进的，超前的；高级的，高等的；年迈的；后阶段的

模拟实景 America, Germany and France are all *advanced* industrial countries. 美国、德国和法国都是先进的工业国。

考点点评 四级真题中曾考到advanced的"高等的，高级的"这个含义。值得考生注意的是，"年迈的"也是advanced在四级考试中的一个高频释义，如Many people are young in spirit despite their advanced age.（许多人虽然年事已高，但是仍然精神矍铄。）这句话中考到的就是"年迈的"这个意思。

■ **anticipate** [æn'tɪsɪpeɪt] *vt.* 预期，期望；先于…行动，提前（使用）

模拟实景 I always *anticipated* the problems that might come along before I started a new project. 在开始一项新的项目之前，我都要预先想一下可能会出现的问题。

单词拓展 anticipation（*n.* 期望；预料）；anticipated（*adj.* 预期的）

■ **contribution** [ˌkɒntrɪ'bjuːʃn] *n.* 贡献，促成作用；捐款，捐献物；（投给报刊等的）稿件

完形短语 make contributions to 为…做贡献；enhance one's contribution to 增加了某人对…的贡献

模拟实景 The invention of computer was a great *contribution* to modern society. 电脑的发明是对现代社会的一大贡献。

■ **curiosity** [ˌkjʊərɪ'ɒsəti] *n.* 好奇（心）；奇物，古玩

模拟实景 I opened the envelope out of *curiosity* but there was nothing inside. 出于好奇我打开了信封，但里面什么也没有。

■ **expert** ['ekspɜːt] *n.* 专家，能手 *adj.* 专家的；内行的；熟练的

模拟实景 Joyce is an *expert* on Thai society and culture. 乔伊斯是一位精通泰国社会和文化的专家。// George became an *expert* foreign teacher in China. 乔治在中国成了一名有经验的外教。

考点点评 expert在四级考试中常作"专家"之意，但考生不要忽略其"内行的"这个意思，如四级阅读真题中曾考过：Any student who combines an expert knowledge in gerontology with, say, an MBA or law degree will have a license to print money. (任何把老年学专业知识和工商管理硕士或法律学位结合在一起的学生都将获得生财之道。)

■ **extend** [ɪk'stend] *vt.* 延伸，<u>延长；扩展，扩大</u>；提供，发出 *vi.* 伸展，延续；（在范围或应用上）达到

(模拟实景) The Minister *extended* his visit to China for a few days. 这位部长将他在中国访问的时间延长了几天。

(单词拓展) extension（*n.* 伸长，延展；提供）

(考点点评) 在四级考试中，extend后常加life span或knowledge等抽象的词或词组。

■ **gain** [geɪn] *vt.* <u>获得，取得</u>；增加，增添；（钟、表）走快 *vi.* 受益，得益；增加，取得进展；（钟、表）走快 *n.* 增加，增进；[常*pl.*] 好处，利润

(完形短语) gain on 赶上，逼近

(模拟实景) Finally he *gained* the chance of training abroad. 他终于获得了出国参加培训的机会。

■ **initial** [ɪ'nɪʃl] *adj.* <u>开始的，最初的</u> *n.* [常*pl.*]（姓名等的）首字母

(模拟实景) My *initial* reaction after hearing the news was anger. 我听到这则消息之后的第一反应就是生气。

■ **judgment** ['dʒʌdʒmənt] *n.* <u>审判，判决；看法，评价</u>；判断，判断力

(模拟实景) It's not time to make the *judgment* that Dennis is a thief. 丹尼斯是不是贼，还不是下定论的时候。

■ **maximum** ['mæksɪməm] *adj.* <u>最高的，最大的</u> *n.* 最大限度，最大量

(模拟实景) The small auditorium holds a *maximum* of 400 people. 这个小礼堂最多可以容纳400人。

■ **medium** ['miːdɪəm] *adj.* 中等的，适中的 *n.* 媒质，媒介物，传导体；<u>新闻媒介，传播媒介</u>；手段，工具

(模拟实景) His father was a man of *medium* height. 他的父亲中等个头。

■ **occupy** ['ɒkjupaɪ] *vt.* <u>占用，占领</u>；使忙碌，使从事

(模拟实景) Watching TV *occupies* most of my free time. 看电视占用了我大部分的空闲时间。

单词拓展 occupation（*n.* 居住；占领；职业）；occupant（*n.* 居住者）；occupancy（*n.* 居住）

■ **possess** [pə'zes] *vt.* 占有，拥有；具有

模拟实景 Ann *possesses* great intelligence, although she is not so beautiful. 尽管安不是很漂亮，但是她非常聪明。

单词拓展 possessed（*adj.* 着迷的，疯狂的）；possession（*n.* 拥有；财产）

考点点评 四级完形真题曾考查过possess和occupy的辨析，这两个词均有"占有，占据"的含义，occupy强调控制权，多指占据房屋、土地等；possess则是强调归属关系。

■ **resource** [rɪ'sɔːs] *n.* [*pl.*] 资源，财力；办法，谋略

模拟实景 Australia is a country rich in natural *resources*. 澳大利亚是一个自然资源丰富的国家。

单词拓展 resource-intensive（*adj.* 资源密集的）；resourceful（*adj.* 机敏的；随机应变的）

- **vary** ['veəri] *vi.* 变化，呈差异 *vt.* 改变，使不同
  - （模拟实景）House prices *vary* greatly in different areas of China. 中国的不同地区房屋价格差异很大。
  - （单词拓展）variable（*adj.* 易变的 *n.* 变量）；various（*adj.* 各种各样的）

- **virtual** ['vɜːtʃuəl] *adj.* 实质上的，实际上的；虚拟的
  - （模拟实景）This computer game allows you to take a *virtual* tour of the natural museum. 这种电脑游戏能让你体验仿佛身临其境的自然博物馆之旅。

- **absence** ['æbsəns] *n.* 缺席，不在；缺席的时间，外出期；缺乏，不存在

- **absent** ['æbsənt] *adj.* 缺席的，不在场的；缺乏的，不存在的；心不在焉的
  - （模拟实景）Five students of the class were *absent* from this meeting. 该班有五名学生没有出席这次会议。
  - （单词拓展）absent-minded（*adj.* 心不在焉的）

- **academy** [ə'kædəmi] *n.* 研究会，学会；（中等以上的）专门学校
  - （单词拓展）academic（*adj.* 学院的；学术的）；academician（*n.* 学者；学会会员）

- **ally** [ə'laɪ] *v.* （使）结盟，（使）联合 ['ælaɪ] *n.* 同盟国，同盟者；支持者

- **assist** [ə'sɪst] *v./n.* 帮助，协助

- **blend** [blend] *v.* （使）混和，（使）混杂 *n.* 混合物；混合，交融
  - （单词拓展）blended（*adj.* 混和的）

- **ceremony** ['serəməuni] *n.* 典礼，仪式；礼节，礼仪

单词拓展 ceremonial（*adj.* 仪式的；正式的 *n.* 仪式）

- **coach** [kəʊtʃ] *n.* 教练，指导；长途公共汽车；（火车）旅客车厢 *vt.* 训练，辅导
  模拟实景 Professor Lee *coaches* students for TOEFL examinations. 李教授指导学生准备托福考试。

- **commander** [kə'mɑːndə(r)] *n.* 指挥官，司令官

- **comprehension** [ˌkɒmprɪ'henʃn] *n.* 理解（力）；理解力测验

- **consent** [kən'sent] *n.* 准许，赞成 *vi.* 准许，赞成
  完形短语 consent to 准许，同意，赞成；by common consent 经一致同意
  模拟实景 My parents would not *consent* to my quitting school. 我父母不会同意我辍学的。

- **conviction** [kən'vɪkʃn] *n.* 坚信，深信；坚定的信仰；信服；定罪，判罪

- **courage** ['kʌrɪdʒ] *n.* 勇气，胆量

- **coverage** ['kʌvərɪdʒ] *n.* 新闻报道；覆盖范围

- **deadline** ['dedlaɪn] *n.* 最后期限

- **definite** ['defɪnət] *adj.* 明确的，确切的；一定的，肯定的
  模拟实景 It's *definite* that Meg will be number one again. 梅格肯定又是第一名。
  单词拓展 definition（*n.* 定义）；indefinitely（*adv.* 不定地，无穷地）

- **diameter** [daɪ'æmɪtə(r)] *n.* 直径

- **diplomatic** [ˌdɪplə'mætɪk] *adj.* 外交的，从事外交的；策略的，有手腕的
  模拟实景 Mr. King had been in the *diplomatic* service. 金先生曾在外交部门供职。

- **disappear** [ˌdɪsə'pɪə(r)] *vi.* 不见，消失

- **discipline** ['dɪsəplɪn] *n.* 纪律；训练，训导；惩罚，处分；学科 *vt.* 训练，训导；惩罚，处分

  （单词拓展） disciplined（ *adj.* 遵守纪律的）；disciplinary（ *adj.* 有关纪律的）；disciplinarian（ *n.* 严守纪律者）

- **dorm/dormitory** ['dɔːm]/['dɔːmətri] *n.* 宿舍

- **dot** [dɒt] *n.* 点，小圆点 *vt.* 打点于；散布于，点缀

- **edit** ['edɪt] *vt.* 编辑，校订；担任…的编辑；剪辑（影片、录音等）

- **employment** [ɪm'plɔɪmənt] *n.* 工作，职业；雇用；使用

- **entitle** [ɪn'taɪtl] *vt.* 给…权利，给…资格；给（书、文章等）题名

  （模拟实景） This novel is *entitled Gone with the Wind*. 这本小说名为《飘》。

  （单词拓展） entitled（ *adj.* 名为…的）

  （考点点评） 在四级考试中，entitle作"给…权利"讲时的常见用法是be entitled to...，如四级真题中曾出现过这样一个句子：You will also be entitled to medical and dental insurance.（还给你上了医疗保险和牙科保险。）

- **error** ['erə(r)] *n.* 错误，差错

  （模拟实景） Lily pointed out the *error* in Karl's calculation with no mercy. 莉莉毫不留情地指出了卡尔计算中的错误。

  （考点点评） error一词在四级考试中还有一个经常出现的用法，就是trial and error，是"反复试验，不断摸索"的意思。

- **essay** ['eseɪ] *n.* 散文，随笔；文章

- **evaluate** [ɪ'væljueɪt] *vt.* 评估，评价

  （模拟实景） We need to *evaluate* how well the environmental law is working. 我们需要评估环境法的效用。

  （单词拓展） evaluation（ *n.* 评估，评价）；evaluative（ *adj.* 评估的）

- **faculty** ['fæklti] *n.* 能力，天赋；学科，学院；全体教员

- **false** [fɔːls] *adj.* 不真实的，错误的；假的，伪造的；不忠实的，虚伪的

- **fare** [feə(r)] *n.*（车、船、飞机等）费，票价 *vi.* 进展

- **file** [faɪl] *n.* 档案，文件；文件夹，公文柜；纵列 *vt.* 把（文件）归档；把…登记备案，提出（申请书等）*vi.* 提出；排成纵队行进
  - **完形短语** on file 存档
  - **模拟实景** A *file* of pupils were coming down the stairs. 排成一列纵队的小学生正在下台阶。

- **fluent** ['fluːənt] *adj.* 流利的，流畅的
  - **单词拓展** fluently（*adv.* 流利地）
  - **考点点评** fluent一词的比较级是more fluent，如四级真题曾考过be more fluent in foreign languages（外语更加流利）。

- **framework** ['freɪmwɜːk] *n.* 框架，构架；参照标准，准则；构成方式，体系

- **grammar** ['græmə(r)] *n.* 语法（书）
  - **模拟实景** Do you think French *grammar* is difficult to learn? 你觉得法语的语法难学吗？

- **heighten** ['haɪtn] *v.*（使）提高，加强

- **humble** ['hʌmbl] *adj.* 谦逊的，谦虚的；地位（或身份）低下的，卑贱的；简陋的，低劣的 *vt.* 使谦恭，使卑下
  - **模拟实景** Nicholas had to *humble* himself in the presence of the princess. 尼古拉斯在公主面前只得低声下气。
  - **单词拓展** humbleness（*n.* 谦逊）

- **humo(u)r** ['hjuːmə(r)] *n.* 幽默，诙谐；情绪，心境
  - **单词拓展** humorous（*adj.* 幽默的）；humorist（*n.* 幽默作家）

- **illustrate** ['ɪləstreɪt] *vt.* 说明，阐明；给…作插图说明

模拟实景 The teacher *illustrated* his study by showing pictures to all the students. 老师通过给全体学生展示图片，来阐明他的研究。

单词拓展 illustration（*n.* 例证）

- **inevitable** [ɪnˈevɪtəbl] *adj.* 不可避免的，必然（发生）的

模拟实景 It was *inevitable* that there would be more unemployment during the global economic crisis. 全球经济危机中，失业人数增加是不可避免的。

- **inference** [ˈɪnfərəns] *n.* 推断结果，结论；推论，推断

完形短语 make/draw an inference from 从…推断

模拟实景 What *inferences* can you draw from these facts? 从这些事实中你能推出什么结论？

- **influential** [ˌɪnfluˈenʃl] *adj.* 有影响的；有权势的

- **ingredient** [ɪnˈɡriːdiənt] *n.* （混合物的）组成部分，成分；（烹调的）原料；（构成）要素，因素

模拟实景 The advertisement said the skin cream contained only natural *ingredients*. 广告上说，这种护肤霜只含有天然成分。

- **inquire** [ɪnˈkwaɪə(r)] *v.* 询问

- **integrate** [ˈɪntɪɡreɪt] *v.* （使）成为一体，（使）合并

完形短语 integrate into/with 与…结合

模拟实景 I *integrated* my classmates' suggestions with my plan. 我把同学们的建议纳入了我的计划中。

单词拓展 integration（*n.* 结合，综合）

- **invade** [ɪnˈveɪd] *vt.* 侵入，侵略

单词拓展 invader（*n.* 侵略者）；invasion（*n.* 入侵，侵略）

- **knock** [nɒk] *v./n.* 敲，打；碰撞，撞击

完形短语 knock off 下班，停止（工作）；迅速而不费力地做成；从（价格等中）减去；knock out （拳击）击倒，打昏

模拟实景 The falling flowerpot *knocked* Bill on the head. 掉落的花盆砸在了比尔的头上。

■ **multiple** ['mʌltɪpl] *adj.* 复合的，多重的，多样的 *n.* 倍数

■ **rational** ['ræʃənl] *adj.* 理性的，理智的；合理的

模拟实景 There is no *rational* explanation for Meg's crazy actions. 对于梅格的疯狂行为没有合理的解释。

单词拓展 irrational（*adj.* 不合理的，不理智的；无理性的）；rationalism（*n.* 唯理论）

■ **scope** [skəʊp] *n.*（活动、影响等的）范围；（发挥能力等的）余地，机会

■ **shortcoming** ['ʃɔːtkʌmɪŋ] *n.* 短处，缺点

■ **skim** [skɪm] *vt.* 撇（去）；掠过，擦过；浏览，略读 *vi.* 浏览，略读

■ **substance** ['sʌbstəns] *n.* 物质；实质；大意，要旨；根据，理由

考点点评 substance在四级考试中多作"物质"讲，如chemical substances（化学物质）。

■ **underline** [ˌʌndə'laɪn] *vt.* 画线于…之下；强调，使突出

■ **adjust** [ə'dʒʌst] *vt.* 校正，调整；调节，改变…以适应 *vi.* 适应

完形短语 adjust to 适应…

模拟实景 I *adjusted* myself very quickly to the new life in college. 我调整自己，很快就适应了大学的新生活。

单词拓展 adjustment（*n.* 调节，调整）

■ **beneficial** [ˌbenɪ'fɪʃl] *adj.* 有益的，有利的

完形短语 beneficial to 对…有益

模拟实景 The policy will be *beneficial* to the rapid development of China. 这项政策将对中国的快速发展有利。

■ **compound** ['kɒmpaʊnd] *n.* 化合物，复合物；有围墙（或篱笆等）的房

屋群，大院 *adj.* 复合的，化合的 [kəmˈpaʊnd] *vt.* 使恶化，加重；使化合，使合成

（模拟实景） Nitrogen dioxide is a *compound* of nitrogen and oxygen. 二氧化氮是一种由氮和氧组成的化合物。

（考点点评） 四级真题中曾考过organic compounds，意为"有机化合物"。这里再介绍几个与化学相关的词和短语：organic chemistry "有机化学"；mixture "混合"；alloy "合金"。

■ **construct** [kənˈstrʌkt] *vt.* 建造，构筑；对…进行构思，造（句）[ˈkɒnstrʌkt] *n.* 建筑物，构造物；构想，观念

（模拟实景） The government has a new plan to *construct* a bridge across the river. 政府有一项新的计划，准备在这条河上建一座桥。

（单词拓展） construction（*n.* 建造，建筑；施工）；constructive（*adj.* 建设性的）；reconstruct（*vt.* 重建，改造）

■ **deny** [dɪˈnaɪ] *vt.* 否认，不承认；拒绝给予，拒绝…的要求

（完形短语） deny doing sth. 否认做过某事；deny nothing to sb. 对某人有求必应

（模拟实景） These poor children are *denied* access to education. 这些贫穷的孩子被剥夺了受教育的权利。

■ **depress** [dɪˈpres] *vt.* 使沮丧，使消沉；使不景气，削弱；按下，压下；使贬值

（模拟实景） The thought of having to take the English exam again *depressed* me. 一想到还要重考英语，我就感到很郁闷。

（单词拓展） depressed（*adj.* 沮丧的）；depression（*n.* 消沉，萧条）

■ **descend** [dɪˈsend] *vi.* 下来，下降；起源（于），是…的后裔；袭击；把身份降至，沦为 *vt.* 走下，爬下

（完形短语） descend from 起源于，是…的后裔；descend on/upon 袭击；descend to 沦为，把身份降至

（模拟实景） Jack is *descended* from the royal family. 杰克是皇族后裔。

（单词拓展） descent（*n.* 下降）；descendant（*n.* 后代，后裔）

■ **display** [dɪˈspleɪ] *vt.* 陈列，展览；显示，表现 *n.* 展览

模拟实景 My nephew *displays* strong interest in chemistry. 我的侄子对化学表现出浓厚的兴趣。

考点点评 window display 是四级考点，意为："橱窗陈列，橱窗展示"。这里再介绍一个和window display相关的表达：window shopping，意思是"浏览商店橱窗，只逛街而不打算购物"。

- **draw** [drɔː] *vt.* 画，描绘；拖，拉；拔出，取出；提取，汲取；引起，吸引；推断出 *vi.* （向某方向）移动；来临；打成平局；得到 *n.* 平局，和局；抽签，抽彩

完形短语 draw in （天）渐黑，（白昼）渐短；（汽车或火车）到站

模拟实景 My little brother *drew* a house and a path on the paper. 我弟弟在纸上画了一座房子和一条小路。

- **exhibit** [ɪgˈzɪbɪt] *vt.* 显示，显出；展出，陈列 *n.* 展览品，陈列品；展览

模拟实景 Da Vinci's paintings have been *exhibited* all over the world. 达·芬奇的画在全世界进行过展览。

单词拓展 exhibition（*n.* 展览，展览会）

- **indoor** [ˈɪndɔː(r)] *adj.* （在）室内的，（在）户内的

模拟实景 We all like the *indoor* badminton venue in our college. 我们都喜欢学校里的室内羽毛球场馆。

- **molecule** [ˈmɒlɪkjuːl] *n.* 分子

模拟实景 A *molecule* of water is combined by two hydrogen atoms and one oxygen atom. 一个水分子由两个氢原子和一个氧原子构成。

单词拓展 molecular（*adj.* 分子的；分子组成的）

- **organic** [ɔːˈgænɪk] *adj.* 有机（体）的，有机物的

模拟实景 Nowadays, people pay closer and closer attention to *organic* food. 如今，人们越来越密切关注有机食品。

- **principle** [ˈprɪnsəpl] *n.* 原则，原理；基本信念，信条；准则，规范

模拟实景 In my family, all the members adhere to the *principle* that everyone should be treated fairly. 在我家里，每个人都遵守人人都应得到平等对待的原则。

■ **scheme** [skiːm] *n.* 计划，方案；阴谋 *vi.* 密谋，策划

（模拟实景）The *scheme* seems quite practical on the surface. 这项计划表面上看起来非常可行。

（考点点评）scheme一词在四级真题中多考查其"计划，方案"的意思，如四级真题中曾出现的phased retirement scheme，意为"阶段性退休计划"。

■ **sketch** [sketʃ] *n.* 略图，草图；梗概，大意；素描，速写 *vt.* 绘…的略图，画…的素描（或速写）；概述，简述 *vi.* 绘略图，画素描（或速写）

（完形短语）sketch out 简要地叙述

（模拟实景）The painter did a *sketch* of the famous singer. 这位画家为那位著名歌手画了一幅素描。

（单词拓展）sketching（*n.* 草图）

■ **stable** ['steɪbl] *adj.* 稳定的，稳固的；沉稳的，持重的 *n.* 马厩，牛棚

（模拟实景）Nick is a man of *stable* character while his wife is not. 尼克是个性格稳重的人，可是他的妻子却不是。

（单词拓展）stability（*n.* 稳定性）；stabilise/stabilize（*v.* 稳定；使稳定）；unstable（*adj.* 不稳定的）

■ **strategy** ['strætɪdʒi] *n.* 战略，策略

（模拟实景）Mr. White directed us to work out a *strategy* to deal with this situation. 怀特先生指导我们想出一个策略来应对这种形势。

（单词拓展）strategic（*adj.* 战略的）

■ **accurate** ['ækjərət] *adj.* 正确无误的；准确的，精确的

（单词拓展）inaccurate（*adj.* 错误的，不准确的）

■ **artificial** [ˌɑːtɪ'fɪʃl] *adj.* 人工的，人造的；假的，模拟的

■ **assemble** [ə'sembl] *vi.* 集合，聚集 *vt.* 集合，聚集；装配

（模拟实景）Over 2000 fans were *assembled* at the airport to welcome the singer. 两千多名粉丝聚集在机场欢迎这位歌手。

（单词拓展）assembly（*n.* 集会；组装）

考生一般对于assemble "装配" 的这个意思比较熟悉，但是不太熟悉assemble "集合" 这个含义，四级真题中就曾考到这个词义，原句是：Everybody assembled in the hall where they were welcomed by the secretary.（每个人都在这个大厅里集合，在这里他们曾受到秘书的欢迎。）这里的assemble就是 "集合，聚集" 的意思。

■ **assess** [ə'ses] *vt.* 对…进行估价，确定…的数额；评价，评论
单词拓展 assessment（*n.* 估价；确定，评定；核定的付款额）

■ **barrier** ['bæriə(r)] *n.* 栅栏，检票口；障碍，隔阂；屏障

■ **blast** [blɑːst] *n.* 爆炸，冲击波；一阵（疾风等），一股（强烈的气流）*vt.* 炸，炸掉
完形短语 (at) full blast 大力地，全速地
模拟实景 A *blast* of the drums gave Helen a start. 一阵鼓声吓了海伦一跳。

■ **capacity** [kə'pæsəti] *n.* 容量，容积；才能，能力；身份，职位

■ **classify** ['klæsɪfaɪ] *vt.* 把…分类，把…分级
模拟实景 Kathy, who worked as a librarian, spent a lot of time *classifying* books. 凯西是位图书管理员，她花了大量的时间给图书分类。
单词拓展 classification（*n.* 分类；分类法；级别）

■ **clumsy** ['klʌmzi] *adj.* 笨拙的；粗陋的；不得体的；无策略的

■ **collapse** [kə'læps] *vi./n.* 倒坍，塌下；崩溃；突然失败

■ **compress** [kəm'pres] *vt.* 压紧，压缩
模拟实景 You can *compress* your self-introduction into two minutes. 你可以把你的自我介绍精简到两分钟。
单词拓展 compressed（*adj.* 被压缩的）；compression（*n.* 压缩，浓缩）；compressible（*adj.* 可压缩的）

■ **confine** [kən'faɪn] *vt.* 限制，使局限；使不外出，关禁闭 *n.* [*pl.*] 界限，范围
模拟实景 We'll *confine* our discussion to the environmental law on this

meeting. 本次会议上，我们的讨论仅限于环境法。

单词拓展 confined（*adj.* 狭窄的，受限制的）; confinement（*n.* 限制；监禁）

■ **contest** ['kɒntest] *n.* 竞赛，比赛; 争夺，竞争 [kən'test] *vt.* 争夺，与…竞争; 对…提出质疑，辩驳

单词拓展 uncontested（*adj.* 无竞争的；无异议的）

■ **contract** ['kɒntrækt] *n.* 合同，契约 [kən'trækt] *vi.* 缩小，收缩; 订合同，订契约 *vt.* 感染（疾病），染上（恶习）; 订（约）

完形短语 cancel the contract 取消合同; contract with 与…订立合同

模拟实景 We *contracted* with a South Korean firm for the purchase of a computer system. 我们与一家韩国公司签约，购买一套电脑系统。

单词拓展 contraction（*n.* 收缩；压缩）

■ **creative** [kriː'eɪtɪv] *adj.* 创造（性）的，有创造力的

单词拓展 creativeness（*n.* 创造，创造性）

■ **daylight** ['deɪlaɪt] *n.* 日光，白昼

■ **declaration** [ˌdeklə'reɪʃn] *n.* 宣布，宣告; 宣言，声明（书）; 申报

完形短语 the Declaration of Independence《独立宣言》

■ **defect** ['diːfekt] *n.* 缺点，缺陷 [dɪ'fekt] *vi.* 变节，叛变

模拟实景 Obviously indecision is Lily's chief *defect*. 很显然，优柔寡断是莉莉的主要缺点。

单词拓展 defection（*n.* 缺陷，毛病）; defective（*adj.* 有缺点的；不完全的）

■ **density** ['densəti] *n.* 密集，稠密; 密度，浓度

■ **discharge** [dɪs'tʃɑːdʒ] *vt.* 允许…离开，解雇; 排出，发射; 卸（货），下（客）*vi.* 排出; 放（电）['dɪstʃɑːdʒ] *n.* 获准离开，释放; 排出，放电

模拟实景 Some factories in this district still *discharge* waste water into the river. 这一地区有些工厂仍把废水排入河中。

考点点评 discharge在四级考试中主要考查的意思为"排出，排放"，如the waste discharged by the factory（工厂排出的废弃物）。

■ **disguise** [dɪs'gaɪz] *vt.* 假扮，化装；伪装；掩盖，掩饰 *n.* 用来伪装的东西（或行动）；伪装，掩饰

完形短语 in disguise 伪装，假扮

模拟实景 Hebe likes to *disguise* herself as a man. 赫柏喜欢将自己乔装成男人。

考点点评 要表达"某人在伪装"就可以用disguise这个词，如四级真题中曾出现过的a thief in disguise，就是"一个伪装的贼"之意。

■ **distance** ['dɪstəns] *n.* 距离，间距；遥远，远方；冷淡，疏远

考点点评 这里介绍一个distance在四级真题中出现过的简写搭配：DL——Distance Learning（远程教育）。

■ **distant** ['dɪstənt] *adj.* 在远处的；久远的；冷淡的，疏远的

■ **dynamic** [daɪ'næmɪk] *adj.* 有活力的，强有力的；不断变化的（或增长的）；动力的，动态的 *n.* （原）动力；[-s] 动力学

模拟实景 Henry King is a *dynamic* young businessman. 亨利·金是位有活力的年轻商人。

■ **echo** ['ekəʊ] *n.* 回音；附和者 *vi.* 发出回声，产生回响 *vt.* 模仿；附和

考点点评 考生一般对"回音"这个词义比较熟悉，而四级真题曾考过"附和者"这一词义：Nancy is only a sort of echo of her husband's opinion.（南希只是她丈夫的意见的附和者。）

■ **efficiency** [ɪ'fɪʃnsi] *n.* 效率，功效

■ **emit** [ɪ'mɪt] *vt.* 发出（光、热、声音等）；射出；排出

模拟实景 The factory *emitted* dense smoke into the air. 这个工厂向空中排放浓烟。

单词拓展 emission（*n.* 发出，散发；发射物）

考点点评 emit后加radiation可表示"…有辐射"。四级真题曾出现过that portable device emits radiation（那个可携式装置有辐射）这一表达。

■ **equip** [ɪ'kwɪp] *vt.* 装备，配备；使有资格，使胜任

（模拟实景）Your learning will *equip* you for your future job as a secretary. 你学到的知识将使你能够胜任将来秘书的工作。

（单词拓展）equipment（*n.* 装备）

■ **erect** [ɪ'rekt] *adj.* 竖直的，挺直的 *vt.* 建造，建立；竖立，使直立

（模拟实景）The Monument to the People's Heroes is *erected* on the Tiananmen Square. 人民英雄纪念碑竖立在天安门广场上。

（考点点评）四级真题曾考过"建立"这一词义：to erect sea defense（建立海防）。

■ **exaggerate** [ɪg'zædʒəreɪt] *vt.* 使夸大；使扩大；*vi.* 夸大，夸张

（单词拓展）exaggeration（*n.* 夸张）；exaggerated（*adj.* 夸张的）

■ **exert** [ɪg'zɜːt] *vt.* 用（力），尽（力）；运用，施加

（完形短语）exert oneself 努力，尽力；exert all one's strength 尽全力

（模拟实景）Bill has *exerted* all his strength in the competition. 比尔在比赛中已竭尽全力。

（单词拓展）exertion（*n.* 尽力；发挥，行使）

■ **expansion** [ɪk'spænʃn] *n.* 扩大，扩张；膨胀

■ **exploit** [ɪk'splɔɪt] *vt.* 剥削；利用，开发 *n.* [常 *pl.*] 业绩，功勋

（模拟实景）You should *exploit* this great chance to go on with your study. 你应该利用这个好机会继续学习。

（单词拓展）exploitation（*n.* 开发，剥削）；overexploitation（*n.* 过度开采）；exploitable（*adj.* 可开发的，可利用的）；exploitee（*n.* 被剥削者）

（考点点评）"开发利用…"可用 exploit 来表示，四级真题曾考过：to exploit the waste discharged by the factory（开发利用工厂排放的废弃物）。

■ **extension** [ɪk'stenʃn] *n.* 伸展，扩大；延长部分，扩建部分；电话分机，分机号码

■ **extensive** [ɪk'stensɪv] *adj.* 广大的，广阔的；广泛的，大量的

（模拟实景）The earthquake caused *extensive* damage. 这次地震造成了巨大的破坏。

■ **extent** [ɪk'stent] *n.* 程度，范围；广度，宽度

■ **extreme** [ɪkˈstriːm] *adj.* 极度的，极端的；尽头的，末端的 *n.* 极端，过分

完形短语 go to extremes 走极端；in the extreme 非常，极其

模拟实景 That's my house at the *extreme* end of this street. 这条街的尽头是我家。

单词拓展 extremity（*n.* 极端）

考点点评 四级真题曾考过extreme的名词性用法：There are more extremes in the weather. （现在极端天气越来越多了。）

■ **fancy** [ˈfænsi] *vt.* 想要，喜欢；想象，设想；猜想，以为 *n.* 爱好，迷恋；想象力，幻想力；设想，空想 *adj.* 昂贵的，高档的；别致的，花哨的

完形短语 take a fancy to 喜欢上，爱上；fancy doing sth. 喜欢做某事

模拟实景 I *fancy* Linda is travelling in England now. 我猜琳达现在正在英格兰旅游。

■ **fault** [fɔːlt] *n.* 缺点，毛病；错误，过错；故障 *vt.* 找…的缺点，指责

考点点评 at fault意为"有责任的，有错误的"，四级真题曾出现过这种用法，原句为：I'm at fault for making you upset. （让你难过都是我的错。）考生要掌握这种用法。

■ **fierce** [fɪəs] *adj.* 凶猛的，好斗的；狂热的，强烈的；激烈的，狂暴的

单词拓展 fiercely（*adv.* 激烈地，猛烈地）

■ **flexible** [ˈfleksəbl] *adj.* 易弯曲的，柔韧的；灵活的，可变通的

模拟实景 Our country needs a foreign policy which is more *flexible*. 我国需要更灵活的外交政策。

单词拓展 flexibility（*n.* 弹性；灵活性）；inflexible（*adj.* 不可弯曲的）

■ **fluid** [ˈfluːɪd] *n.* 流体，液体 *adj.* 流体的，流动的；流畅的

■ **frame** [freɪm] *n.* 镜框；框架；构架 *vt.* 给…镶框；陷害，诬告；制定；表达，讲出

模拟实景 Ben's lips could hardly *frame* the words because of sadness. 本伤心得几乎说不出话来。

单词拓展 framable (*adj.* 可装框的)

■ **fruitful** ['fruːtfl] *adj.* 多产的，富有成效的

模拟实景 It was a *fruitful* meeting, for we made two important agreements. 这是个卓有成效的会议，因为我们达成了两项重要协议。

■ **furnish** ['fɜːnɪʃ] *vt.* 布置，为…配备家具；供应，装备

模拟实景 Mary is planning to *furnish* the house by herself. 玛丽打算自己布置房子。

单词拓展 unfurnish (*v.* 拆除…的家具)；furniture (*n.* 家具)

■ **generate** ['dʒenəreɪt] *vt.* 生成，产生（光、热、电等）；引起，导致

模拟实景 The dynamo in our firm is used to *generate* electricity. 我们公司的这台发电机是用来发电的。

单词拓展 generator (*n.* 发电机)；generation (*n.* 一代；产生)

■ **grasp** [ɡrɑːsp] *vt.* 抓住；理解 *vi.* 抓，攫取 *n.* 抓紧；掌握

■ **gravity** ['ɡrævəti] *n.* 重力，地心引力；严重；严肃，庄重

■ **grip** [ɡrɪp] *n.* 紧握，抓牢；掌握，控制 *vt.* 握紧，抓牢；吸引住…的注意力（或想象力等）*vi.* 握紧；有吸引力

完形短语 come/get to grips （认真）对付（或处理）

模拟实景 The magician's performance *gripped* the audience. 魔术师的表演深深地吸引住了观众。

■ **guarantee** [ˌɡærən'tiː] *vt.* 保证，担保 *n.* 保证，保证书

■ **insert** [ɪn'sɜːt] *vt.* 插入，嵌入

完形短语 insert sth. into... 把某物插入…

模拟实景 Henry *inserted* a long stick into the rat hole. 亨利将一根长木棍插入老鼠洞中。

单词拓展 insertion (*n.* 插入，放入)

考点点评 insert曾在四级真题中出现过，如：insert the key into the lock（把

钥匙插进锁里）和insert the paragraph into the annual report（把这个段落插入年度报告中）。

- **interval** ['ɪntəvl] *n.* 间隔，间距；幕间（或工间）休息

- **laser** ['leɪzə(r)] *n.* 激光

- **leak** [liːk] *vt.* 使漏出；使（消息等）泄露 *vi.* 漏；泄露 *n.* 漏洞，裂缝；泄露，漏出量；（消息等的）走漏

  (模拟实景) A small *leak* will sink a great ship. 小患不治成大灾。

- **length** [leŋθ] *n.* 长度，距离；一段，一节

  (完形短语) go to great lengths 竭尽全力

- **lens** [lenz] *n.* 镜头，镜片

- **means** [miːnz] *n.* 方法，工具；金钱，财产

  (完形短语) by all means 尽一切办法，务必；肯定

  (模拟实景) Kim achieved his aim by all *means*. 金尽一切办法实现了自己的目标。

- **missile** ['mɪsaɪl] *n.* 导弹，飞弹；投射物 *adj.* 导弹的；可投射的

- **mobile** ['məʊbaɪl] *adj.* 活动的，可动的；流动的，机动的；多变的，易变的 *n.* 移动电话

  (模拟实景) Linda is on a *mobile* song and dance ensemble. 琳达在一家巡回歌舞团工作。

  (单词拓展) mobility（*n.* 流动性；迁移率）；immobilize（*vt.* 使固定，使不动）

- **pedestrian** [pə'destriən] *n.* 步行者，行人

- **penetrate** ['penətreɪt] *vt.* 渗入，进入；刺入，刺穿；洞察，了解

  (模拟实景) The heavy rain had *penetrated* through my clothes. 大雨浇透了我的衣服。

  (单词拓展) penetrative（*adj.* 有穿透力的；尖锐的）；penetration（*n.* 渗透；渗透力）

- **persist** [pə'sɪst] *vi.* 坚持不懈，执意；持续，继续存在

  完形短语　persist for 持续；persist in 坚持不懈

  模拟实景　George *persisted* that he had nothing to do with theft. 乔治坚持说他与偷盗毫无关系。

  单词拓展　persistence（*n.* 坚持不懈）；persistent（*adj.* 持久稳固的）；persistency（*n.* 持续性，持续状态）

- **petrol** ['petrəl] *n.* 汽油

- **precise** [prɪ'saɪs] *adj.* 精确的，准确的；严谨的

  单词拓展　precisely（*adv.* 精确地；正好）

- **processor** ['prəʊsesə(r)] *n.* 处理器

- **punctual** ['pʌŋktʃuəl] *adj.* 严守时刻的，准时的

  模拟实景　It is said that Benjamin is always very *punctual*. 据说本杰明总是非常准时。

  单词拓展　punctuality（*n.* 准时）

- **purity** ['pjʊərəti] *n.* 纯净，纯洁；纯度；（语言等）纯正

- **radical** ['rædɪkl] *adj.* 根本的，基本的；激进的，激进派的 *n.* 激进分子

  模拟实景　Economic development has brought about a *radical* change in people's lives. 经济发展使人民的生活发生了根本变化。

  单词拓展　radically（*adv.* 根本上地）

- **reckon** ['rekən] *vt.* 认为；估计；指望，盼望；计算 *vi.* 数；估计；想，料想；指望

  完形短语　reckon on 指望，盼望；依赖；reckon with 估计到，预料到；处理，对付

  模拟实景　*Gone with the Wind* is *reckoned* as one of the best novels. 《飘》被认为是最好的小说之一。

- **resist** [rɪ'zɪst] *vt.* 抵抗，抵制；抗（病等），耐（热等）；忍住，拒受…

的影响 vi. 抵抗，抵制

单词拓展 resistance（n. 反抗；阻力；电阻）；resistant（adj. 抵抗的；耐…的）

- **restrain** [ˌrɪ'streɪn] vt. 阻止，控制；抑制，遏制

  单词拓展 restraint（n. 抑制；约束措施）

- **restraint** [rɪ'streɪnt] n. 抑制，限制；约束措施，约束条件

  单词拓展 self-restraint（n. 自我克制）

- **retain** [rɪ'teɪn] vt. 保留，保持；拦住；记住

- **retreat** [rɪ'triːt] vi. 退却，撤退；规避，退缩 vt. 后撤；悔棋 n. 退却，撤退；规避，退缩；隐退处，静居处

  模拟实景 After a week's work, Lily likes to *retreat* to the rural area to relax. 工作一周之后，莉莉喜欢躲到乡下放松一下。

- **seize** [siːz] vt. 抓住，捉住；夺取，占据

  完形短语 seize on/upon 利用；seize up（机器等）卡住，停顿

- **shift** [ʃɪft] vi. 移动，转移；改变，转变 vt. 使转移；消除；替换 n. 转换，转变；（轮或换）班；手段

  单词拓展 shifting（adj. 运动的 n. 移位）

- **slide** [slaɪd] vi. 滑动；下滑 vt. 使滑动，使悄悄地移动 n. 滑动，下滑；滑道，滑面；幻灯片

  完形短语 let slide 放任自流，听其自然；slide on 在…上滑行

  模拟实景 Linda *slid* out of the lecture hall. 琳达从阶梯教室悄悄地溜走了。

  单词拓展 slider（n. 滑雪者，滑冰者）；sliding（adj. 滑行的）

- **slight** [slaɪt] adj. 轻微的；少量的，不足道的；纤细的，瘦弱的 vt./n. 轻视，藐视

  模拟实景 The teacher decided to pass over Bill's *slight* mistakes. 老师决定忽略比尔的小错。

■ **soar** [sɔː(r)] *vi.* 猛增，剧增；高飞，升腾；（情绪、期望等）高涨；高耸，屹立 *vt.* 高飞越过 *n.* 高飞，高涨

■ **spark** [spaːk] *n.* 火花，火星 *vi.* 发出火花 *vt.* 触发，引起

完形短语 spark off 触发，引起

■ **specimen** ['spesɪmən] *n.* 样本，标本

■ **standard** ['stændəd] *n.* 标准，规格 *adj.* 标准的

单词拓展 standardize（*vt.* 使…标准化）；standardized（*adj.* 标准的，标准化的）

■ **steady** ['stedi] *adj.* 稳的，平稳的；稳定的，持续的；稳重的，坚定的 *vi.* 变得平稳 *vt.* 使稳固

模拟实景 The prices of vegetables remain *steady* in this district. 这个地区的蔬菜价格保持稳定。

单词拓展 steadily（*adv.* 稳定地；平稳地）

■ **substantial** [səb'stænʃl] *adj.* 可观的，大量的；牢固的，结实的；实质的，真实的

模拟实景 The building is *substantial* enough to last many years. 这栋楼很坚固，足以使用许多年。

单词拓展 substantially（*adv.* 充分地；可观地；实质上）

■ **substitute** ['sʌbstɪtjuːt] *n.* 代替者；代用品 *vt.* 用…代替 *vi.* 代替，接替 *adj.* 代替的，替补的

完形短语 substitute for 代替，替代
单词拓展 substituted（*adj.* 替代的）

■ **sufficient** [sə'fɪʃnt] *adj.* 足够的，充分的

单词拓展 sufficiency（*n.* 充足）；insufficient（*adj.* 不足的）

■ **tackle** ['tækl] *vt.* 对付，处理；与…交涉；（足球等比赛中）阻截，拦截 *vi.* 认真开始；阻截 *n.* 阻截，拦截；用具，钓具；辘轳，滑车（组）

模拟实景 Jim was *tackled* before he had a chance to shoot. 吉姆还来不及射门便遭到了阻截。

■ **tense** [tens] *adj.* 紧张的；拉紧的，绷紧的 *vt.* 使拉紧，使绷紧 *vi.* 拉紧，绷紧 *n.*（动词的）时态

(单词拓展) tension（*n.* 紧张）

■ **tension** ['tenʃn] *n.* 紧张，紧张状态；拉紧，绷紧；张力，拉力 *vt.* 使紧张；使拉紧

(考点点评) 要表达"国家间的紧张局势"可用the tension among countries。

■ **transform** [træns'fɔːm] *vt.* 使改观，改革；变换，把…转换成 *vi.* 改变；变形 *n.*（数学）变换式

(单词拓展) transformation（*n.* 变化，转化）；transformer（*n.* 变压器）

■ **transmission** [træns'mɪʃn] *n.* 播送；发射；传送，传染

■ **tremendous** [trə'mendəs] *adj.* 巨大的，极大的；精彩的，了不起的

(考点点评) tremendous除了可以形容数量、体积等的巨大，还可以形容"速度快"。四级真题中就有这样的用法：at tremendous speed（以极快的速度）。

■ **unique** [juː'niːk] *adj.* 独特的，独一无二的；极不寻常的，极好的

(模拟实景) Van Gogh's paintings are *unique* in art. 梵高的油画在艺术上是无与伦比的。

(单词拓展) uniqueness（*n.* 独特，独一无二）

■ **unity** ['juːnəti] *n.* 团结，统一；和睦，协调

(考点点评) "达到统一"可用achieve和unity搭配使用，四级真题中曾出现过achieve unity through peaceful means（通过和平手段达到统一）。

■ **vacuum** ['vækjuəm] *n.* 真空；真空吸尘器 *v.* 用吸尘器清扫

■ **variable** ['veəriəbl] *adj.* 易变的，多变的；可变的 *n.* 可变因素，变量

(单词拓展) invariably（*adv.* 不变地，总是）

(考点点评) variable一词作名词"变量"讲时在四级考试中多以复数形式variables出现，如include all variables（包含所有的可变因素）。

■ **wax** [wæks] *n.* 蜡，蜂蜡 *vi.* 给…上蜡 *vt.* 渐渐变大；（月亮）渐圆 *adj.* 蜡制的

（单词拓展） waxy（*adj.* 蜡色的；光滑的）

■ **weaken** ['wiːkn] *vt.* 使减弱，使变弱；使变稀薄 *vi.* 变弱，退缩

▮ **whistle** ['wɪsl] *vi.* 吹口哨，鸣汽笛；呼啸而过 *vt.* 用口哨吹出 *n.* 哨子，汽笛；口哨声；汽笛声

（考点点评） "吹哨子"可以用blow the whistle来表示，形容引擎等的呼啸声也可以用whistle来表示，如the whistle of a steam engine（蒸汽机的呼啸声）。

■ **widen** ['waɪdn] *vt.* 加宽，使变宽 *vi.* 变宽，扩大

■ **access** ['ækses] *n.* 通道，入口；接近，进入；接近（或进入、享用）的机会 *vt.* 接近；到达；存取（计算机数据）；切身体验

（完形短语） access to... 通往…的道路

（模拟实景） The only *access* to the wheat field is the wooden bridge. 通往麦田的唯一途径就是这座木桥。

（单词拓展） accessible（*adj.* 可接近的，可进入的）

（考点点评） access to...意为"进入…，通往…"，这一用法在四级真题中多次出现。在不同的语境中，access to的意思有所差别，如四级真题曾考过have access to the full facts of the incidents（能了解事件的全部真相），access to在此处意为"获得，有接触…的机会"。四级真题也曾考查过这一用法：For professional athletes, access to the Olympics means that they have a chance to enter the history books.（对于职业运动员来说，参加奥运会意味着他们有机会名垂史册。）该句中的access意为"进入…，参加…"，考生要注意辨别其不同的含义。

■ **altitude** ['æltɪtjuːd] *n.* 海拔，高度；[*pl.*] 高处，高地

（模拟实景） The plane was flying at an *altitude* of 1900 feet at the moment of the flight accident. 飞机失事时正在1900英尺的高空飞行。

■ **cabin** ['kæbɪn] *n.* 小木屋；机舱，船舱 *vt.* 禁闭，软禁

（模拟实景） The old man lives in a log *cabin* in the forest. 那位老人住在森林里的一间小木屋里。

- **confront** [kən'frʌnt] *vt.* 迎面遇到，遭遇，勇敢地面对，正视；使对质，使当面对证

  (模拟实景) Thomson comes from an organization which tries to help people *confront* their problems. 汤姆森来自一个试图帮助人们勇敢地面对问题的组织。

  (单词拓展) confrontation（*n.* 对抗）；confrontational（*adj.* 对抗的；抵触的）

- **engage** [ɪn'geɪdʒ] *vt.* 吸引；占用（时间、精力等）；使从事于，使忙于；雇，聘；使订婚 *vi.* 保证；参加，从事

  (完形短语) engage sb. as... 雇用某人作为…；engage in 参加，从事

  (模拟实景) Housework *engages* much of her time. She does not have time to play cards with her friends. 家务活占用了她太多的时间。她已经没有时间和朋友们打牌了。

  (单词拓展) engagement（*n.* 订婚，婚约；约会）

- **identify** [aɪ'dentɪfaɪ] *vt.* 把…等同于；认出，鉴定 *vi.* 认同

  (完形短语) identify with 认同，把…等同于

  (模拟实景) My teacher cannot *identify* my father's signature. So I ask my brother to sign on the paper instead. 老师认不出我父亲的签名，所以我让哥哥代替父亲在考卷上签了字。

  (单词拓展) identifiable（*adj.* 可辨认的，可确认的）；identification（*n.* 辨认，鉴别）

- **incident** ['ɪnsɪdənt] *n.* 发生的事；事件，事变

  (模拟实景) The police in this area are investigating the *incident*. 这个地区的警方正在调查这次事件。

  (单词拓展) incidental（*adj.* 偶然的）

  (考点点评) 需要注意incident和accident两个词的区别，incident指后果不是很严重的小事故，而accident指有严重后果的事故，如aircraft accident（飞机失事）。

- **inform** [ɪn'fɔːm] *vt.* 通知，报告 *vi.* 告发，检举

  (完形短语) inform against/on 告发，检举

  (模拟实景) I will *inform* the police if the stranger calls me again. 如果那个陌生人再打电话给我，我就报警。

informative（*adj.* 提供消息或情报的；教育性的）

■ **panic** ['pænɪk] *n.* 恐慌，惊慌 *v.*（使）恐慌，（使）惊慌失措

模拟实景 Rumor of an imminent earthquake started a *panic* among the public. 即将发生地震的传言在公众中引起一片惊慌。

■ **stimulate** ['stɪmjuleɪt] *vt.* 刺激，激励 *vi.* 起刺激作用

模拟实景 The government will do everything in its power to *stimulate* economic growth. 政府将竭尽全力刺激经济增长。

考点点评 四级真题曾考过这样一个句子：There is evidence that language-acquiring ability must be stimulated. 这个句子中 stimulate 的意思是"激发"，全句意为"有证据表明，语言习得能力是必须被激发的。"

■ **stroke** [strəʊk] *n.* 中风；一次努力；划桨；敲击；报时的钟声；笔画；抚摸 *vt.* 抚摸

模拟实景 My grandfather had a *stroke* yesterday and was in hospital at this moment. 我的外祖父昨天得了中风，现在正在医院接受治疗。

■ **sum** [sʌm] *n.* 总数，总和；金额；算术 *vi.* 共计 *vt.* 概括，总结；总计

完形短语 in sum 简言之，一言以蔽之

模拟实景 He earned a large *sum* of money with 3 years' hard work. 他通过三年的辛苦工作赚了一大笔钱。

单词拓展 summing（*adj.* 求和的）

■ **tedious** ['tiːdiəs] *adj.* 乏味的，单调的；冗长的

模拟实景 I could not stand the *tedious* job any more, so I quit. 我再也无法忍受这份单调的工作，所以我辞职了。

■ **applicable** ['æplɪkəbl] *adj.* 可应用的，可实施的；适当的，适用的

模拟实景 The new environmental law is *applicable* from the first of May. 新的环境法从5月1号开始实施。

单词拓展 applicability（*n.* 适用性）

■ **bind** [baɪnd] *vt.* 捆绑，捆扎；使结合，使粘合；<u>约束</u>；装订 *vi.* 束缚，约束；变结实

(模拟实景) The contract *binds* Bill to complete the task within one week. 这份合同限制比尔在一个星期内完成这项任务。

■ **chin** [tʃɪn] *n.* <u>下巴</u>

■ **cruise** [kruːz] *v.* 航游，巡航；（出租车、船等）缓慢巡行 *n.* 航游，游弋

■ **dissolve** [dɪ'zɒlv] *vi.* 溶解，融化；消失，减弱 *vt.* <u>使溶解，使融化</u>；<u>解散</u>，结束

(模拟实景) The car *dissolved* into the darkness of the night. 汽车消失在黑夜中。

■ **excess** [ɪk'ses] *n.* 过量，无节制；<u>超越，超过</u> ['ekses] *adj.* 过量的，额外的

(完形短语) to excess 过度，过分，过量

(模拟实景) Last year's income was in *excess* of two million dollars. 去年的收入超过了200万美元。

■ **excessive** [ɪk'sesɪv] *adj.* <u>过多的，过分的</u>

■ **excursion** [ɪk'skɜːʃn] *n.* <u>远足，短途旅行</u>

■ **exposure** [ɪk'spəʊʒə(r)] *n.* <u>暴露，显露</u>；<u>揭发，揭露</u>；<u>曝光</u>

■ **fasten** ['fɑːsn] *vt.* 扎牢，系牢 *vi.* 连接，扣紧；抓住

(模拟实景) Little Tom is learning to *fasten* shoelaces. 小汤姆正在学习系鞋带。

■ **fatigue** [fə'tiːg] *n.* 疲劳，劳累 *vt.* 使疲劳 *vi.* 疲劳

(模拟实景) My grandmother often complains that she *fatigues* easily. 我的（外）祖母常抱怨说自己容易疲劳。

■ **inject** [ɪn'dʒekt] *vt.* <u>注射（药液等），给…注射</u>；注入，引入

(完形短语) inject sb./sth. with... 给某人/某物注射（药物或其他液体）

(单词拓展) injection（*n.* 注射）

■ **mild** [maɪld] *adj.* 温和的，温柔的；温暖的，暖和的；轻微的，不严重的

模拟实景 Mary is thought to be the *mildest* woman alive. 玛丽被认为是世上最温柔的女人。

■ **muscle** ['mʌsl] *n.* 肌肉，体力；力量，实力

单词拓展 muscular（*adj.* 肌肉发达的；强健的）

■ **previous** ['priːviəs] *adj.* 早先的，以前的 *adv.* 在…之前

完形短语 previous to... 在…之前

单词拓展 previously（*adv.* 先前，以前）

■ **protein** ['prəʊtiːn] *n.* 蛋白质

■ **relief** [rɪ'liːf] *n.* 轻松，宽慰；（痛苦等）缓解，减轻；使得到调剂；接替；救济

■ **spite** [spaɪt] *n.* 恶意，怨恨 *vt.* 刁难，欺侮

■ **superficial** [ˌsuːpə'fɪʃl] *adj.* 肤浅的，浅薄的；表面的

■ **symptom** ['sɪmptəm] *n.* 症状；征候，征兆

■ **tame** [teɪm] *adj.* 驯服的，温顺的；沉闷的，乏味的 *vt.* 制服，控制并利用；驯化，驯服 *vi.* 变得驯服

■ **therapy** ['θerəpi] *n.* 治疗，理疗

单词拓展 therapist（*n.* 治疗专家）

■ **tolerance** ['tɒlərəns] *n.* 宽容，容忍；忍耐（力）

■ **tolerate** ['tɒləreɪt] *vt.* 容许，承认；容忍，忍受

■ **tongue** [tʌŋ] *n.* 舌头；语言

考点点评 在四级真题中有这样一句话：I know you've got a smooth tongue, so don't talk me into buying it. 这里的smooth tongue意为"油嘴滑

舌，能说会道"，全句意为"我知道你会说话，所以不要劝我买这个东西。"

■ **transplant** [træns'plɑːnt] *vt.* 移栽，移种（植物等）；移植（器官）；使迁移，使移居 *vi.* 迁移，移居 *n.* （器官）移植

模拟实景 My parents are *transplanting* the vegetables to the garden. 我父母正在把蔬菜移栽到菜园里。

单词拓展 transplantation（*n.* 移植；移民）

■ **undergo** [ˌʌndə'ɡəʊ] *vt.* 经历，遭受

■ **vitamin** ['vɪtəmɪn] *n.* 维生素

■ **voluntary** ['vɒləntri] *adj.* 自愿的，志愿的

翻译词汇 Translation

■ **adapt** [əˈdæpt] *vt.* 使适应，使适合；修改，改编 *vi.* 适应

(翻译短语) adapt to 适应…；adapt...for... 将…改编成…

(模拟实景) The new staff member tried hard to *adapt* himself to the new environment. 这个新职员努力使自己适应新环境。

(单词拓展) adaptation（*n.* 适应；改编，改写本）；adaptable（*adj.* 能适应的；可修改的）；adaptive（*adj.* 适应的；适合的）

■ **account** [əˈkaʊnt] *n.* 描述；记述，报告；账，账目；解释，说明 *vi.* 说明…的原因；查明；（在数量、比例方面）占 *vt.* 以为，认为

(翻译短语) of no account 不重要的；take...into account 把…考虑在内

(模拟实景) The witness gave detailed *accounts* of the car accident. 目击者详细描述了这起车祸。

(单词拓展) accounting（*n.* 会计学）；accountant（*n.* 会计师）；accountable（*adj.* 应作解释的；应负责的）

(考点点评) 四级真题曾考查过account, fee, bill和fare这几个词的词义辨析，其中fee意为"会费，费用"，bill意为"账单"，account意为"账目"，fare意为"车船费用"。

■ **cooperate** [kəʊˈɒpəreɪt] *vi.* 合作，协作；配合

(模拟实景) It is my pleasure to *cooperate* with the famous crosstalk comedian. 能跟那位著名的相声演员合作是我的荣幸。

(单词拓展) cooperation（*n.* 合作，协作）；cooperative（*adj.* 合作的）

■ **owe** [əʊ] *adj.* 欠（债），欠（账）；归因于，归功于

(翻译短语) owing to 由于，因为

(模拟实景) I have gotten 1000 RMB *owing* to me for a job last month. 上个月有一份工作还欠我1000元人民币。

(考点点评) 注意owing to作状语时既可以是引出积极方面的原因，也可以是消极方面的原因，如四级真题曾考过这样一个句子：She was absent all week owing to sickness.（因为生病，她一周都没来。）该句中的owing to引出的就是消极方面的原因。

- **incline** [ɪnˈklaɪn] *vt.* 使倾斜；使倾向于 *vi.* 倾斜；弯腰，鞠躬；倾向，趋势；接近 *n.* 斜坡，斜面

  翻译短语 incline sb. towards sth. 促使某人做某事；使某人有某种倾向

  模拟实景 I *inclined* to Jim's advice on building the lab on the top of the mountain. 我偏向于吉姆的建议，将实验室建在山顶。

- **sacrifice** [ˈsækrɪfaɪs] *n.* 牺牲，舍身；献祭，供奉；祭品 *vt.* 为…做出牺牲；供奉；甩卖，亏本抛售 *vi.* 献祭；奉献

  模拟实景 Poor Tom sold his car at a *sacrifice* because he was in urgent need of money. 可怜的汤姆因为急需用钱不得不贱卖了自己的车。

- **accomplish** [əˈkʌmplɪʃ] *vt.* 达到（目的），完成（任务）

  模拟实景 Our group *accomplished* the task in less than twenty minutes. 我们组在不到20分钟的时间内完成了这项任务。

  单词拓展 accomplishment（*n.* 成就）

- **concern** [kənˈsɜːn] *n.* 关切的事，有关的事；关心，担心；关系，关联；公司，企业 *vt.* 涉及；使关心，使担心；使卷入

  模拟实景 This article *concerns* the serious problem of environmental pollution. 这篇文章是关于环境污染这一严重问题的。

  单词拓展 concerning（*prep.* 关于）；unconcerned（*adj.* 不关心的）

- **transfer** [trænsˈfɜː(r)] *vt.* 搬，转移；调动，转学；转让，过户 *vi.* 迁移，转移；调动，转学；转车，换乘 [ˈtrænsfɜː(r)] *n.* 转移，调动；转车，换乘

  模拟实景 John was *transferred* to another department in San Francisco. 约翰被调到位于旧金山的另外一个部门去了。

  单词拓展 transference（*n.* 转移；转让）；transferable（*adj.* 可转移的，可传递的）

- **likely** [ˈlaɪkli] *adj.* 可能的，有希望的；适合的 *adv.* 可能

  翻译短语 be likely to 可能

  模拟实景 It's *likely* that the farmer doesn't know how much the painting is worth. 很可能这个农民不知道这幅画的价值。// He is a *likely* candidate to become the President. 他是个合适的总统人选。// The illness was *likely* caused by a virus. 这个病很可能是由病毒引起的。

■ **relate** [rɪ'leɪt] *vi.* 涉及，与…有关联；了解；体恤 *vt.* 使互相关联；讲述，叙述

翻译短语 relate with/to 联系，使相关

模拟实景 It is quite difficult to *relate* the two theories. 很难把这两种理论联系在一起。

单词拓展 relative（*adj.* 有关系的；相对的 *n.* 亲属）；relation（*n.* 关系；亲戚）

W 写作词汇
riting

■ **according** [ə'kɔːdɪŋ] *adv.* 依照 *adj.* 一致的，相符的

写作短语 according to 根据

写作例句 The machine should be operated *according* to the instructions. 应该依照说明书来操作这个机器。

■ **affect** [ə'fekt] *vt.* 影响；感动；假装；倾向于；模仿；炫耀 *n.* 感情

写作例句 Your opinion will not *affect* me. 你的观点影响不了我。

单词拓展 unaffected（*adj.* 不受影响的）；affection（*n.* 喜爱，爱）

考点点评 四级真题曾考过effect, affect, reflect和perfect这几个形近词的区别。effect作名词时意为"作用，影响"；affect作动词时表示"影响"；reflect意为"反映"；perfect意为"完美的"。

■ **afterward(s)** ['ɑːftəwəd(z)] *adv.* 后来，过后

写作例句 *Afterwards* Henry was sorry for what he'd said. 后来亨利为自己所说的话感到抱歉。

■ **agree** [ə'griː] *vi.* 同意，赞同；相同，相符；（气候、食物等）相宜，相和 *vt.* 同意；承认

写作短语 agree with 与……一致；agree to 同意某观点；agree on 达成协议

写作例句 This result does not *agree* with our original estimate. 这个结果与我们当初的估计不符。

■ **agreement** [ə'griːmənt] *n.* 协定，契约；达成协议，同意；一致；感情融洽

写作短语 in agreement（with）意见一致地；agreement on sth. 就某事达成一致意见

写作例句 The two companies reached an *agreement* on signing the cooperative contract. 这两个公司达成协议，签署合作合同。

■ **alongside** [əˌlɒŋ'saɪd] *adv.* 在旁边，沿着边；并排地 *prep.* 在…旁边，沿着…的边；和…在一起

写作例句　Most of the villages *alongside* the river have been flooded. 河岸的大多数村庄已被洪水淹没。

■ **altogether** [ˌɔːltə'geðə(r)] *adv.* 完全地；全部地；总起来说，总之；总共 *n.* 全体，整个

写作例句　I don't *altogether* agree with you. 我不完全同意你。// You owe me 200 yuan *altogether*. 你一共欠我200元。

■ **amid** [ə'mɪd] *prep.* 在…中间，在…之中；被…围绕；在…期间

写作例句　Professor Lee ended his interesting speech *amid* tremendous applause. 李教授在一阵响亮的掌声中结束了他生动有趣的演讲。

■ **anyhow** ['enihaʊ] *adv.* 不管怎么说；至少；无论如何；杂乱无章地

写作例句　*Anyhow*, I will try my best to do it well. 无论如何，我会尽力做好这件事。// Susan put the papers on her desk, just *anyhow*. 苏珊把文件杂乱无章地放在桌子上。

考点点评　四级真题曾考过以下几个词的用法区别。whereas表示转折关系，since表示因果关系，somehow意为"不知何故"。

■ **apart** [ə'pɑːt] *adv.* （空间、时间方面）成距离，相间隔；分离，分开；除去 *adj.* 分离的，分隔的

写作短语　apart from 除了；tell apart 分辨；set apart 使分离，使分开

写作例句　The two stations stand 500 meters *apart*. 这两个车站相隔500米。// Kate keeps herself *apart* from other students. 凯特没有融入到同学中去。

考点点评　在英文写作中，经常会用到apart from...，表示"除了…"，如 Apart from the above reasons, the most important one is that private cars can result in air pollution. （除了上面这些原因以外，最主要的一个原因是私家车会造成空气污染。）

■ **approximately** [ə'prɒksɪmətli] *adv.* 大约

写作例句　The two boxes are *approximately* equal in size. 这两个盒子几乎一样大。

■ **aspect** ['æspekt] *n.* 方面；（建筑物的）朝向，方向；外貌，外观

写作例句　The novel aims to cover all *aspects* of village life. 这本小说旨在涵盖乡村生活的各个方面。

■ **aware** [ə'weə(r)] *adj.* 意识到的，知道的；发觉，发现；对…感兴趣的

写作短语　be aware of sth. 知道某事，意识到某事

写作例句　Meg was not *aware* of having done something wrong. 梅格没有意识到自己做错了事。

单词拓展　awareness（*n.* 知道，晓得）；unaware（*adj.* 未意识到的）

考点点评　如果写作中出现了关于社会现象的话题，考生可使用be aware of 这个表达，如：A lot of people were aware of this phenomenon.（很多人已经意识到了这种现象。）

■ **backward** ['bækwəd] *adj.* 向后的，反向的；落后的，进步慢的 *adv.* [-(s)] 向后，往回；朝反方向，倒

写作短语　know...backwards 对…极其熟悉；take a backward step 向后退一步

写作例句　After walking alone for a while, the man looked *backward*. 那名男子独自走了一会后回头看了看。

■ **barely** ['beəli] *adv.* 仅仅，几乎不

写作例句　Harry is *barely* 25 years old but has his own company. 哈里不过25岁，却有自己的公司。

■ **basically** ['beɪsɪkli] *adv.* 基本上，从根本上说

写作例句　*Basically* I agree with your proposals, but there are a few small points I'd like to discuss. 我基本上同意你的建议，但是有几个小问题有待商榷。

■ **beforehand** [bɪ'fɔːhænd] *adv.* 预先，事先 *adj.* 提前的

写作例句　I wish I had known the result of the match *beforehand*. 我希望我事先知道比赛结果。

■ **beneath** [bɪ'niːθ] *prep.* 在…下面；（地位等）低于，次于；在…掩盖下；连…也不值得，有失…的身份 *adv.* 在下方，在底下；（地位等）较低

写作例句 Tourists found money buried *beneath* the ground. 游客们发现了埋在地下的钱。// Helen carefully hid the signs of age *beneath*. 海伦小心地掩盖自己的年龄特征。

■ **besides** [bɪ'saɪdz] *adv.* 而且，此外（还）*prep.* 除…之外（还）

写作例句 I don't really want to go to school. *Besides*, it's too late now. 我实在不想去学校。而且，现在也太晚了。

考点点评 besides在写作中常用来表示递进关系，也可用in addition来代替。

■ **breakthrough** ['breɪkθruː] *n.* 突破；突破性进展；重大成就

写作例句 Our company made a significant *breakthrough* in the negotiation with company B. 我们公司在与B公司的协商中取得了突破性进展。

■ **communicate** [kə'mjuːnɪkeɪt] *vi.* 交流；通讯；连接，相通 *vt.* 传达；传播；传染

写作短语 communicate with... 与…进行交流

写作例句 Jack and I *communicated* in English in the subway. 杰克和我在地铁里用英语交流。

单词拓展 communication（*n.* 交流，通讯；传递，传播）；communicative（*adj.* 爱说话的，健谈的）

■ **comparative** [kəm'pærətɪv] *adj.* 比较的，相对的

写作例句 Henry conducted a *comparative* study of the two countries' cultures. 亨利对这两个国家的文化做了比较研究。

■ **concerning** [kən'sɜːnɪŋ] *prep.* 关于

写作例句 Bob asked several questions *concerning* the Internet. 鲍勃问了几个关于互联网的问题。

考点点评 concerning常用在写作中，类似于regarding，如：The speech which he made concerning the project has bothered me greatly. （他所做的有关这个项目的演讲令我大为烦恼。）

■ **consequently** ['kɒnsɪkwəntli] *adv.* 所以，因此，结果

写作例句 This chemical substance poses a threat to the water, and *consequently* to human health. 这种化学物质对水资源构成了威胁，因此会影响人类健康。

■ **controversy** ['kɒntrəvɜːsi] *n.* 争论，辩论

写作例句 There was a huge *controversy* over the plans for closing this school. 对关闭这所学校的计划有很大争议。

单词拓展 controversial（*adj.* 有争议的）

■ **conversely** ['kɒnvɜːsli] *adv.* 相反（地）

写作例句 *Conversely*, some people don't understand the sentence. 相反，一些人并不理解这句话。

■ **costly** ['kɒstli] *adj.* 昂贵的，代价高的

写作例句 Mr. Carl's adventures have been *costly* and unsuccessful. 卡尔先生的冒险活动不但代价昂贵，而且一无所获。

■ **critically** ['krɪtɪkli] *adv.* 危急地；挑剔地；批判性地

写作例句 The old man was *critically* ill. 那位老人病得很重。

■ **deadly** ['dedli] *adj.* 致死的，致命的；不共戴天的，殊死的；极度的，十足的 *adv.* 非常地，极度地

写作例句 The two good friends became *deadly* enemies in the end. 这两位好朋友最后成了不共戴天的敌人。// We sat in *deadly* silence. 我们坐着，都沉默不语。

■ **despite** [dɪ'spaɪt] *prep.* 不管，不顾；尽管 *n.* 侮辱，伤害；抗争

写作例句 *Despite* applying for hundreds of jobs, I am still out of work. 尽管申请了几百份工作，我依然失业。

考点点评 在英文写作中，经常用despite来表示转折，相当于in spite of，考生要注意句型的灵活运用。

■ **directly** [dɪ'rektli] *adv.* 直接地，径直地；正好地；坦率的；立即，马上 *conj.* 一…就…

写作例句 Mike drove his son *directly* to his home. 鲍勃开车直接送儿子回家。

■ **downward** ['daʊnwəd] *adj.* 向下的，下行的 *adv.* [-(s)]向下地，下行地

写作例句 This business company was on a *downward* path and finally closed several days ago. 这家商业公司一直在走下坡路，最终在几

天前关闭了。// The trend in economy moves *downward*. 经济走势开始下滑。

- **earnestly** ['ɜːnɪstli] *adv.* 认真地

  写作例句　Mark listens *earnestly* to his father. 马克认真地听父亲说话。

- **elderly** ['eldəli] *adj.* 较老的，年长的 *n.* [the ~]年长者，上了年纪的人

  写作例句　Jack takes care of his *elderly* parents. 杰克照顾他年迈的父母。

- **elementary** [ˌelɪ'mentri] *adj.* 基本的；初级的，小学的

  写作例句　The rich man didn't finish his *elementary* school. 那个有钱人没有读完小学。

  单词拓展　elementarily（*adv.* 基础地）

- **elsewhere** [ˌels'weə(r)] *adv.* 在别处；向别处

  写作例句　You can see this kind of flower *elsewhere*. 你可以在别的地方看到这种花。

- **estimate** ['estɪmeɪt] *vt.* 估计，估量；判断 *vi.* 作费用（或成本）的估计；投标 ['estɪmət] *n.* 估计，估量；评价，看法

  写作例句　The doctor's *estimate* of the operation is not so optimistic. 医生对手术的估计不那么乐观。

  单词拓展　underestimate（*v./n.* 低估）；estimation（*n.* 判断，意见；估算）

- **factor** ['fæktə(r)] *n.* 因素，要素

  写作例句　The depletion of water was the single most important *factor* in the town's decline. 水资源的枯竭是这个城镇衰落的唯一一个最重要的原因。

- **finally** ['faɪnəli] *adv.* 最后，终于

  写作例句　*Finally*, I finished this task. 我终于完成了这项任务。

- **following** ['fɒləʊɪŋ] *adj.* 接着的，下述的 *n.* 一批追随者

  写作例句　Nancy reached Paris on Friday afternoon and her husband arrived there the *following* day. 南希周五下午到了巴黎，她丈夫第二天就

赶到了。// The singer has a huge *following*. 这个歌手有一大批的追随者。

■ **forth** [fɔ:θ] *adv.* 向前；往外

写作短语 and so forth 等等；bring forth 产生，引起；hold forth 滔滔不绝地说

写作例句 Water moves *forth* to the sea. 水一直向前流入大海。

■ **fundamental** ['fʌndə,mentl] *adj.* 基本的，根本的 *n.* [*pl.*] 基本原则，基本法则

写作例句 The *fundamental* cause of Lily's success is her hard work. 莉莉成功的根本原因是她工作努力。

单词拓展 fundamentally（*adv.* 基础地，根本地）

■ **furthermore** [,fɜ:ðə'mɔ:(r)] *adv.* 而且，此外

写作例句 Bob said he didn't speak to Mary. *Furthermore*, he didn't even see her recently. 鲍勃说他没有和玛丽说话，而且他最近甚至没见过她。

■ **gang** [gæŋ] *n.* （一）帮，（一）伙，（一）群 *vi.* 聚集，结成一伙 *vt.* 使成群结队

写作例句 The police said they had caught a *gang* of pickpockets. 警方称他们抓住了一帮扒手。

■ **generally** ['dʒenrəli] *adv.* 一般地，通常地；普遍地，广泛地

写作短语 generally speaking 一般说来

写作例句 This opinion is now *generally* accepted. 现在人们普遍接受这一观点。

■ **given** ['gɪvn] *adj.* 规定的，特定的；假设的，已知的；有癖好的，有倾向的 *prep.* 考虑到 *n.* 假定的事实

写作短语 given to 倾向于…，惯于…；be given to doing sth. 喜爱做某事

写作例句 You have to finish the examination within the *given* time. 你必须在规定时间内完成这项考试。

■ **grace** [greɪs] *n.* 优美，优雅；[*pl.*] 风度，魅力；（付款等的）宽限，缓期 *vt.* 使优美，给…增光

写作例句 The dancer performed on the stage with much *grace*. 那名舞蹈演员在舞台上的表演非常优美。

单词拓展 graceful（*adj.* 优美的，优雅的）; gracefully（*adv.* 优美地，优雅地）

■ **graceful** ['greɪsfl] *adj.* 优美的，优雅的; 得体的

写作例句 After the concert finished, the performer gave a *graceful* bow to the audience. 音乐会结束后，表演者向观众们优雅地鞠了一躬。

■ **gradual** ['grædʒuəl] *adj.* 逐渐的，逐步的; 坡度平缓的，不陡的

写作例句 Recovery from this serious disease is a *gradual* process. 从这种严重的疾病中恢复是一个缓慢的过程。

单词拓展 gradually（*adv.* 逐渐地）

■ **graph** [grɑːf] *n.* 图表，图解，（曲线）图

写作例句 The *graph* shows how food prices have risen in the first quarter. 这个图表显示了第一季度食品价格是如何上涨的。

■ **greenhouse** ['griːnhaʊs] *n.* 温室，暖房

写作例句 Farmers grow a variety of vegetables in the *greenhouse* in winter. 农民们冬天在温室中种植各种蔬菜。

■ **hence** [hens] *adv.* 因此，所以; 今后，从此

写作例句 The car moved fast. *Hence* the accident happened inevitably. 汽车开得很快，因此不可避免地发生了车祸。

■ **highly** ['haɪli] *adv.* 高度地，极; 非常赞许地

写作例句 Jim's teacher speaks very *highly* of him. 吉姆的老师对他评价很高。

■ **historic** [hɪ'stɒrɪk] *adj.* 历史上著名的; 具有历史意义的

写作例句 Most of the historians consider this battle to be of *historic* meaning. 大多数历史学家认为这场战役具有历史意义。

- **implement** ['ɪmplɪment] *vt.* 使生效；履行，实施 ['ɪmplɪmənt]*n.* 工具，器具，用具

  写作例句 The government has *implemented* a new policy to reduce air pollution. 政府已实施一项新的政策来减少空气污染。

  单词拓展 implementation（*n.* 实施，执行）

- **improvement** [ɪm'pruːvmənt] *n.* 改进，增进；改进处

  写作短语 improvement in... 在某方面的改善；improvement on... 比…有所改善

  写作例句 There is still room for *improvement* in your work. 你的工作依然有可以改进的地方。

- **increasingly** [ɪn'kriːsɪŋli] *adv.* 日益，越来越多地

  写作例句 Marketing techniques are becoming *increasingly* sophisticated. 市场营销技巧正日渐复杂。

- **inspect** [ɪn'spekt] *vt.* 检查，视察

  写作例句 The police *inspected* the room carefully for the suspect. 警方仔细检查了房间看是否有嫌疑犯。

  单词拓展 inspector（*n.* 检查员）；inspection（*n.* 检查，视察）

- **interior** [ɪn'tɪəriə(r)] *n.* 内部 *adj.* 内部的；内地的，国内的

  写作例句 My eyes gradually became accustomed to the dark *interior* of the apartment. 我的眼睛渐渐适应了公寓里的漆黑。

- **invariably** [ɪn'veəriəbli] *adv.* 始终如一地，总是

  写作例句 Mary *invariably* complained she wasn't good-looking. 玛丽总是抱怨自己长得不漂亮。

- **largely** ['laːdʒli] *adv.* 大部分，主要地

  写作例句 Mike failed in the exam *largely* because he didn't study hard. 迈克考试不及格主要是因为他学习不努力。

- **lately** ['leɪtli] *adv.* 最近，不久前

  写作例句 Have you seen Martin *lately*? 你最近看见过马丁吗?

■ **latter** ['lætə(r)] *n.* 后者 *adj.* 后者的；后一半的，末了的

(写作例句) The city has two cinemas and a theatre. The *latter* was built in 1980. 这个城市有两个电影院和一个剧院，后者建于1980年。// The *latter* point is the most important one. 后面这一点是最重要的。

■ **lest** [lest] *conj.* 唯恐，免得

(写作例句) Henry ran fast *lest* he be late. 亨利跑得很快，唯恐迟到。

(考点点评) lest后面的从句常用虚拟语气，四级真题曾考过该词：We booked rooms at the hotel lest we should find no vacancies on our arrival.（我们在酒店订了房间，以免到达时没有空房间。）

■ **likelihood** ['laɪklihʊd] *n.* 可能，可能性

(写作例句) The *likelihood* is that unemployment figures will continue to rise in that country. 那个国家的失业人口数量可能还会上升。

■ **likewise** ['laɪkwaɪz] *adv.* 同样地，照样地；也，又

(写作例句) Paul voted for the change and he expected his colleagues to do *likewise*. 保罗支持这一改变，同时也希望他的同事这样做。

■ **massive** ['mæsɪv] *adj.* 大的，大而重的，大块的；大量的；大规模的

(写作例句) A *massive* rock blocked the road to the summit. 一块巨石挡住了通往山顶的路。

■ **mere** [mɪə(r)] *adj.* 仅仅的，只不过的；纯粹的

(写作例句) The distance from my home to the bus station is *mere* 200 meters. 从我家到公交车站只有200米。

(单词拓展) merely（*adv.* 仅仅，只）

■ **miracle** ['mɪrəkl] *n.* 奇迹；令人惊奇的人（或事）

(写作例句) It's a *miracle* that Paul survived the car accident. 保罗在车祸中幸免于难是个奇迹。

(单词拓展) miraculous（*adj.* 奇迹的，不可思议的）

■ **mislead** [ˌmɪs'liːd] *vt.* 给…错误印象，使误解；把…带错路；把…带坏，使误入歧途

写作例句 Obviously, some stores attempted to *mislead* consumers. 很明显，一些商店试图误导消费者。

■ **monthly** ['mʌnθli] *adj.* 每月的，每月一次的 *adv.* 按月，每月 *n.* 月刊

写作例句 Spring is warm in this area, with *monthly* average temperature above 20°C. 该地区春天温暖，月平均气温在20°C以上。

■ **moreover** [mɔːr'əʊvə(r)] *adv.* 而且，此外

写作例句 John is a painter; *moreover*, he is a poet. 约翰是一位画家，而且他还是一位诗人。

考点点评 四级真题曾考过以下几个副词的区别：however "然而"；moreover "此外"；otherwise "否则"；nevertheless "仍然"。

■ **mostly** ['məʊstli] *adv.* 几乎全部地，主要地

写作例句 According to the weather forecast, today will be *mostly* sunny. 天气预报说今天大多数时间是晴天。

■ **namely** ['neɪmli] *adv.* 即，也就是

写作例句 We should know our target reader, *namely* young people aged about 18. 我们应该知道我们的目标读者，也就是年龄在18岁左右的年轻人。

■ **naturally** ['nætʃrəli] *adv.* 当然，自然；天然地，天生地

写作例句　This paragraph leads *naturally* to my next point. 这段话很自然地引出我的下一个观点。

■ **necessarily** [ˌnesə'serəli] *adv.* 必要地，必需地；必定地，必然地

写作例句　The resources available are *necessarily* limited. 可利用的资源必定有限。

■ **nevertheless** [ˌnevəðə'les] *adv.* 仍然，不过

写作例句　The failure was expected but it was disappointing *nevertheless*. 失败是在预料之中的，但还是令人失望。// The old system has its flaws, but *nevertheless* it is preferable to the new one. 旧的系统虽然有缺陷，但仍然比新系统好。

■ **normally** ['nɔːməli] *adv.* 通常，正常地

写作例句　It *normally* takes 30 minutes to get to the bus station. 去公交车站通常要花30分钟。

■ **notwithstanding** [ˌnɒtwɪθ'stændɪŋ] *prep./adv.* 尽管

写作例句　*Notwithstanding* the bad weather, the sports meeting still went on. 尽管天气很糟糕，运动会还是照常举行。

■ **nowhere** ['nəʊweə(r)] *adv.* 任何地方都不；毫不管用，毫无结果

写作短语　nowhere near 远远不，远不及；get nowhere 无进展

写作例句　The trading profit went *nowhere* in 2006. 2006年度的贸易利润毫无增长。

■ **orderly** ['ɔːdəli] *adj.* 整齐的，有秩序的 *adv.* 顺序地，有条理地

写作例句　Please put the books *orderly*. 请把书籍摆放整齐。

■ **otherwise** ['ʌðəwaɪz] *conj.* 否则，不然 *adv.* 否则，不然；除此以外，在其他方面；以其他方式

写作例句 Be quick, *otherwise*, you'll be late. 快点，否则你就会迟到的。// There was some music. *Otherwise* the house was silent. 除了有些音乐，屋子里一片寂静。

- **outset** ['aʊtset] *n.* 开始，开端
  写作例句 The problem of global warming is apparent from the *outset*. 全球变暖这一问题从一开始就显而易见。

- **overhead** ['əʊvəhed] *adv.* 在头顶上 *adj.* 头顶上的，上面的，架空的 *n.* [常*pl.*] 管理费用；日常开支
  写作例句 I saw a plane booming in the blue sky *overhead*. 我看见一架飞机在蔚蓝的天空中轰鸣。

- **particularly** [pə'tɪkjələli] *adv.* 特别，尤其
  写作例句 Traffic is *particularly* busy in downtown. 交通在市区尤其繁忙。

- **partly** ['pɑːtli] *adv.* 在一定程度上，部分地
  写作例句 The driver is only *partly* responsible for the accident. 司机只对这起事故负有部分责任。

- **percentage** [pə'sentɪdʒ] *n.* 百分比，百分率
  写作例句 A high *percentage* of the students are part-time workers. 大部分学生是兼职工作者。

- **plentiful** ['plentɪfl] *adj.* 丰富的，充足的，大量的
  写作例句 During the autumn, fruits are *plentiful* and very cheap. 秋天，水果丰富而且很便宜。

- **practically** ['præktɪkli] *adv.* 几乎，简直；实际上
  写作例句 There's *practically* no difference between the two opinions. 这两个观点几乎没有区别。// *Practically* speaking, I don't support this candidate. 实际上，我不支持这名候选人。
  考点点评 四级真题曾考过以下几个副词与practically的区别，注意区分。exclusively "独有地"，"排外地"；shortly "简言之"；directly "直接地"。

■ **preceding** [prɪ'siːdɪŋ] *adj.* 在先的，在前的，前面的

（写作例句）The teacher asked students to read the *preceding* chapter by themselves. 老师要求学生们自己阅读前一章节。

■ **precisely** [prɪ'saɪsli] *adv.* 正好，精确地

（写作例句）The sentence is *precisely* what I mean. 这句话正是我的意思。

■ **primarily** ['praɪmərəli] *adv.* 主要地；首先；起初

（写作例句）*Primarily*, I don't like English. 起初，我不喜欢英语。

■ **probable** ['prɒbəbl] *adj.* 很可能的，大概的

（写作例句）It is *probable* that the disease has spread throughout the world. 这种疾病可能已经开始在世界范围内传播。

（考点点评）在四级考试中，经常会用到 "It is probable that..." （可能是…）这一句型，考生要注意。

■ **procedure** [prə'siːdʒə(r)] *n.* 程序，手续，步骤

（写作例句）John was very familiar with the *procedure* for his work. 约翰对自己的工作程序很熟悉。

■ **prosperous** ['prɒspərəs] *adj.* 繁荣的，兴旺的

（写作例句）Farmers are not *prosperous* in the west of the country. 该国西部地区的农民并不富裕。

■ **provided** [prə'vaɪdɪd] *conj.* 假如，倘若

（写作例句）*Provided* that you have money in your account, you can buy the computer. 假如你的账户里有钱，你就可以买这台电脑。

■ **provoke** [prə'vəʊk] *vt.* 对…挑衅，激怒；激起，引起

（写作例句）The President's remark *provoked* the public's protest. 总统的言论引起了公众的抗议。

■ **qualify** ['kwɒlɪfaɪ] *vt.* 使胜任；使合格 *vi.* 取得资格；获准

（写作短语）qualify for sth. 使具有…的资格

写作例句 This training course will *qualify* you for a better job. 这个培训课程将使你能够胜任一份更好的工作。

单词拓展 qualified (*adj.* 有资格的，合格的)；qualification (*n.* 资格，条件)

■ **quality** ['kwɒləti] *n.* 质，质量；品德，品质；性质，特性 *adj.* 优良的，优质的

写作例句 These people's *quality* of life improved highly when they moved to the country. 这些人搬到该国后生活质量显著提高。// Joe has all the *qualities* of a good teacher. 乔具备一个优秀教师的所有品质。

单词拓展 qualitative (*adj.* 定性的)

■ **rarely** ['reəli] *adv.* 罕见地；难得；极好地

写作例句 The movie star *rarely* consents to do interviews. 那位影星很少接受采访。

■ **rate** [reɪt] *n.* 速度，进度；比率，率；价格，费 *vt.* 对…进行估价，评估；给…定级，把…列为；值得，应得 *vi.* 被评价，被列入特定级别

写作短语 at any rate 无论如何，至少；at this rate 照这种情形；at the rate of... 以…的速度；birth rate 出生率

写作例句 The unemployment *rate* in that county is rising after the global economic crisis. 在全球经济危机后，那个国家的失业率正在上升。

单词拓展 top-rated (*adj.* 一级的，顶级的)

考点点评 rate一词常出现在写作题的图表中，用以表示某项事物出现的几率、比率等，是写作考试中出现频率很高的词。

■ **ratio** ['reɪʃiəʊ] *n.* 比，比率

写作例句 The *ratio* of students to teachers is 50:1 in our college. 在我们学院，学生和老师的比率是50比1。

■ **readily** ['redɪli] *adv.* 乐意地，欣然地；容易地；很快地，立即

写作例句 Most people *readily* accept the opinion. 大多数人乐意接受这个观点。// The new policy was *readily* made. 这项新政策很快就被制定出来了。

- **recently** ['riːsəntli] *adv.* 最近，近来
  (写作例句) I haven't seen Lucy *recently*. 我最近没见到过露西。

- **reflect** [rɪ'flekt] *v.* 反映，显示；反射，映现；深思，反省
  (写作例句) Eileen *reflected* that she had no right to make decision. 艾琳深思后明白她无权做决定。
  (单词拓展) reflection（*n.* 反映；考虑）；reflective（*adj.* 反射的）；reflector（*n.* 反射体）

- **relativity** [ˌrelə'tɪvəti] *n.* 相对论；相关性
  (写作例句) The majority of people can't understand Einstein's Theory of *Relativity*. 大多数人都不能理解爱因斯坦的相对论。

- **relevant** ['reləvənt] *adj.* 有关的，切题的
  (写作短语) be relevant to... 与…有关
  (写作例句) These examples are not directly *relevant* to this point. 这些例子和这个论点没有直接关系。
  (单词拓展) relevance（*n.* 有关，相关）；irrelevant（*adj.* 不相关的；不切题的）

- **rely** [rɪ'laɪ] *vi.* 依靠，依赖；信赖，指望
  (写作短语) rely on/upon 依靠，依赖，指望
  (写作例句) Don't *rely* on your parents. 不要依赖父母。// You can *rely* on me to keep your secret. 你可以信赖我，我会为你保守秘密。

- **residence** ['rezɪdəns] *n.* 住处，住宅；居住；（合法）居住资格
  (写作例句) I learned French during my *residence* in Paris. 我在巴黎居住期间学会了法语。

- **respectively** [rɪ'spektɪvli] *adv.* 各自地，分别地
  (写作例句) Mark and I age 17 and 19 *respectively*. 马克和我分别是17岁和19岁。

- **risk** [rɪsk] *n.* 危险，风险；引起危险的事物（或人）*vt.* 冒…的危险；使遭受危险

写作短语 at risk 处境危险；at the risk of... 冒着…的危险；run a risk to do sth. 冒险做…

写作例句 The policeman *risked* his life to save the child in the river. 那位警察冒着生命危险去救河里的那个孩子。

单词拓展 risky（*adj.* 危险的）

■ **scarcely** ['skeəsli] *adv.* 几乎不，简直不；决不；刚刚，才

写作短语 scarcely...when 一…就，刚…便

写作例句 Ella had *scarcely* gone to bed when there was a knock at the door. 埃拉刚准备睡觉就听见有人敲门。

■ **secondary** ['sekəndri] *adj.* 次要的，第二的；（教育、学校等）中等的；辅助的，从属的

写作例句 Many people in rural areas still believe that women's careers are *secondary*. 农村中许多人仍然认为妇女的职业生涯并不那么重要。

■ **shortly** ['ʃɔːtli] *adv.* 立刻，不久；不耐烦地；简慢地

写作例句 Please introduce yourself *shortly*. 请简要地介绍一下你自己。

■ **sideways** ['saɪdweɪz] *adv./adj.* 从一边（的），向一边（的）；斜着（的），侧身（的）

写作例句 The car skids *sideways* across the road. 汽车向马路的另一边驶去。

■ **similarly** ['sɪmələli] *adv.* 类似地，相似地

写作例句 *Similarly*, the research can help us to understand the unique culture. 同样地，该项研究可以帮助我们理解这种独特的文化。

■ **so-called** ['səʊ'kɔːld] *adj.* 所谓的，号称的

写作例句 Tom's *so-called* friend didn't vote for him. 汤姆那位所谓的朋友没有投票给他。

■ **somehow** ['sʌmhaʊ] *adv.* 因为某种原因，以某种方式；不知怎么地

写作例句　*Somehow*, I don't feel I can trust Kate. 不知怎么地，我感觉我不能相信凯特。

■ **sometime** ['sʌmtaɪm] *adv.* 将来某个时候，改天；过去某个时候 *adj.* 以前的，一度的

写作例句　The man was a *sometime* actor and screenwriter. 这个人以前是演员和编剧。

■ **somewhat** ['sʌmwɒt] *adv.* 稍微，有点

写作例句　I feel *somewhat* surprised. 我感到有点吃惊。

■ **stack** [stæk] *n.* 整齐的一叠（或一堆）*vt.* 把…叠成堆，堆放于 *vi.* 堆起来

写作例句　There's a *stack* of documents waiting for you in the office. 办公室里有一堆文件等你处理。

■ **standpoint** ['stændpɒɪnt] *n.* 立场，观点

写作例句　The two candidates' *standpoints* are quite different. 两位候选人的立场太不一样了。

■ **subjective** [səb'dʒektɪv] *adj.* 主观（上）的，个人的；主语的，主格的

写作例句　This is a very *subjective* judgment on George's working ability. 这是对乔治工作能力的一个非常主观的评价。

■ **summit** ['sʌmɪt] *n.* （山等的）最高点，峰顶；最高级会议，峰会；顶峰，极点

写作例句　A group of tourists reached the *summit* at noon. 一群游客在中午登上了山顶。

■ **terminally** ['tɜːmɪnəli] *adv.* 晚期地；末端地；致命地

写作短语　terminally ill 处于病症晚期的

写作例句　The hospital treated the poor *terminally* ill patient for free. 这家医院免费为那名贫穷的晚期疾病患者治疗。

■ **thereby** [ˌðeə'baɪ] *adv.* 因此，因而

写作例句　I have never been to that city; *thereby* I know a little about it. 我从未去过那座城市，因此对它不太熟悉。

■ **thrive** [θraɪv] *v.* 兴旺，繁荣，旺盛

写作例句　This kind of plant *thrives* in tropical rainforests. 这种植物在热带雨林生长茂盛。

■ **throughout** [θruː'aʊt] *prep.* 遍及，在整个…期间 *adv.* 到处；自始至终，贯穿全部地

写作例句　The park is open daily *throughout* the year. 这个公园全年都开放。

■ **thus** [ðʌs] *adv.* 如此，这样；因此，从而

写作例句　Kathy didn't work hard. *Thus* she failed in the English exam. 凯西学习不努力，因此英语考试不及格。

■ **timely** ['taɪmli] *adj.* 及时的，适时的

写作例句　The crime was prevented by the *timely* arrival of the policemen. 这起犯罪被及时赶来的警察制止了。

■ **underneath** [ˌʌndə'niːθ] *prep.* 在…下面，在…底下 *adv.* 在下面，在底下 *n.* 下部，底部

写作例句　The little boy liked to hide *underneath* the bed. 这个小男孩喜欢躲在床下。

■ **undoubtedly** [ʌn'daʊtɪdli] *adv.* 无疑，必定

写作例句　This solution to the problem is *undoubtedly* best. 这个解决问题的办法无疑是最好的。

■ **unfortunately** [ʌn'fɔːtʃənətli] *adv.* 遗憾的是，可惜的是；不幸地

写作例句　I can't finish the task on time *unfortunately*. 很遗憾，我不能准时完成这项任务。

■ **unknowingly** [ʌn'nəʊɪŋli] *adv.* 不知不觉地

写作例句　Time goes by *unknowingly*. 时间不知不觉地过去了。

■ **viewpoint** ['vjuːpɔɪnt] *n.* 观点，看法

写作例句　Students should look at matters from a different *viewpoint*. 学生们应该从不同的角度看待问题。

■ **whatsoever** [wɒtsəʊ'evə(r)] *adv.* （用于否定句中以加强语气）任何

写作例句　The judge had no reason *whatsoever* to doubt what the victim said. 法官没有什么理由怀疑受害人说的话。

■ **wholly** ['həʊlli] *adv.* 完全地，全面地

写作例句　The driver is not *wholly* to blame for the car accident. 这起车祸不应该完全归咎于司机。

■ **worthy** ['wɜːði] *adj.* 值得的，配得上的；有价值的；值得尊敬的

写作短语　be worthy to do 值得做；be worthy of 值得，配得上的

写作例句　The efforts made to enhance relations between the two countries looked *worthy*. 促进两国关系的努力看来是值得的。

单词拓展　unworthy（*adj.* 没有价值的；不值得的）

■ **yearly** ['jɪəli] *adj.* 每年的，一年一度的 *adv.* 每年，一年一次地

写作短语　year after/by year 年年，每年

写作例句　I see my grandma on a *yearly* basis. 我一年见我奶奶一次。// The magazine is issued twice *yearly*. 这本杂志每年出版两期。

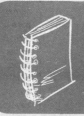

简 单 词 汇

a	and	ball	block
able	anger	banana	blood
about	angry	bank	blow
above	animal	basin	blue
accept	another	basket	board
accident	answer	basketball	boat
ache	anxious	bathe	body
achieve	any	bathroom	bone
across	anybody	battle	book
act	anyone	be	booklet
active	anything	beach	born
actor	anywhere	bear	borrow
actress	apologise	beautiful	boss
address	apologize	beauty	both
admire	appear	because	bother
admit	apple	become	bottle
advance	April	bed	bowl
adventure	area	bee	box
advice	argue	beef	boy
aeroplane	arm	beer	brain
affair	army	before	branch
afford	around	beg	brave
afraid	arrival	begin	bread
after	arrive	beginning	break
afternoon	art	behind	breakfast
again	article	bell	breath
against	artist	belong	breathe
age	as	below	bridge
ago	ashamed	belt	bright
agriculture	ask	bench	bring
ahead	aspire	beside	broad
aim	assurance	bet	broadcast
air	at	better	broom
airplane	attack	between	brother
airport	attempt	beyond	brown
all	attend	bicycle	bucket
allocate	attract	big	build
allow	August	bike	building
almost	aunt	bird	burn
alone	autumn	birth	burst
along	average	birthday	bury
aloud	away	biscuit	bus
already	baby	bit	bush
also	back	bite	busy
although	bad	black	but
always	badly	blackboard	butcher
among	bag	blanket	butter
amongst	bake	blind	button

buy	cheek	communism	curtain
by	cheese	communist	custom
cafe	chemistry	companion	cut
cage	cheque	company	daily
cake	chest	compare	damp
call	chicken	complete	dance
calm	chief	composition	danger
camera	child	computer	dangerous
camp	chimney	comrade	dare
can	chocolate	concert	dark
candle	choice	condition	date
cap	church	connect	daughter
capital	cigarette	construction	dawn
captain	cinema	contain	day
car	circle	content	dead
card	citizen	continent	deal
care	city	continue	dear
careful	class	control	death
careless	classmate	convenient	December
carpet	classroom	conversation	decision
carrot	clean	cook	declare
carry	clerk	cool	deed
cart	clever	copy	deep
case	climb	corn	defeat
castle	clinic	corner	degree
cat	cloak	correct	delicious
catch	clock	cost	deliver
cattle	close	cottage	demand
cause	cloth	cotton	department
cave	clothes	cough	describe
ceiling	clothing	country	description
celebrate	cloud	countryside	desert
cent	cloudy	course	design
center	club	courtyard	desire
central	coal	cousin	desk
centre	coat	cow	determine
century	cock	crazy	development
certain	coffee	cream	devote
certainly	coin	credit	dialog
chair	cold	crop	diamond
chairman	collar	cross	diary
chalk	collect	crossing	dictation
chance	college	crowd	dictionary
change	color	cruel	die
charge	comb	cry	different
chat	come	cup	difficult
cheap	comfortable	cure	difficulty
check	common	curious	dig

dinner	education	exist	fire
direct	effect	expect	firm
direction	effort	expensive	first
director	egg	experience	fish
dirty	eight	explanation	fist
disappoint	either	express	fit
discover	elder	expression	five
discovery	electric	extra	flag
discuss	electricity	eye	flavor
disease	elephant	fact	flight
dish	eleven	factory	float
district	else	fail	flood
divide	employ	faint	floor
do	empty	fair	flow
doctor	encourage	fairly	flower
dog	end	faith	fly
dollar	enemy	familiar	fold
door	energy	family	fond
double	engineer	famous	food
down	enjoy	fan	fool
downstairs	enough	far	foolish
downtown	enter	farm	foot
dozen	entire	farmer	football
drawing	entrance	farther	for
dream	entrepreneur	fast	force
dress	envelope	fat	foreign
drink	equal	father	forest
drive	especially	favour	forever
driver	even	fear	forget
drown	evening	feather	forgive
drug	event	February	fork
dry	eventually	feel	form
duck	ever	feeling	forty
due	every	fellow	forward
dull	everybody	fetch	found
during	everyone	fever	fountain
dust	everything	few	four
duty	everywhere	field	fox
each	exact	fifteen	free
eager	exam	fifth	freedom
ear	example	fifty	freeze
early	excellent	fight	frequent
earth	except	film	fresh
east	excite	final	Friday
eastern	exciting	find	fridge
easy	excuse	fine	friend
eat	exercise	finger	friendly
edge	exhibition	finish	friendship

frighten	ground	hit	insist
from	group	hobby	instead
front	grow	hold	instruction
fruit	guess	hole	interest
fuel	guest	holiday	interesting
full	guide	home	into
fun	gun	homework	invite
funny	hair	honest	iron
furniture	half	honour/honor	island
further	hall	hope	it
future	hand	horse	its
game	handkerchief	hospital	itself
garage	handsome	hot	jacket
garden	hang	hotel	January
gate	happen	hour	job
gay	happy	house	joke
general	hard	housework	journey
gentle	hardly	how	joy
gentleman	hat	however	judge
geography	hate	huge	juice
geology	have	human	July
get	he	hundred	jump
gift	head	hunger	June
girl	headache	hungry	just
give	headmaster	husband	keep
glad	health	I	key
glance	healthy	ice	kick
glass	hear	idea	kill
go	heart	if	kilogram
goal	heat	ignore	kilometer
goat	heaven	ill	kind
God	heavy	illness	king
gold	hello	imagine	kiss
golden	help	immediate	kitchen
good	her	immediately	kite
goodbye	here	importance	knee
goose	hero	important	knife
government	hers	impossible	know
grade	herself	improve	knowledge
grandfather	hi	in	lab
grandmother	hide	inch	labour
grass	high	include	lack
gray	hill	indeed	ladder
great	him	Indian	lady
green	himself	industry	lake
greet	hire	information	lamp
greeting	his	ink	land
grey	history	inside	language

large	love	memory	music
last	lovely	mend	musical
late	low	mental	must
later	luck	mention	my
laugh	lunch	menu	myself
law	machine	merely	nail
lawyer	mad	merit	name
lay	madam	message	narrow
lazy	magazine	metal	nation
lead	mail	meter	national
leaf	mailbox	method	natural
league	main	metre	nature
learn	major	midday	near
leave	majority	middle	nearly
lecture	make	midnight	neat
left	man	might	necessary
leg	manage	mile	neck
lend	manager	milk	need
less	many	million	needle
lesson	map	mind	neighbour
let	March	mine	neither
letter	march	mineral	nervous
level	mark	minister	net
liability	market	minute	never
library	marriage	miss	new
lie	marry	mix	news
life	mass	model	newspaper
lifetime	master	modern	next
lift	match	moment	nice
light	material	Monday	night
like	mathematics	money	nine
line	maths	monitor	ninety
lion	matter	monkey	ninth
lip	may	month	no
list	May	moon	noble
listen	maybe	more	nobody
little	me	morning	nod
live	meal	mortal	noise
lively	mean	most	noisy
living	meaning	mother	none
load	meanwhile	motor	noon
lock	measure	mountain	nor
lonely	meat	mouse	normal
long	medical	mouth	northern
look	medicine	move	northwest
lose	meet	movement	nose
lot	meeting	much	not
loud	member	murder	note

362

nothing	over	photo	post
notice	overcoat	photograph	postcard
November	owe	physics	pot
now	own	piano	potato
nowadays	ox	pick	pound
number	pack	picnic	pour
nurse	packet	picture	power
nut	page	pie	practical
obey	pain	piece	practice
object	paint	pig	practise
occur	painting	pile	praise
ocean	pair	pilot	precious
o'clock	palace	pin	prefer
October	pale	pink	prepare
of	pan	pioneer	present
off	paper	pipe	president
offer	pardon	pity	press
office	parent	place	pretend
officer	park	plain	pretty
official	part	plan	prevent
often	party	plane	price
oil	pass	plant	pride
okay	passage	plate	print
old	passenger	play	prison
on	past	playground	prisoner
once	path	pleasant	prize
one	patient	please	probably
oneself	patriot	pleasure	problem
only	pattern	plenty	produce
onto	pause	plough	production
open	pay	pocket	professor
operate	peace	poem	program
operation	peaceful	poet	progress
opinion	pear	point	promise
opposite	peasant	pole	pronounce
or	pen	police	pronunciation
orange	pencil	policeman	proper
order	penny	polite	protect
ordinary	people	political	proud
organism	percent	pool	prove
other	perfect	poor	provide
ought to	perform	popular	public
our	perhaps	population	pull
ours	period	pork	punish
ourselves	permit	port	pupil
out	person	position	pure
outdoor	persuade	possible	purpose
outside	pet	possibly	push

363

put	return	score	shower
quantity	review	scream	shut
quarter	revolution	sea	shy
queen	rice	season	sick
queer	rich	seat	side
question	ride	second	sign
quick	right	secret	silence
quiet	ring	see	silent
quite	ripe	seed	silk
race	rise	seem	silly
radio	river	self	silver
rain	road	sell	similar
raincoat	rock	send	simple
raise	role	sentence	simply
rapid	roll	September	since
rather	roof	serious	sing
ray	room	servant	single
reach	root	serve	sink
read	rose	service	sir
ready	rotten	set	sister
real	rough	settle	sit
really	round	seven	situation
reason	row	several	six
receive	rubber	sew	size
recent	rubbish	sex	skill
recover	ruin	shake	skin
red	rule	shall	skirt
reduce	ruler	shame	sky
refer	run	share	slave
reflexion	rush	sharp	sleep
refrigerator	sacred	she	slow
regard	sad	sheep	small
regular	safe	sheet	smart
relative	safety	shelf	smell
remain	sail	shine	smile
remember	salt	ship	smoke
remind	same	shirt	smooth
remove	sand	shock	snake
repair	sandwich	shoe	snow
reply	satisfaction	shoot	so
report	Saturday	shop	soap
republic	save	shore	socialism
request	say	short	socialist
require	school	shot	society
respect	science	should	sock
rest	scientific	shoulder	soft
restaurant	scientist	shout	soil
result	scold	show	soldier

solid	story	teach	through
some	straight	teacher	throw
somebody	strange	team	Thursday
someone	stranger	tear	ticket
something	street	technical	tie
sometimes	strength	technique	tiger
somewhere	strict	telegram	tight
son	strong	telephone	till
song	student	television	time
soon	study	tell	tin
sorry	stupid	temperature	tiny
sort	subject	ten	tip
soul	succeed	tennis	tire
sound	success	tent	tired
soup	successful	terrible	to
south	such	test	tobacco
southern	sudden	text	today
space	suffer	than	together
spare	sugar	thank	toilet
speak	suggest	that	tomato
special	suit	the	tomorrow
speech	suitcase	theatre/theater	ton
spend	summer	their	tonight
spirit	sun	theirs	too
splendid	Sunday	them	tool
spoon	sunny	themselves	tooth
sport	super	then	top
spring	supper	there	toss
square	supply	therefore	total
stage	support	these	touch
stair	suppose	they	tour
stamp	sure	thick	tourist
stand	surprise	thief	towards
star	sweep	thin	tower
stare	sweet	thing	town
start	swim	think	toy
state	table	thinking	trade
station	tail	third	train
stay	tailor	thirsty	training
steal	take	thirteen	translate
steel	talk	thirty	treasure
still	tall	this	treat
stomach	tap	those	tree
stone	tape	though	trip
stop	task	thought	trouble
store	taste	thousand	truck
storey	taxi	thread	true
storm	tea	three	trust

truth	vast	well	with
try	vegetable	well-known	within
Tuesday	very	west	without
turn	victory	western	woman
twelfth	village	wet	wonder
twelve	visit	what	wonderful
twentieth	visitor	whatever	wood
twenty	voice	wheat	wooden
twice	voyage	wheel	word
twitch	wait	when	work
two	waiter	whenever	worker
type	wake	where	world
tyre	walk	wherever	worry
ugly	wall	whether	worse
uncle	want	which	worst
under	war	while	would
uniform	warm	whilst	wound
unit	warn	whisper	write
unite	wash	white	wrong
university	waste	who	yard
unless	watch	whole	year
until	water	whom	yellow
up	wave	whose	yes
upon	way	why	yesterday
upstairs	we	wide	yet
upward	weak	wife	you
us	weakness	wild	young
use	wealth	will	your
used	wear	win	yours
useful	weather	wind	yourself
usual	wedding	window	yourselves
usually	Wednesday	wine	youth
vacation	week	wing	zero
valley	weekend	winter	zoo
value	weigh	wipe	
variety	weight	wire	
various	welcome	wish	

索 引

374

machinery / 155
magic / 27
magnet / 179
magnetic / 213
magnificent / 55
maid / 27
mainland / 51
maintain / 65
maintenance / 217
male / 118
management / 71
mankind / 276
manner / 262
manual / 155
manufacture / 155
manufacturer / 71
margin / 276
marine / 229
marve(l)lous / 229
Marxist / 230
mask / 85
massive / 345
mat / 27
mate / 27
mathematical / 136
mature / 230
maximum / 302
mayor / 276
means / 319
meantime / 55
measurement / 207
mechanic / 65
mechanical / 48
mechanism / 104
medal / 38
media / 88
medium / 302
melt / 46
membership / 104
memorial / 230
memorise/memorize / 136
merchant / 155
mercy / 230
mere / 345
merry / 230
mess / 104
metric / 156
microphone / 4
microscope / 4
mild / 328
military / 104
mill / 276
minimum / 90

ministry / 104
minor / 48
minority / 56
minus / 38
miracle / 345
miserable / 276
misery / 123
misfortune / 230
mislead / 345
misleading / 230
missile / 319
missing / 105
mission / 105
mist / 46
mistake / 14
misunderstand / 194
mixture / 62
mobile / 319
mode / 276
moderate / 156
modest / 276
modify / 180
moist / 46
moisture / 46
molecule / 311
monetary / 156
monopoly / 112
monthly / 346
monument / 230
mood / 27
moral / 173
morality / 230
moreover / 346
mosquito / 46
mostly / 346
motion / 253
motivate / 230
motive / 140
mould/mold / 245
mount / 56
mud / 61
mug / 27
multiple / 309
multiply / 231
muscle / 328
muscular / 231
mushroom / 46
musician / 231
mutual / 245
mysterious / 231
mystery / 62
myth / 56
naked / 28

namely / 346
nationality / 277
native / 46
naturally / 347
naval / 14
navigation / 207
navy / 198
necessarily / 347
necessity / 231
negative / 71
neglect / 128
negotiate / 188
Negro / 231
neighbo(u)rhood / 277
nerve / 126
nest / 180
network / 198
neutral / 289
nevertheless / 347
nightmare / 28
nitrogen / 207
nonsense / 245
normally / 347
notable / 56
notebook / 38
noticeable / 231
notify / 277
notion / 156
notwithstanding / 347
noun / 136
novel / 136
nowhere / 347
nuclear / 289
nucleus / 156
nuisance / 277
numerous / 105
nursery / 137
nurture / 137
nylon / 105
objection / 299
objective / 194
obligation / 156
oblige / 293
observation / 75
observe / 78
observer / 156
obstacle / 277
obtain / 156
obvious / 120
occasion / 126
occasional / 126
occupation / 114
occupy / 302

saucer / 29
sausage / 30
saving / 296
scale / 164
scan / 208
scandal / 282
scarce / 300
scarcely / 352
scare / 247
scatter / 247
scattered / 208
scene / 121
scenery / 145
sceptical/skeptical / 108
schedule / 12
scheme / 312
scholar / 39
scholarship / 137
scissors / 282
scope / 309
scout / 247
scrape / 282
scratch / 9
screen / 89
screw / 30
script / 236
scrutiny / 114
sealed / 108
search / 204
secondary / 352
secretary / 13
section / 72
sector / 282
secure / 170
security / 141
seek / 186
seemingly / 56
segment / 236
segregate / 137
seize / 321
seldom / 57
select / 138
selection / 138
selfish / 282
semester / 39
semiconductor / 208
seminar / 39
senate / 236
senator / 236
senior / 68
sense / 264
sensible / 282
sensitive / 282

separate / 138
sequence / 138
series / 138
session / 236
setting / 211
settlement / 108
severe / 123
sexual / 247
shade / 47
shadow / 282
shallow / 247
shape / 117
shave / 57
shed / 218
sheer / 283
shell / 86
shelter / 47
shield / 283
shift / 321
shiver / 247
shortage / 164
shortcoming / 309
shortly / 352
shrink / 283
shrug / 57
sideways / 352
sigh / 57
sight / 86
sightseeing / 52
signal / 90
signature / 300
significance / 283
significant / 188
signify / 130
silicon / 182
similarly / 352
simplicity / 76
simplify / 138
sin / 109
sincere / 159
singular / 247
site / 19
sketch / 312
skilled / 195
skillful / 16
skim / 309
slam / 247
slap / 247
sleeve / 30
slender / 283
slice / 208
slide / 321
slight / 321

slim / 283
slip / 195
slippery / 248
slogan / 147
slope / 182
smash / 159
smuggle / 160
snap / 248
soak / 248
soar / 322
so-called / 352
soccer / 236
sociable / 16
social / 290
soda / 162
software / 130
solar / 42
sole / 283
solemn / 236
solitary / 236
solution / 167
solve / 174
solvent / 83
somehow / 353
sometime / 353
somewhat / 353
sophisticated / 142
sore / 109
sorrow / 57
sour / 237
source / 168
southeast / 237
souvenir / 237
sow / 248
spacecraft / 209
spade / 30
span / 68
spark / 322
specialise/specialize / 67
specialist / 138
species / 199
specific / 125
specify / 248
specimen / 322
spectacular / 52
spectator / 138
speculate / 109
speed / 264
spell / 255
spelling / 138
sphere / 138
spider / 182
spill / 248